U0933305

古典名著白文本

淮南子

[西汉]刘安 等著

杨坚 点校

CNS 岳麓書社·长沙

图书在版编目(CIP)数据

淮南子/(西汉)刘安等著.—长沙:岳麓书社,2015.2(2022.10 重印)
ISBN 978-7-5538-0319-7

Ⅰ.①淮…　Ⅱ.①刘…　Ⅲ.①杂家—中国—西汉时代　Ⅳ.①B234.4

中国版本图书馆 CIP 数据核字(2014)第 306977 号

HUAINANZI
淮南子

著　　者　[西汉]刘　安　等
责任编辑　彭卫才
责任校对　舒　舍
封面设计　刘　峰

岳麓书社出版发行
地址:湖南省长沙市爱民路 47 号
直销电话:0731-88804152　0731-88885616
邮编:410006

版次:2015 年 2 月第 1 版
印次:2022 年 10 月第 3 次印刷
开本:890mm×1240mm　1/32
印张:7.625
字数:191 千字
印数:10 001—13 000
ISBN 978-7-5538-0319-7
定价:35.80 元

承印:廊坊市博林印务有限公司

如有印装质量问题,请与本社印务部联系
电话:0731-88884129

出版说明

《淮南子》(又名《淮南鸿烈》《刘安子》),西汉皇族淮南王刘安及其门客集体编写的一部著作。内容著录内二十一篇,外三十三篇,内篇论道,外篇杂说。今存内二十一篇。《淮南子》一书具有多方面的价值。从文化上来说,它既保存了先秦时期光辉灿烂,开启了两汉以后的文化。从哲学上来说,它以道家为宗,综合了诸子百家的思想,构筑了一个以道论为主体的哲学思想体系。从政治上来看,它主张积极进取,对无为而治作了新的解释,对治国之道做出了有益的探索。从科学技术上来说,它对天文、地理、节令等都做了广泛而深入的探讨,并以道论为宗本解释各种自然现象,对我国古代科技发展作出了重要贡献。此外,该书还保存了大量的神话传说资料,具有很高的文学价值和学术价值。

20世纪80年代以来,我社以打造经典为己任,力倡“花最少的钱买最好的书”。此次出版的《淮南子》,是以刘文典的《淮南鸿烈集解》为底本,参校之以中华书局版“古今图书集成本”,对原有文字勘误校正,力求“原汁原味”地满足广大读者的需要。

目　录

卷一　原道训 …………………………………………… (1)
卷二　俶真训 …………………………………………… (11)
卷三　天文训 …………………………………………… (20)
卷四　墬形训 …………………………………………… (33)
卷五　时则训 …………………………………………… (40)
卷六　览冥训 …………………………………………… (50)
卷七　精神训 …………………………………………… (55)
卷八　本经训 …………………………………………… (62)
卷九　主术训 …………………………………………… (69)
卷十　缪称训 …………………………………………… (86)
卷十一　齐俗训 ………………………………………… (96)
卷十二　道应训 ………………………………………… (108)
卷十三　汜论训 ………………………………………… (123)
卷十四　诠言训 ………………………………………… (137)
卷十五　兵略训 ………………………………………… (148)
卷十六　说山训 ………………………………………… (161)
卷十七　说林训 ………………………………………… (173)
卷十八　人间训 ………………………………………… (185)
卷十九　修务训 ………………………………………… (203)
卷二十　泰族训 ………………………………………… (212)
卷二十一　要略 ………………………………………… (227)
附录　汉书·淮南王安传 ……………………………… (233)

卷一 原道训

夫道者,覆天载地,廓四方,柝八极;高不可际,深不可测;包裹天地,禀授无形;源流泉浡,冲而徐盈;混混滑滑,浊而徐清。故植之而塞于天地,横之而弥于四海,施之无穷而无所朝夕;舒之幎于六合,卷之不盈于一握。约而能张,幽而能明;弱而能强,柔而能刚:横四维而含阴阳,纮宇宙而章三光;甚淖而滒,甚纤而微;山以之高,渊以之深;兽以之走,鸟以之飞;日月以之明,星历以之行;麟以之游,凤以之翔。

泰古二皇,得道之柄,立于中央;神与化游,以抚四方。是故能天运地滞,轮转而无废,水流而不止,与万物终始。风兴云蒸,事无不应;雷声雨降,并应无穷;鬼出电入,龙兴鸾集;钧旋毂转,周而复匝;已雕已琢,还反于朴。无为为之而合于道,无为言之而通乎德;恬愉无矜而得于和,有万不同而便于性;神托于秋豪之末,而大〔于〕宇宙之总。其德优天地而和阴阳,节四时而调五行;呴谕覆育,万物群生;润于草木,浸于金石;禽兽硕大,豪毛润泽;羽翼奋也,角觡生也;兽胎不䘕,鸟卵不毈;父无丧子之忧,兄无哭弟之哀;童子不孤,妇人不孀;虹蜺不出,贼星不行;含德之所致也。

夫太上之道,生万物而不有,成化像而弗宰。跂行喙息,蠉飞蠕动,待而后生,莫之知德;待之后死,莫之能怨。得以利者不能誉,用而败者不能非;收聚畜积而不加富,布施禀授而不益贫;旋(县)〔绵〕而不可究,纤微而不可勤;累之而不高,堕之而不下;益之而不众,损之而不寡;斫之而不薄,杀之而不残;凿之而不深,填之而不浅。忽兮恍兮,不可为象兮;恍兮忽兮,用不屈兮;幽兮冥兮,应无形兮;遂兮洞兮,不虚动兮;与刚柔卷舒兮,与阴阳俛仰兮。

昔者冯夷、大丙之御也,乘云车,入云蜺;游微雾,骛恍忽;历远弥高以极往,经霜雪而无迹,照日光而无景;〔抮〕扶摇(抮)抱羊角而上,经纪山川,蹈腾昆仑;排阊阖,沦天门。末世之御,虽有轻车良马劲策利(锻)〔錣〕,不能与之争先。是故大丈夫恬然无思,淡然无虑;以天为盖,以地为舆;四时为马,阴阳为御;乘云凌霄,与造化者俱;纵志舒节,以驰大区;可以步而步,可以骤而骤;令雨师洒道,使风伯扫尘;电以为鞭策,雷以为车轮;上游于霄雿之野,下出于无垠〔鄂〕之门,刘览(偏)〔遍〕照,复守以全;经营四隅,还反于枢。

故以天为盖,则无不覆也;以地为舆,则无不载也;四时为马,则无不使也;阴阳为御,则无不备也。是故疾而不摇,远而不劳,四支不动,聪明不损,而知八纮九野之形埒者,何也?执道(要)之柄而游于无穷之地〔也〕。是故天下之事,不可为也,因其自然而推之;万物之变,不可究也,秉其要〔趣而〕归之(趣)。夫镜水之与形接也,不设智故,而方圆曲直弗能逃也。是故响不肆应,而景不一设;呼叫仿佛,默然自得。人生而静,天之性也;感而后动,性之(害)〔容〕也;物至而神应,知之动也;知与物接,而好憎生焉。好憎成形而智诱于外,不能反己,而天理灭矣。故达于道者,不以人易天;外与物化,而内不失其情。至无而供其求,时骋而要其宿;小大修短,各有其具;万物之至,腾踊肴乱而不失其数。是以处上而民弗重,居前而众弗害,天下归之,奸邪畏之。以其无争于万物也,故莫敢与之争。

夫临江而钓,旷日而不能盈罗,虽有钩箴芒距,微纶芳饵,加之以詹何娟嬛之数,犹不能与网罟争得也。射者(扞)〔杆〕乌号之弓,弯棊卫之箭,重之羿、逢蒙子之巧,以要飞鸟,犹不能与罗者竞多。何则?以所持之小也。张天下以为之笼,因江海以为(罟)〔罛〕,又何亡鱼失鸟之有乎!故矢不若缴,缴不若〔网,网不若〕无形之像。

夫释大道而任小数,无以异于使蟹捕鼠、蟾蜍捕蚤,不足以禁奸塞邪，乱乃逾滋。昔者夏鲧作（三）〔九〕仞之城，诸侯背之，海外有狡心。禹知天下之叛也，乃坏城平池，散财物，焚甲兵，施之以德，海外宾伏，四夷纳职，合诸侯于涂山，执玉帛者万国。故机械之心藏于胸中，则纯白不粹，神德不全，在身者不知，何远之所能怀！是故革坚则兵利，城成则冲生，若以汤沃沸，乱乃逾甚。是故鞭噬狗，策蹄马，而欲教之，虽（伊）尹〔儒〕、造父弗能化。欲（寅）〔害〕之心亡于中，则饥虎可尾，何况狗马之类乎！故体道者逸而不穷，任数者劳而无功。

夫峭法刻诛者，非霸王之业也；箠策繁用者，非致远之（术）〔御〕也。离朱之明，察箴末于百步之外，不能见渊中之鱼；师旷之聪，合八风之调，而不能听十里之外。故任一人之能，不足以治三亩之宅也；（修）〔循〕道理之数，因天地之自然，则六合不足均也。是故禹之决渎也，因水以为师；神农之播谷也，因苗以为教。

夫萍树根于水，木树根于土；鸟排虚而飞，兽蹠实而走；蛟龙水居，虎豹山处，天地之性也。两木相摩而然，金火相守而流；员者常转，窾者主浮，自然之势也。是故春风至则甘雨降，生育万物；羽者妪伏，毛者孕育；草木荣华，鸟兽卵胎；莫见其为者，而功既成矣。秋风下霜，倒生挫伤；鹰雕搏鸷，昆虫蛰藏；草木注根，鱼鳖凑渊；莫见其为者，灭而无形。木处榛巢，水居窟穴；禽兽有（芃）〔艽〕，人民有室；陆处宜牛马、舟行宜多水；匈奴出秽裘，于越生葛絺；各生所急，以备燥湿，各因所处，以御寒暑；并得其宜，物便其所。由此观之，万物固以自然，圣人又何事焉！

九疑之南，陆事寡而水事众，于是民人（被）〔劗〕发文身，以像鳞虫；短绻不绔，以便涉游；短袂攘卷，以便刺舟，因之也。雁门之北，狄不谷食；贱长贵壮，（俗）〔各〕尚气力；人不弛弓，马不解勒，便之也。故禹之裸国，解衣而入，衣带而出，因之也。今夫徙树者，失其阴阳之性，则莫不枯槁。故桔树之江北，则化而为枳；鸲鹆不过济，貒渡汶而死；形性不可易，势居不可移也。是故达于道者，反于清净；究于物者，终于无为。以恬养性，以漠处神，则入于天门。

所谓天者，纯粹朴素，质直皓白，未始有与杂糅者也。所谓人者，偶𥈭智故，曲巧伪诈，所以俛仰于世人而与俗交者也。故牛歧蹄而戴角，马被髦而全足者，天也。络马之口，穿牛之鼻者，人也。循天者，与道游者也；随人者，与俗交者也。夫井鱼不可与语大〔海〕，拘于隘也；夏虫不可与语寒〔雪〕，笃于时也；曲士不可与语至道，拘于俗、束于教也。故圣人不以人滑天，不以欲乱情；不谋而当，不言而信；不虑而得，不为而成；精通于灵府，与造化者为人。

夫善游者溺，善骑者堕；各以其所好，反自为祸。是故好事者未尝不中，争利者未尝不穷也。昔共工之力，触不周之山，使地东南倾；与高辛争为帝，遂潜于渊，宗族残灭，继嗣绝祀。越王翳逃山穴，越人熏而出之，遂不得已。由此观之，得在时，不在争；治在道，不在圣；土处下，不争高，故安而不危；水下流，不争先，故疾而不迟。

昔舜耕于历山，期年，而田者争处墝埆，以封壤肥饶相让；钓于河滨，期年，而渔者争处湍濑，以曲隈深潭相予。当此之时，口不设言，手不指麾，执玄德于心，而化驰若神。使舜无其志，虽口辩而户说之，不能化一人。是故不道之道，莽乎大哉！夫能理三苗，朝羽民，徙裸国，纳肃慎，未发号施令而移风易俗者，其唯心行者乎！法度刑罚，何足以致之也？是故圣人内修其本，而不外饰其末；保其精神，偃其智故；漠然无为而无不为也，淡然无治也而无不治也。所谓无为者，不先物为也；所谓无不为者，因物之所为。所谓无治者，不易自然也；所谓无不治者，因物之相然也。万物有所生，而独知守其根；百事有所出，而独知守其门。故穷无穷，极无极，照物而不眩，响应而不乏，此之谓天解。

故得道者，志弱而事强，心虚而应当。所谓志弱而事强者，柔毳安静，藏于不(敢)〔取〕，行于不能；恬然无虑，动不失时；与万物回周旋转，不为先唱，感而应之。是故贵者必以贱为号，而高者必以下为基。托小以包大，在中以制外；行柔而刚，用弱而强；转化推移，得一之道而以少正多。所谓其事强者，遭变应卒，排患扞难；力无不胜，敌无不凌；应化揆时，莫能害之。是故欲刚者，必以柔守之；欲强者，必以弱保之；积于柔则刚，积于弱则强；观其所积，以知祸福之乡。强胜不若己者，至于若己者而同；柔胜出于己者，其力不可量。故兵强则灭，木强则折，革固则裂，齿坚于舌而先之敝。是故柔弱者，生之干也，而坚强者，死之徒也；先唱者，穷之路也；后动者，达之原也。

何以知其然也？凡人中寿七十岁，然而趋舍指凑，日以月悔也，以至于死。故蘧伯玉年五十，而有四十九年非。何者？先者难为知，而后者易为攻也。先者上高，则后者攀之；先者逾下，则后者(蹶)〔蹑〕之；先者隤陷，则后者以谋；先者败绩，则后者违之。由此观之，先者则后者之弓矢质的也。犹錞之与刃，刃犯难而錞无患者何也？以其托于后位也。此俗世庸民之所公见也，而贤知者弗能避，〔有所屏蔽〕也。所谓后者，非谓其底滞而不发，凝(结)〔竭〕而不流，贵其周于数而合于时也。夫执道理以耦变，先亦制后，后亦制先。是何则？不失其所以制人，人不能制也。

时之反侧，间不容息；先之则太过，后之则不逮。夫日回而月周，时不与人游。故圣人不贵尺之璧而重寸之阴，时难得而易失也。禹之趋时也，履遗而弗取，冠挂而弗顾，非争其先也，而争其得时也。是故圣人守清道而抱雌节，因循应变，常后而不先；柔弱以静，舒安以定；攻大䃺坚，莫能与之争。

天下之物，莫柔弱于水，然而大不可极，深不可测；修极于无穷，远沦于无涯；息耗减益，通于不訾；上天则为雨露，下地则为润泽；万物弗得不生，百事不得不成；大包群生，而无〔私〕好(憎)；泽及蚑蛲，而不求报；富赡天下而不既，德施百姓而不费；行而不可得穷极也，微而不可得把握也；击之无创，刺之不伤；斩之不断，焚之不然；淖溺流遁，错缪相纷，而不可靡散；利贯金石，强济天下；动溶无形之域，而翱翔忽（区）〔芒〕之上；邅回川谷之间，而滔腾大荒之野；有余不足与天地取与，〔禀〕授万物而无所前后。是故无所私而无所公，靡滥振荡，与天地鸿洞；无所左而无所右，蟠委错紾，与万物（始终）〔终始〕。是谓至德。

夫水所以能成其至德于天下者，以其淖溺润滑也。故老聃之言曰："天下至柔，驰骋天下之至坚。出于无有，入于无间。吾是以知无为之有益。"夫无形者，物之大祖也；无音者，声之大宗也。其子为光，其孙为水，皆生于无形乎！夫光可见而不可握，水可循而不可毁。故有像之类，莫尊于水。出生入死，自无蹠有；自有蹠无，而以衰贱矣。

是故清静者，德之至也；而柔弱者，道之要也。虚无恬愉者，万物之用也；肃然应感，殷然反本，则沦于无形矣。所谓无形者，一之谓也。所谓一者，无匹合于天下者也。卓然独立，块然独处；上通九天，下贯九野；员不中规，方不中矩；大浑而为一叶，累而无根；怀囊天地，为道关门；穆忞隐闵，纯德独存；布施而不既，用之而不勤。是故视之不见其形，听之不闻其声，循之不得其身；无形而有形生焉，无声而五音鸣焉，无味而五味形焉，无色而五色成焉。是故有生于无，实出于虚；天下为之圈，则名实同居。音之数不过五，而五音之变不可胜听也。味之和不过五，而五味之化不可胜尝也。色之数不过五，而五色之变不可胜观也。故音者，宫立而五音形矣。味者，甘立而五味亭矣。色者，白立而五色成矣。道者，一立而万物生矣。

是故一之理，施四海；一之解，际天地。其全也，纯兮若朴；其散也，混兮若浊。浊而徐清，冲而徐盈；澹兮其若深渊，泛兮其若浮云。若无而有，若亡而存。万物之总，皆阅一孔；百事之根，皆出一门。其动无形，变化若神；其行无迹，常后而先。

是故至人之治也，掩其聪明，灭其文章；依道废智，与民同出于公。约其所守,寡其所求。去其诱慕,除其嗜欲,(损)〔捐〕其思虑。约其所守则察,寡其所求则得。夫任耳目以听视者,劳形而不明;以知虑为治者,苦心而无功。是故圣人一度循轨,不变其宜,不易其常;放准循绳,曲因其当。

夫喜怒者,道之邪也;忧(悲)〔乐〕者,德之失也;好憎者,心之过也;嗜欲者,性之累也。人大怒破阴,大喜坠阳;薄气发瘖,惊怖为狂;忧悲多恚,病乃成积;好憎繁多,祸乃相随。故心不忧乐,德之至也;通而不变,静之至也;嗜欲不载,虚之至也;无所好憎,平之至也;不与物(散)〔淆〕,粹之至也。能此五者,则通于神明。通于神明者,得其内者也。是故以中制外,百事不废;中能得之,则外能(收)〔牧〕之。中之得,则五藏宁,思虑平;筋力劲强,耳目聪明;疏达而不悖,坚强而不鞼,无所大过而无所不逮;处小而不逼,处大而不窕;其魂不躁,其神不娆;湫漻寂寞,为天下枭。

大道坦坦,去身不远;求之近者,往而复反。(迫)〔感〕则能应,(感)〔迫〕则能动;物穆无穷,变无形像;优游委纵,如响之与景;登高临下,无失所秉;履危行险,无忘玄伏;能存之此,其德不亏。万物纷糅,与之转化,以听天下,若背风而驰,是谓至德,至德则乐矣。古之人有居岩穴而神不遗者,末世有势为万乘而日忧悲者。由此观之,圣亡乎治人而在于得道;乐亡乎富贵而在于德和。知大己而小天下,则几于道矣。

所谓乐者,岂必处京台章华,游云梦沙丘,耳听《九韶》《六莹》,口味煎熬芬芳,驰骋夷道,钓射鹔鷞之谓乐乎?吾所谓乐者,人得其得者也。夫得其得者,不以奢为乐,不以廉为悲;与阴俱闭,与阳俱开。故子夏心战而臞,(得)道〔胜〕而肥。圣人不以身役物,不以欲滑和。是故其为欢,不忻忻;其为悲,不惙惙。万方百变,消摇而无所定,吾独慷慨遗物而与道同出,是故有以自得之也。乔木之下,空穴之中,足以适情,无以自得也。虽以天下为家,万民为臣妾,不足以养生也。能至于无乐者,则无不乐,无不乐则至〔乐〕极(乐)矣。

夫建钟鼓,列管弦,席旃茵,傅旄象,耳听朝歌北鄙靡靡之乐,齐靡曼之色,陈酒行觞,夜以继日,强弩弋高鸟,走犬逐狡兔:此其为乐也,炎炎赫赫,怵然若有所诱慕。解车休马,罢酒撤乐,而心忽然若有所丧,怅然若有所亡也。是何则?不以内乐外,而以外乐内;乐作而喜,曲终而悲;悲喜转而相生,精神乱营,不得须臾平。察其所以,不得其形,而日以伤生,失其得者也。是故内不得于中,禀授于外而以自饰也;不浸于肌肤,不浃于骨髓,不留于心志,不滞于五藏。故从外入者,无主于中不止;从中出者,无应于外不行。故听善言便计,虽愚者知说之;称至德高行,虽不肖者知慕之。说之者众,而用之者鲜;慕之者多,而行之者寡。所以然者何也?不能反诸性也。夫内不开于中而强学问者,不入于耳而不著于心,此何以异于聋者之歌也?效人为之而无以自乐也,声出于口,则越而散矣。夫心者,五藏之主也,所以制使四支,流行血气,驰骋于是非之境,而出入于百事之门户者也。是故不得于心而有经天下之气,是犹无耳而欲调钟鼓,无目而欲喜文章也,亦必不胜其任矣。

故天下神器不可为也;为者败之,执者失之。夫许由小天下而不以己易尧者,志遗于天下也。所以然者何也?因天下而为天下也。天下之要,不在于彼而在于我,不在于人而在于(我)身。身得,则万物备矣;彻于心术之论,则嗜欲好憎外矣。是故无所喜而无所怒,无所乐而无所苦。万物玄同(也),无非无是;化育玄耀,生而如死。夫天下者亦吾有也,吾亦天下之有也;天下之与我,岂有间哉!

夫有天下者,岂必摄权持势,操杀生之柄,而以行其号令邪?吾所谓有天下者,非谓此也,自得而已,自得则天下亦得我矣。吾与天下相得,则常相有已,又焉有不得容其间者乎?

所谓自得者,全其身者也;全其身,则与道为一矣。故虽游于江浔海裔,驰要裒,建翠盖,目观《掉羽》《武》《象》之乐,耳听滔朗奇丽

《激》《抮》之音，扬郑、卫之浩乐，结激楚之遗风，射沼滨之高鸟，逐苑囿之走兽，此齐民之所以淫泆流湎；圣人处之，不足以营其精神，乱其气志，使心怵然失其情性。处穷僻之乡，侧谿谷之间，隐于榛薄之中；环堵之室，茨之以生茅，蓬户瓮牖，揉桑为枢；上漏下湿，润浸北房，雪霜滚灖，浸潭苽蒋；逍遥于广泽之中，而仿洋于山峡之旁，此齐民之所为形植黎黑，忧悲而不得志也；圣人处之，不为愁悴怨怼，而不失其所以自乐也。是何也？则内有以通于天机，而不以贵贱贫富劳逸失其志德者也。故夫乌之哑哑，鹊之唶唶，岂尝为寒暑燥湿变其声哉！

是故夫得道已定，而不待万物之推移也，非以一时之变化，而定吾所以自得也。吾所谓得者，性命之情，处其所安也。夫性命者，与形俱出其宗，形备而性命成，性命成而好憎生矣。故士有一定之论，女有不易之行，规矩不能方圆，钩绳不能曲直。天地之永，登丘不可为修，居卑不可为短。是故得道者，穷而不慑，达而不荣；处高而不机，持盈而不倾；新而不朗，久而不渝；入火不焦，入水不濡。是故不待势而尊，不待财而富，不待力而强；平虚下流，与化翱翔。若然者，藏金于山，藏珠于渊，不利货财，不贪势名。是故不以康为乐，不以慊为悲；不以贵为安，不以贱为危；形神气志，各居其宜，以随天地之所为。

夫形者生之舍也，气者生之(充)〔元〕也，神者生之制也，一失位则(三)〔二〕者伤矣。是故圣人使人各处其位、守其职而不得相干也。故夫形者非其所安也而处之则废，气不当其所充而用之则泄，神非其所宜而行之则昧。此三者，不可不慎守也。

夫举天下万物，蚑蛲贞虫，蠕动蚑作，皆知其所喜憎利害者，何也？以其性之在焉而不离也。忽去之，则骨肉无伦矣。今人之所以眭然能视，营然能听，形体能抗，而百节可屈伸，察能分白黑、视丑美，而知能别同异、明是非者，何也？气为之充而神为之使也。何以知其然也？凡人之志各有所在而神有所系者，其行也足蹪趎坎、头抵植木而不自知也，招之而不能见也，呼之而不能闻也。耳目非去之也，然而不能应者何也？神失其守也。故在于小则忘于大，在于中则忘于外，在于上则忘于下，在于左则忘于右。无所不充，则无所不在。是故贵虚者，以豪末为宅也。

今夫狂者之不能避水火之难而越沟渎之险者，岂无形神气志哉！然而用之异也。失其所守之位而离其外内之舍，是故举错不能当，动静不能中，终身运枯形于连嵝列埒之门而蹪(蹈)〔坎〕于污壑阱陷之中，虽生俱与人钧，然而不免为人戮笑者，何也？形神相失也。故以神为主者，形从而利；以形为制者，神从而害。贪饕多欲之人，(漠睧)〔颠冥〕于势利，诱慕于名位，冀以过人之智，植(于高)〔高于〕世，则精神日以耗而弥远，久淫而不还，形闭中距，则神无由入矣。

是以天下时有盲妄自失之患，此膏烛之类也，火逾然而消逾亟。夫精神气志者，静而日充(者)以壮，躁而日耗(者)以老。是故圣人将养其神，和弱其气，平夷其形，而与道沈浮俛仰。恬然则纵之，迫则用之；其纵之也若委衣，其用之也若发机。如是则万物之化无不遇，而百事之变无不应。

卷二　俶真训

有始者,有未始有有始者,有未始有夫未始有有始者。

有有者,有无者,有未始有有无者,有未始有夫未始有有无者。

所谓有始者:繁愤未发,萌兆牙蘖,未有形埒(垠堮),无无蠕蠕,将欲生兴,而未成物类。有未始有有始者:天气始下,地气始上,阴阳错合,相与优游,竞畅于宇宙之间,被德含和,缤纷茏苁,欲与物接而未成兆朕。有未始有夫未始有有始者:天含和而未降,地怀气而未扬,虚无寂寞,萧条霄雿,无有仿佛气遂而大通冥冥者也。

有有者:言万物掺落,根茎枝叶,青葱苓茏,(萑蔰)〔藋扈〕炫煌,蠉飞蠕动,蚑行哙息,可切循把握而有数量。有无者:视之不见其形,听之不闻其声,扪之不可得也,望之不可极也,储与扈治,浩浩瀚瀚,不可隐仪揆度而通光耀者。有未始有有无者:包裹天地,陶冶万物,大通混冥,深闳广大,不可为外,析毫剖芒,不可为内,无环堵之宇,而生有无之根。有未始有夫未始有有无者:天地未剖,阴阳未判,四时未分,万物未生,汪然平静,寂然清澄,莫见其形。若光耀之(间)〔问〕于无有,退而自失也,曰:予能有无,而未能无无也。及其为无无,至妙何从及此哉!

夫大块载我以形,劳我以生,逸我以老,休我以死。善我生者,乃所以善我死也。夫藏舟于壑,藏山于泽,人谓之固矣。虽然,夜半有力者负而趋,寐者不知。〔藏小大有宜,〕犹有所遁,若藏天下于天下,则无所遁其形矣。

物岂可谓无大扬攉乎?一范人之形而犹喜。若人者,千变万化而未始有极也。弊而复新,其为乐也,可胜计邪?譬若梦为鸟而飞于天，梦为鱼而没于渊，方其梦也，不知其梦也，觉而后知其梦也。今将有大觉，然后知今此之为大梦也。始吾未生之时，焉知生之乐也；今吾未死，又焉知死之不乐也。昔公牛哀转病也，七日化为虎，其兄掩户而入觇之，则虎搏而杀之。是故文章成兽，爪牙移易，志与心变，神与形化。方其为虎也，不知其尝为人也；方其为人，不知其且为虎也。二者代谢舛驰，各乐其成形，狡猾钝惛，是非无端，孰知其所萌？

夫水向冬则凝而为冰，冰迎春则泮而为水，冰水移易于前后，若周员而趋，孰暇知其所苦乐乎？是故形伤于寒暑燥湿之虐者，形苑而神壮；神伤乎喜怒思虑之患者，神尽而形有余。故罢马之死也，剥之若槁；狡狗之死也，割之犹濡。是故伤死者其鬼娆，时既者其神漠，是皆不得形神俱没也。夫圣人用心，杖性依神，相扶而得终始，是故其寐不梦，其觉不忧。

古之人有处混冥之中，神气不荡于外，万物恬漠以愉静，搀抢(衡)〔衝〕杓之气，莫不弥靡而不能为害。当此之时，万民猖狂，不知东西；含哺而游，鼓腹而熙；交被天和，食于地德；不以曲故是非相尤；茫茫(沈沈)〔沆沆〕，是谓大治。于是在上位者，左右而使之，毋淫其性；镇抚而有之，毋迁其德。是故仁义不布，而万物蕃殖；赏罚不施，而天下宾服。其道可以大(美)〔筴〕兴，而难以算计举也。是故日计之不足，而岁计之有余。

夫鱼相忘于江湖，人相忘于道术。古之真人，立于天地之本，中至优游，抱德炀和，而万物杂累焉，孰肯解构人间之事，以物烦其性命乎？

夫道有经纪条贯，得一之道，连千枝万叶。是故贵有以行令，贱有以忘卑，贫有以乐业，困有以处危。夫大寒至，霜雪降，然后知松柏之茂也；据难履危，利害陈于前，然后知圣人之不失道也。是故能戴大员者履大方，镜太清者视大明，立太平者处大堂；能游冥冥者与日月同光。是故以道为竿，以德为纶，礼乐为钩，仁义为饵，投之于江，浮之于海，万物纷纷，孰非其有？夫挟依于跂跃之术，提挈人间之际，掸掞挺挏世之风俗，以摸苏牵连物之微妙，犹得肆其志，充其欲，何况怀环玮之道，忘肝胆，遗耳目，独浮游无方之外，不与物相弊摋，中徙倚无形之域，而和以天（地）〔倪〕者乎！

若然者，偃其聪明，而抱其太素；以利害为尘垢，以死生为昼夜。是故目观玉辂琬象之状，耳听白雪清角之声，不能以乱其神；登千仞之溪，临猿眩之岸，不足以滑其和；譬若钟山之玉，（炊）〔灼〕以炉炭，三日三夜而色泽不变，则至德天地之精也。是故生不足以使之，利何足以动之？死不足以禁之，害何足以恐之？明于死生之分，达于利害之变，虽以天下之大易骭之一毛，无所概于志也。

夫贵贱之于身也，犹条风之时丽也；毁誉之于己，犹蚊虻之一过也。夫秉皓白而不黑，行纯粹而不糅，处玄冥而不暗，休于天钧而不砀，孟门、终隆之山不能禁〔也〕，（唯体道能不败。）湍濑、旋渊、吕梁之深不能留也，太行、石涧、飞狐、句望之险不能难也。是故身处江海之上，而神游魏阙之下，非得一原，孰能至于此哉！

是故与至人居，使家忘贫，使王公简其富贵而乐卑贱，勇者衰其气，贪者消其欲，坐而不教，立而不议，虚而往者实而归，故不言而能饮人以和。

是故至道无为，一龙一蛇；盈缩卷舒，与时变化；外从其风，内守其性；耳目不耀，思虑不营；其所居神者，台简以游太清；引楯万物，群美萌生。是故事其神者神去之，休其神者神居之。道出一原，通九门，散六衢；设于无垓坫之宇；寂寞以虚无；非有为于物也，物以有为于己也。是故举事而顺于道者，非道之所为也，道之所施也。

夫天之所覆，地之所载，六合所包，阴阳所呴，雨露所濡，道德所扶，此皆生〔于〕一父母而阅一和也。是故槐榆与橘柚合而为兄弟，有苗与三危通为一家。夫目视鸿鹄之飞，耳听琴瑟之声，而心在雁门之间。一身之中,神之分离剖判;六合之内,一举而千万里。是故自其异者视之,肝胆胡越;自其同者视之,万物一圈也。百家异说,各有所出。若夫墨、杨、申、商之于治道,犹盖之(无)一橑而轮之(无)一辐,有之可以备数,无之未有害于用也。己自以为独擅之,不通于天地之情也。

今夫冶工之铸器,金踊跃于炉中,必有波溢而播弃者,其中地而凝滞,亦有以象于物者矣。其形虽有所小用哉,然未可以保于周室之九鼎也。又况比于规形者乎,其与道相去亦远矣。

今夫万物之疏跃枝举,百事之茎叶条蘖,皆本于一根而条循千万也。若此,则有所受之矣,而非所授者。所受者,无授也,而无不受也。无不受也者,譬若周云之茏苁,辽巢彭(濞)〔薄〕而为雨,沈溺万物而不与为湿焉。

今夫善射者,有仪表之度,如工匠有规矩之数,此皆〔有〕所得以至于妙。然而奚仲不能为逢蒙,造父不能为伯乐者,是曰谕于一曲,而不通于万方之际也。

今以涅染缁,则黑于涅;以蓝染青,则青于蓝。涅非缁也,青非蓝也。兹虽遇其母,而无能复化已。是何则?以谕其转而益薄也。何况夫未始有涅蓝造化之者乎!其为化也,虽镂金石、书竹帛,何足以举其数!

自此观之,物莫不生于有也,小大优游矣。夫秋豪之末,沦于无间,而复归于大矣。芦苻之厚,通于无壂,而复反于敦庞。若夫无秋毫之微,芦苻之厚,四达无境,通于无圻,而莫之要御夭遏者,其袭微重妙,挺挏万物,揣丸变化,天地之间,何足以论之!夫疾风勃木,而不能拔毛发;云台之高,堕者折脊碎脑,而蚊虻适足以(翱翔)〔翾〕。夫与蚑蛲同乘天机,(夫)受形于一圈,飞轻微细者犹足以(脱)〔托〕其命,又况未有类也!由此观之,无形而生有形,亦明矣。

是故圣人托其神于灵府,而归于万物之初;视于冥冥,听于无声，冥冥之中，独见晓焉；寂漠之中，独有照焉；其用之也以不用，其不用也而后能用之；其知也乃不知，其不知也而后能知之也。夫天不定，日月无所载；地不定，草木无所植；所立于身者不宁，是非无所形。是故有真人然后有真知。其所持者不明，庸讵知吾所谓知之非不知欤？

今夫积惠重厚，累爱袭恩，以声华呕苻妪掩万民百姓，使（知）之䜣䜣然人乐其性者，仁也。举大功，立显名，体君臣，正上下，明亲疏，等贵贱，存危国，继绝世，决挐治烦，兴毁宗，立无后者，义也。闭九窍，藏心志，弃聪明，反无识，芒然仿佯于尘埃之外，而消摇于无事之业，含阴吐阳，而万物和同者，德也。是故道散而为德，德溢而为仁义，仁义立而道德废矣。

百围之木，斩而为牺尊，镂之以剞劂，杂之以青黄，华藻镈鲜，龙蛇虎豹，曲成文章，然其断在沟中。壹比牺尊沟中之断，则丑美有间矣，然而失木性钧也。是故神越者其言华，德荡者其行伪。至精亡于中，而言行观于外，此不免以身役物矣。夫趋舍行伪者，为精求于外也。精有湫尽，而行无穷极，则滑心浊神而惑乱其本矣。其所守者不定，而外淫于世俗之风，所断差跌者，而内以浊其清明，是故踌躇以终，而不得须臾恬淡矣。

是故圣人内修道术，而不外饰仁义；不知耳目之（宣）〔宜〕，而游于精神之和。若然者，下揆三泉，上寻九天，横廓六合，揲贯万物，此圣人之游也。若夫真人，则动溶于至虚而游于灭亡之野，骑蜚廉而从敦圄；驰于外方，休乎（宇内）〔内宇〕，烛十日而使风雨；臣雷公，役夸父，妾宓妃，妻织女，天地之间何足以留其志！是故虚无者道之舍，平易者道之素。

夫人之事其神而娆，其精营慧然而有求于外，此皆失其神明而离其宅也。是故冻者假兼衣于春，而暍者望冷风于秋。夫有病于内者，必有色于外矣。夫梣木（色）〔已〕青翳，而蠃〔蠡〕愈（蜗）〔烛〕

睆,此皆治目之药也。人无故求此物者,必有蔽其明者。圣人之所以骇天下者,真人未尝过焉;贤人之所以矫世俗者,圣人未尝观焉。夫牛蹄之涔,无尺之鲤,块阜之山,无丈之材,所以然者何也?皆其营宇狭小而不能容巨大也,又况乎以无裹之者邪,此其为山渊之势亦远矣。夫人之拘于世也,必形系而神泄,故不免于虚。使我可系羁者,必其(有命)〔命有〕在于外也。

至德之世,甘瞑于溷涧之域,而徙倚于汗漫之宇,提挈天地而委万物,以鸿蒙为景柱,而浮扬乎无畛崖之际。是故圣人呼吸阴阳之气,而群生莫不颙颙然仰其德以和顺。当此之时,莫之领理决离,隐密而自成,浑浑苍苍,纯朴未散,旁薄为一而万物大优,是故虽有羿之知而无所用之。及世之衰也,至伏羲氏,其道昧昧芒芒,然吟德怀和,被施颇烈,而知乃始昧昧(晽晽)〔楙楙〕,皆欲离其童蒙之心,而觉视于天地之间,是故其德烦而不能一。乃至神农黄帝,剖判大宗,窍领天地,袭九窾,重九(㵽)〔塾〕,提挈阴阳,嫥捖刚柔,枝解叶贯,万物百族,使各有经纪条贯。于此万民睢睢盱盱然,莫不竦身而载听视,是故治而不能和下。栖迟至于昆吾夏后之世,嗜欲连于物,聪明诱于外,而性命失其得。施及周室(之衰),浇淳散朴,(杂)〔离〕道以伪,俭德以行,而巧故萌生。周室衰而王道废,儒墨乃始列道而议,分徒而讼。于是博学以疑圣,华诬以胁众,弦歌鼓舞,缘饰诗书,以买名誉于天下。繁登降之礼,饰绂冕之服,聚众不足以极其变,积财不足以赡其费。于是万民乃始慲觟离跂,各欲行其知伪,以求凿枘于世,而错择名利。是故百姓曼衍于淫荒之陂,而失其大宗之本。夫世之所以丧性命,有衰渐以然,所由来者久矣。

是故圣人之学也,欲以返性于初,而游心于虚也;达人之学也,欲以通性于辽廓,而觉于寂漠也。若夫俗世之学则不然:擢德搴性,内愁五藏,外劳耳目,乃始招蛲振缱物之豪芒,摇消掉捎仁义礼乐,暴行越智于天下,以招号名声于世。此我所羞而不为也。

是故与其有天下也，不若有说也；与其有说也，不若尚羊物之终始（也），而条达有无之际。是故举世而誉之不加劝，举世而非之不加沮；定于死生之境，而通于荣辱之理；虽有炎火洪水弥靡于天下，神无亏缺于胸臆之中矣。若然者，视天下之间，犹飞羽浮芥也，孰肯分分然以物为事也？

水之性真清，而土汩之；人性安静，而嗜欲乱之。夫人之所受于天者，耳目之于声色也，口鼻之于芳臭也，肌肤之于寒燠，其情一也。或通于神明，或不免于痴狂者，何也？其所为制者异也。是故神者智之渊也，渊清则智明矣；智者心之府也，智公则心平矣。人莫鉴于流沫，而鉴于止水者，以其静也；莫窥形于生铁，而窥于明镜者，以睹其易也。夫唯易且静，形物之性也。由此观之，用（也）〔者〕必假之于弗用〔者〕也。是故虚室生白，吉祥止也。夫鉴明者，尘垢弗能埋；神清者，嗜欲弗能乱。精神已越于外，而事复返之，是失之于本而求之于末也。外内无符，而欲与物接，弊其玄光，而求知之于耳目，是释其炤炤而道其冥冥也，是之谓失道。心有所至，而神喟然在之，反之于虚，则消铄灭息，此圣人之游也。

故古之治天下也，必达夫性命之情；其举错未必同也，其合于道一也。夫夏日之不被裘者，非爱之也，燠有余于身也；冬日之不用翣者，非简之也，（清）〔凊〕有余于适也。夫圣人量腹而食，度形而衣，节于己而已，贪污之心，奚由生哉？故能有天下者，必无以天下为也；能有名誉者，必无以趋行求者也。圣人有所于达，达则嗜欲之心外矣。

孔、墨之弟子，皆以仁义之术教导于世，然而不免于儡，身犹不能行也，又况所教乎！是何则？其道外也。夫以末求返于本，许由不能行也，又况齐民乎！诚达于性命之情，而仁义固附矣，趋舍何足以滑心！

若夫神无所掩，心无所载；通洞条达，恬漠无事；无所凝滞，虚寂以待；势利不能诱也，辩者不能说也；声色不能淫也，美者不能滥也；智者不能动也，勇者不能恐也；此真人之(道)〔游〕也。若然者，陶冶万物，与造化者为人，天地之间，宇宙之内，莫能夭遏。夫(化)〔生〕生者不死，而化物者不化。神经于骊山太行而不能难，入于四海九江而不能濡，处小隘而不塞，横扃天地之间而不窕。不通此者，虽目数千羊之群，耳分八风之调，足蹀阳阿之舞，而手会绿水之趋，智终天地，明照日月，辩解连环，(泽)〔辞〕润玉石，犹无益于治天下也。

静漠恬淡，所以养性也；和愉虚无，所以养德也。外不滑内，则性得其宜；性不动和，则德安其位。养生以经世，抱德以终年，可谓能体道矣。若然者，血脉无郁滞，五藏无蔚气，祸福弗能挠滑，非誉弗能尘垢，故能致其极。非有其世，孰能济焉；有其人，不遇其时，身犹不能脱，又况无道乎！

且人之情，耳目应感动，心志知忧乐，手足之攒疾痒、辟寒暑，所以与物接也。蜂虿螫指而神不能憺，蚊虻噆肤而知不能平。夫忧患之来撄人心也，非直蜂虿之螫毒而蚊虻之惨怛也，而欲静漠虚无，奈之何哉？夫目察秋毫之末，耳不闻雷霆之音；耳调玉石之声，目不见太山之高。何则？小有所志而大有所忘也。今万物之来擢拔吾性，搴取吾情，有若泉源，虽欲勿禀，其可得邪？

今夫树木者，灌以瀿水，畴以肥壤，(一)〔十〕人养之，(十)〔一〕人拔之，则必无余蘖，又况与一国同伐之哉！虽欲久生，岂可得乎？今盆水在庭，清之终日，未能见眉睫，浊之不过一挠，而不能察方员。人神易浊而难清，犹盆水之类也。况一世而挠滑之，曷得须臾平乎？

古者至德之世，贾便其肆，农乐其业，大夫安其职，而处士(修)〔循〕其道。当此之时，风雨不毁折，草木不夭〔死〕，九鼎重味，珠玉润泽，洛出丹书，河出绿图，故许由、方回、善卷、披衣得达其道。何则？世之主有欲利天下之心，是以人得自乐其间。四子之才，非能尽善盖今之世也，然莫能与之同光者，遇唐虞之时。逮至夏桀殷纣，燔生人，(辜)〔罪〕谏者，为炮烙，铸金柱，剖贤人之心，析才士之胫，醢鬼侯之女，葅梅伯之骸。当此之时，峣山崩，三川涸，飞鸟铩翼，走兽挤脚。当此之时，岂独无圣人哉？然而不能通其道者，不遇其世。夫鸟飞千仞之上，兽走丛薄之中，祸犹及之，又况编户齐民乎！由此观之，体道者不专在于我，亦有系于世矣。

夫历阳之都，一夕反而为湖，勇力圣知与罢怯不肖者同命；巫山之上，顺风纵火，膏夏紫芝与萧艾俱死。故河鱼不得明目，稚稼不得育时，其所生者然也。故世治则愚者不能独乱，世乱则智者不能独治。身蹈于浊世之中，而责道之不行也，是犹两绊骐骥，而求其致千里也。置猨槛中，则与豚同，非不巧捷也，无所肆其能也。舜之耕陶也，不能利其里；南面王则德施乎四海。仁非能益也，处便而势利也。古之圣人，其和愉宁静，性也；其志得道行，命也。是故性遭命而后能行，命得性而后能明。乌号之弓，谿子之弩，不能无弦而射；越舲蜀艇，不能无水而浮。今矰缴机而在上，网罟张而在下，虽欲翱翔，其势焉得！故《诗》云："采采卷耳，不盈倾筐，嗟我怀人，寘彼周行。"以言慕远世也。

卷三 天文训

天坠未形，冯冯翼翼，洞洞灟灟，故曰太（昭）〔始〕。（道）〔太〕始（于）〔生〕虚廓，虚廓生宇宙，宇宙生〔元〕气，〔元〕气有涯垠。清阳者薄靡而为天，重浊者凝滞而为地，清妙之合专易，重浊之凝竭难，故天先成而地后定。天地之袭精为阴阳，阴阳之专精为四时，四时之散精为万物。积阳之热气〔久者〕生火，火气之精者为日；积阴之寒气〔久者〕为水，水气之精者为月。日月之淫（为）〔气〕精者为星辰。天受日月星辰，地受水潦尘埃。昔者共工与颛顼争为帝，怒而触不周之山，天柱折，地维绝。天倾西北，故日月星辰移焉；地不满东南，故水潦尘埃归焉。

天道曰圆，地道曰方；方者主幽，圆者主明。明者吐气者也，是故火曰外景；幽者含气者也，是故水曰内景。吐气者施，含气者化，是故阳施阴化。天〔地〕之偏气，怒者为风；〔天〕地之（含）〔合〕气，和者为雨。阴阳相薄，感而为雷，激而为霆，乱而为雾。阳气胜则散而为雨露，阴气胜则凝而为霜雪。

毛羽者，飞行之类也，故属于阳；介鳞者，蛰伏之类也，故属于阴。日者阳之主也，是故春夏则群兽除〔毛〕，日至而麋鹿解〔角〕；月者阴之宗也，是以月（虚）〔亏〕而鱼脑减，月死而蠃蛖膲。火上荨，水下流。故鸟（飞）〔动〕而高，鱼动而下。

物类相动，本标相应。故阳燧见日，则燃而为火；方诸见月，则津而为水。虎啸而谷风至，龙举而景云属；麒麟斗而日月食，鲸鱼死而彗星出；蚕珥丝而商弦绝，贲星坠而勃海决。人主之情上通于天，故诛暴则多飘风，枉法令则多虫螟，杀不辜则国赤地，令不收则多淫雨。

四时者，天之吏也。日月者，天之使也。星辰者，天之期也。虹蜺彗星者，天之忌也。

天有九野，九千九百九十九隅，去地五亿万里；五星；八风；二十八宿；五官；六府；紫宫，太微，轩辕，咸池，四守，天阿。

何谓九野？中央曰钧天，其星角、亢、氐。东方曰苍天，其星房、心、尾。东北曰变天，其星箕、斗、牵牛。北方曰玄天，其星须女、虚、危、营室。西北方曰幽天，其星东壁、奎、娄。西方曰颢天，其星胃、昴、毕。西南方曰朱天，其星觜巂、参、东井。南方曰炎天，其星舆鬼、柳、七星。东南方曰阳天，其星张、翼、轸。

何谓五星？东方木也，其帝太皞，其佐句芒，执规而治春，其神为岁星，其兽苍龙，其音角，其日甲乙。南方火也，其帝炎帝，其佐朱明，执衡而治夏，其神为荧惑，其兽朱鸟，其音徵，其日丙丁。中央土也，其帝黄帝，其佐后土，执绳而制四方，其神为镇星，其兽黄龙，其音宫，其日戊己。西方金也，其帝少昊，其佐蓐收，执矩而治秋，其神为太白，其兽白虎，其音商，其日庚辛。北方水也，其帝颛顼，其佐玄冥，执权而治冬，其神为辰星，其兽玄武，其音羽，其日壬癸。

太阴在四仲，则岁星行三宿；太阴在四钩，则岁星行二宿。二八十六，三四十二，故十二岁而行二十八宿。日行十二分度之一，岁行三十度十六分度之七，十二岁而周。荧惑常以十月入太微，受制而出行列宿，司无道之国，为乱为贼，为疾为丧，为饥为兵，出入无常，辩变其色，时见时匿。镇星以甲寅元始建斗，岁镇（行）一宿，当居而弗居，其国亡土，未当居而居之，其国益地、岁熟；日行二十八分度之一，岁行十三度百一十二分度之五，二十八岁而周。太白元始，以正月〔甲寅〕（建寅），与（荧惑）〔营室〕晨出东方。二百四十日而入，入百二十日而夕出西方；二百四十日而入，入三十五日而复出东方；出以辰戌，入以丑未；当出而不出，未当入而入，天下偃兵；当入而不入,〔未〕当出而(不)出,天下兴兵。辰星正四时,常以二月春分效奎、娄,以五月下,以五月夏至效东井,舆鬼,以八月秋分效角、亢,以十一月冬至效斗、牵牛;出以辰戌,入以丑未;出二旬而入,晨候之东方,夕候之西方;一时不出,其时不和,四时不出,天下大饥。

何谓八风?距日冬至四十五日,条风至;条风至四十五日,明庶风至;明庶风至四十五日,清明风至;清明风至四十五日,景风至;景风至四十五日,凉风至;凉风至四十五日,阊阖风至;阊阖风至四十五日,不周风至;不周风至四十五日,广莫风至。条风至,则出轻系,去稽留;明庶风至,则正封疆,修田畴;清明风至,则出币帛,使诸侯;景风至,则爵有(位)〔德〕,赏有功;凉风至,则报地德,祀四(郊)〔乡〕;阊阖风至,则收悬垂,琴瑟不张;不周风至,则修宫室,缮边城;广莫风至,则闭关梁,决(刑罚)〔罚刑〕。

何谓五官?东方为田,南方为司马,西方为理,北方为司空,中央为〔官〕都。

何谓六府?子午、丑未、寅申、卯酉、辰戌、巳亥是也。

太微者,(太一)〔天子〕之庭也。紫宫者,太一之居也。轩辕者,帝妃之舍也。咸池者,水鱼之囿也。天阿者,群神之阙也。四宫者,所以为司赏罚。

太微者,主朱雀。紫宫执斗而左旋,日行一度,以周于天,日冬至峻狼之山;日移一度,凡行百八十二度八分度之五而夏至牛首之山,反覆三百六十五度四分度之一而成一岁。天一元始,正月建寅,日月俱入营室五度。天一以始建七十六岁,日月复以正月入营室五度,无余分,名曰一纪。凡二十纪,一千五百二十岁大终。〔三终〕日月星辰复始甲寅元。日行一度而岁有奇四分度之一,故四岁而积千四百六十一日,而复合故舍,八十岁而复故(曰)〔日〕。

子午、卯酉为二绳。丑寅、辰巳、未申、戌亥为四钩。东北为报德之维也,西南为背阳之维,东南为常羊之维,西北为蹄通之维。

日冬至则斗北中绳,阴气极,阳气萌,故曰冬至为德。日夏至则斗南中绳,阳气极,阴气萌,故曰夏至为刑。阴气极则北至北极,下至黄泉,故不可以凿地穿井。万物闭藏,蛰虫首穴,故曰德在室。阳气极则南至南极,上至朱天,故不可以夷丘上屋。万物蕃息,五谷兆长,故曰德在野。

日冬至则(水)〔火〕从之,日夏至则(火)〔水〕从之,故五月火正而水漏,十一月水正而(阴)〔火〕胜。阳气为火,阴气为水。水胜,故夏至湿;火胜,故冬至燥。燥故炭轻,湿故炭重。

日冬至,井水盛,盆水溢,羊脱毛,麋角解,鹊始巢,八尺之修,日中而景丈三尺。日夏至而流黄泽,石精出,蝉始鸣,半夏生,蚊虻不食驹犊,鸷鸟不搏黄口,八尺之景,修径尺五寸。景修则阴气胜,景短则阳气胜。阴气胜则为水,阳气胜则为旱。

阴阳刑德有七舍。何谓七舍?室,堂,庭,门,巷,术,野。十(二)〔一〕月德居室三十日,先日至十五日、后日至十五日而徙,所居各三十日。德在室则刑在野,德在堂则刑在术,德在庭则刑在巷。阴阳相德,则刑德合门。八月二月,阴阳气均,日夜分平,故曰刑德合门。德南则生,刑南则杀,故曰二月会而万物生,八月会而草木死。

两维之间,九十一度十六分度之五。而(升)〔斗〕日行一度,十五日为一节,以生二十四时之变。斗指子则冬至,音比黄钟。加十五日指癸则小寒,音比应钟。加十五日指丑则大寒,音比无射。加十五日指报德之维,则越阴在地,故曰距日冬至四十六日而立春,阳(气)冻解,音比南吕。加十五日指寅则雨水,音比夷则。加十五日指甲则雷惊蛰,音比林钟。加十五日指卯,中绳,故曰春分则雷行,音比蕤宾。加十五日指乙则清明风至,音比仲吕。加十五日指辰则谷雨,音比姑洗。加十五日指常羊之维,则春分尽,故曰有四十六日而立夏,大风济,音比夹钟。加十五日指巳则小满,音比太蔟。加十五日指丙则芒种，音比大吕。加十五日指午则阳气极，故曰有四十六日而夏至，音比黄钟。加十五日指丁则小暑，音比大吕。加十五日指未则大暑，音比太蔟。加十五日指背阳之维，则夏分尽，故曰有四十六日而立秋，凉风至，音比夹钟。加十五日指申则处暑，音比姑洗。加十五日指庚则白露降，音比仲吕。加十五日指酉，中绳，故曰秋分，雷(戒)〔藏〕蛰，虫北向，音比蕤宾。加十五日指辛则寒露，音比林钟。加十五日指戌则霜降，音比夷则。加十五日指蹄通之维，则秋分尽，故曰有四十六日而立冬，草木毕死，音比南吕。加十五日指亥则小雪，音比无射。加十五日指壬则大雪，音比应钟。加十五日指子，故曰阳生于子，阴生于午。阳生于子，故十一月日冬至，鹊始加巢，人气钟首。阴生于午，故五月为小刑，荠麦亭历枯，冬生草木必死。

斗杓为小岁，正月建寅，月从左行十二辰。咸池为太岁，二月建卯，月从右行四仲，终而复始。太岁迎者辱，背者强；左者衰，右者昌。小岁东南则生，西北则杀，不可迎也，而可背也，不可左也，而可右也，其此之谓也。

大时者，咸池也。小时者，月建也。天维建元，常以寅始，起右徙，一岁而移，十二岁而大周天，终而复始。

淮南元年冬，太一在丙子，冬至甲午，立春丙子。

二阴一阳成气二；二阳一阴成气三。合气而为音，合阴而为阳，合阳而为律，故曰五音六律。音自倍而为日，律自倍而为辰。故日十而辰十二。月日行十三度七十六分度之二十六，二十九日九百四十分日之四百九十九而为月，而以十二月为岁。岁有余十日九百四十分日之八百二十七，故十九岁而七闰。

日冬至子午，夏至卯酉。冬至加三日，则夏至之日也。岁迁六日，终而复始。壬午冬至，甲子受制，木用事，火烟青。七十二日，丙子受制，火用事，火烟赤。七十二日，戊子受制，土用事，火烟黄。七十二日,庚子受制,金用事,火烟白。七十二日,壬子受制,水用事,火烟黑。七十二日而岁终,庚子受制。岁迁六日,以数推之,(七)十岁而复至甲子。甲子受制,则行柔惠,挺群禁,开阖扇,通障塞,毋伐木。丙子受制,则举贤良,赏有功,立封侯,出货财。戊子受制,则养〔长〕老,〔存〕鳏寡,行粰鬻,施恩泽。庚子受制,则缮墙垣,修城郭,审群禁,饰兵甲,儆百官,诛不法。壬子受制,则闭门闾,大搜客,断刑罚,杀当罪,息关梁,禁外徙。

甲子气燥浊,丙子气燥阳,戊子气湿浊,庚子气燥寒,壬子气清寒。丙子干甲子,蛰虫早出,故雷早行。戊子干甲子,胎夭卵毈,鸟虫多伤。庚子干甲子,有兵。壬子干甲子,春有霜。戊子干丙子,霆。庚子干丙子,(夷)〔电〕。壬子干丙子,雹。甲子干丙子,地动。庚子干戊子,五谷有殃。壬子干戊子,夏寒雨霜。甲子干戊子,介虫不为。丙子干戊子,大旱,苽封熯。壬子干庚子,(大刚)〔则〕鱼不为。甲子干庚子,草木再死再生。丙子干庚子,草木复荣。戊子干庚子,岁或(存)〔有〕或(亡)〔无〕。甲子干壬子,冬乃不藏。丙子干壬子,星坠。戊子干壬子,蛰虫冬出其乡。庚子干壬子,冬雷其乡。

季春三月,丰隆乃出,以将其雨。至秋三月,地气不藏,乃收其杀,百虫蛰伏,静居闭户,青女乃出,以降霜雪,行十二时之气,以至于仲春二月之夕,乃收其藏,而闭其寒。女夷鼓歌,以司天和,以长百谷禽(鸟)〔兽〕草木。孟夏之月,以熟谷禾,雄鸠长鸣,为帝候岁。是故天不发其阴,则万物不生;地不发其阳,则万物不成。天圆地方,道在中央,日为德,月为刑。月归而万物死,日至而万物生;远山则山气藏,远水则水虫蛰,远木则木叶槁。日五日不见,失其位也,圣人不与也。

日出于旸谷,浴于咸池,拂于扶桑,是谓晨明。登于扶桑,爰始将行,是谓朏明。至于曲阿,是谓旦明。至于曾泉,是谓早食。至于桑野,是谓晏食。至于衡阳,是谓隅中。至于昆吾,是谓正中。至于鸟次,是谓小(还)〔迁〕。至于悲谷,是谓铺时。至于女纪,是谓大(还)〔迁〕。至于渊(虞)〔隅〕,是谓高春。至于连石,是谓下春。至于悲泉,爰止其女,爰息其马,是谓悬车。至于虞渊,是谓黄昏。(至)〔沦〕于蒙谷,是谓定昏。日入于虞渊之汜,曙于蒙谷之浦,行九州七舍,有五亿万七千三百九里,(禹)〔离〕以为朝昼昏夜。

夏日至则阴乘阳,是以万物就而死;冬日至则阳乘阴,是以万物仰而生。昼者阳之分,夜者阴之分,是以阳气胜则日修而夜短,阴气胜则日短而夜修。〔其加卯酉,则阴阳分,日夜平矣。〕

帝张四维,运之以斗,月徙一辰,复反其所。正月指寅,十二月指丑,一岁而匝,终而复始。指寅,〔寅〕则万物螾〔然〕,律受太蔟;太蔟者,蔟而未出也。指卯,卯则茂茂然,律受夹钟;夹钟者,种始荚也。指辰,辰则振之也,律受姑洗;姑洗者,陈去而新来也。指巳,巳则生已定矣,律受仲吕;仲吕者,中充大也。指午,午者忤也,律受蕤宾;蕤宾者,安而服也。指未,未〔者〕昧也,律受林钟;林钟者,引而止〔之〕也。指申,申者呻(之)也,律受夷则;夷则者,易其则也,德以去矣。指酉,酉者饱也,律受南吕;南吕者,任包大也。指戌,戌者灭也,律受无射;无射,入无厌也。指亥,亥者阂也,律受应钟;应钟者,应其钟也。指子,子者兹也,律受黄钟;黄钟者,钟已黄也。指丑,丑者纽也,律受大吕;大吕者,旅旅而去也。(其加卯酉,则阴阳分,日夜平矣。)故曰:规生矩杀,衡长权藏,绳居中央,为四时根。

道(曰规)始于一,一而不生,故分而为阴阳,阴阳合和而万物生。故曰:“一生二,二生三,三生万物。”天地三月而为一时,故祭祀三饭以为礼,丧纪三踊以为节,兵(重)〔革〕三(罕)〔军〕以为制。以三参物,三三如九,故黄钟之律九寸而宫音调。因而九之,九九八十一,故黄钟之数立焉。黄者土德之色,钟者气之所种也。日冬至,德气为土,土色黄,故曰黄钟。律之数六,分为雌雄,故曰十二钟,以副十二月。十二各以三成,故置一而十一三之,为积分十七万七千一百四十七，黄钟大数立焉。凡十二律，黄钟为宫，太蔟为商，姑洗为角，林钟为徵，南吕为羽。物以三成，音以五立，三与五如八，故卵生者八窍。律之初生也，写凤之音，故音以八生。

黄钟为宫，宫者音之君也，故黄钟位子，其数八十一，主十一月，下生林钟。林钟之数五十四，主六月，上生太蔟。太蔟之数七十二，主正月，下生南吕。南吕之数四十八，主八月，上生姑洗。姑洗之数六十四，主三月，下生应钟。应钟之数四十二，主十月，上生蕤宾。蕤宾之数五十七，主五月，上生大吕。大吕之数七十六，主十二月，下生夷则。夷则之数五十一，主七月，上生夹钟。夹钟之数六十八，主二月，下生无射。无射之数四十五，主九月，上生仲吕。仲吕之数六十，主四月，极不生。(徵)〔宫〕生(宫)〔徵〕，(宫)徵生商，商生羽，羽生角，角(生)〔主〕姑洗。姑洗生应钟，〔不〕比于正音，故为和。应钟生蕤宾，不比正音，故为缪。日冬至，音比林钟，浸以浊，日夏至，音比黄钟，浸以清。以十二律应二十四时之变：甲子，仲吕之徵也；丙子，夹钟之羽也；戊子，黄钟之宫也；庚子，无射之商也；壬子，夷则之角也。

古之为度量，轻重生乎天道。黄钟之律修九寸。物以三生〔三三九〕三九二十七，故幅广二尺七寸，〔古之制也。〕音以八相生，故人修八尺，寻自倍，故八尺而为寻。有形则有声。音之数五，以五乘八，五八四十，故四丈而为匹。匹者，中人之度也。一匹而为制。秋分蔈定，蔈定而禾熟。律之数十二，故十二蔈而当一(粟)〔分〕。(十二粟而当一寸。)律以当辰，音以当日。日之数十，故〔十分而为寸，〕十寸而为尺，十尺而为丈。其以为量，十二粟而当一分，十二分而当一铢，十二铢而当半两。衡有左右，因倍之，故二十四铢为一两。天有四时以成一岁，因而四之，四四十六，故十六两而为一斤。三月而为一时，三十日为一月，故三十斤为一钧。四时而为一岁，故四钧为一石。其以为音也，一律而生五音，十二律而为六十音。因而六之，六六三十六，故三百六十音以当一岁之日。故律历之数，天地之道也。下生者倍，以三除之；上生者四，以三除之。

太阴元始，建于甲寅，一终而建甲戌，二终而建甲午，三终而复得甲寅之元，岁徙一辰，立春之后，得其辰而迁其所顺，前三后五，百事可举。

太阴所建，蛰虫首穴而处，鹊巢乡而为户。太阴在寅，朱鸟在卯，句陈在子，玄武在戌，白虎在酉。（苍龙在辰。）寅为建，卯为除，辰为满，巳为平，主生；午为定，未为执，主陷；申为破，主衡；酉为危，主杓；戌为成，主少德；亥为收，主大德；子为开，主太岁；丑为闭，主太阴。

太阴在寅，岁名曰摄提格，其雄为岁星，舍斗、牵牛，以十一月与之；晨出东方，东井、舆鬼为对。太阴在卯，岁名曰单阏，岁星舍须女、虚、危，以十二月与之；晨出东方，柳、七星、张为对。太阴在辰，岁名曰执徐，岁星舍营室、东壁，以正月与之；晨出东方，翼、轸为对。太阴在巳，岁名曰大荒落，岁星舍奎、娄，以二月与之；晨出东方，角、亢为对。太阴在午，岁名曰敦牂，岁星舍胃、昴、毕，以三月与之；晨出东方，氐、房、心为对。太阴在未，岁名曰协洽，岁星舍觜嶲、参，以四月与之；晨出东方，尾、箕为对。太阴在申，岁名曰涒滩，岁星舍东井、舆鬼，以五月与之；晨出东方，斗、牵牛为对。太阴在酉，岁名曰作鄂，岁星舍柳、七星、张，以六月与之；晨出东方，须女、虚、危为对。太阴在戌，岁名曰阉茂，岁星舍翼、轸，以七月与之；晨出东方，营室、东壁为对。太阴在亥，岁名曰大渊献，岁星舍角、亢，以八月与之；晨出东方，奎、娄为对。太阴在子，岁名曰困敦，岁星舍氐、房、心，以九月与之；晨出东方，胃、昴、毕为对。太阴在丑，岁名曰赤奋若，岁星舍尾、箕，以十月与之；晨出东方，觜嶲、参为对。太阴在甲子，刑德合东方宫，常徙所不胜，合四岁而离，离十六岁而复合。所以离者，刑不得入中宫而徙于木。太阴所居曰〔为〕德，辰为刑；德（纲）〔刚〕

日自倍,因柔日徙所不胜。刑,水辰之木,木辰之水,金火立其处。凡徙诸神,朱鸟在太阴前一,钩陈在后三,玄武在前五,白虎在后六,虚星乘钩陈,而天地袭矣。

凡日,甲刚乙柔,丙刚丁柔,以至于癸。木生于亥,壮于卯,死于未,三辰皆木也。火生于寅,壮于午,死于戌,三辰皆火也。土生于午,壮于戌,死于寅,三辰皆土也。金生于巳,壮于酉,死于丑,三辰皆金也。水生于申,壮于子,死于辰,三辰皆水也。故五胜生一,壮五,终九,五九四十五,故神四十五日而一徙。以三应五,故八徙而岁终。凡用太阴,(左前)〔右背〕刑,(右背)〔左前〕德,击钩陈之冲辰,以战必胜,以攻必克。欲知天道,以日为主,六月当心,左周而行,分而为十二月,与日相当,天地重袭,后必无殃。

(星)〔日〕,正月建营室,二月建奎、娄,三月建胃,四月建毕,五月建东井,六月建张,七月建翼,八月建亢,九月建房,十月建尾,十一月建牵牛,十二月建虚。

星分度:角十二,亢九,氐十五,房五,心五,尾十八,箕十一四分一,斗二十六,牵牛八,须女十二,虚十,危十七,营室十六,东壁九,奎十六,娄十二,胃十四,昴十一,毕十六,觜嶲二,参九,东井三十三,舆鬼四,柳十五,星七、张、翼各十八,轸十七,凡二十八宿也。

星部地名:角、亢:郑;氐、房、心:宋;尾、箕:燕;斗、牵牛:越;须女:吴;虚、危:齐;营室、东壁:卫;奎、娄:鲁;胃、昴、毕:魏;觜嶲、参:赵;东井、舆鬼:秦;柳、七星、张:周;翼、轸:楚。

岁星之所居,五谷丰昌,其对为冲,岁乃有殃。当居而不居,越而之他处,主死国亡。

太阴治春,则欲行柔惠温凉。太阴治夏,则欲布施宣明。太阴治秋,则欲修备缮兵。太阴治冬,则欲猛毅刚强。三岁而改节,六岁而易常,故三岁而一饥,六岁而一衰,十二岁一康。

甲齐,乙东夷,丙楚,丁南夷,戊魏,己韩,庚秦,辛西夷,壬卫,癸越。子周,丑翟,寅楚,卯郑,辰晋,巳卫,午秦,未宋,申齐,酉鲁,戌赵,亥燕。

甲乙寅卯,木也。丙丁巳午,火也。戊己,四季土也。庚辛申酉,金也。壬癸亥子,水也。水生木,木生火,火生土,土生金,金生水。子生母曰义,母生子曰保,子母相得曰专;母胜子曰制,子胜母曰困。以(胜)〔制〕击杀,胜而无报。以专从事而有功。以义行理,名立而不堕。以保畜养,万物蕃昌。以困举事,破灭死亡。

北斗之神有雌雄,十一月始建于子,月(从)〔徙〕一辰,雄左行,雌右行,五月合午谋刑,十一月合子谋德。(太阴)〔雌〕所居辰为厌(日)。厌日不可以举百事,堪舆徐行。雄以音知雌,故为奇辰,数从甲子始,子母相求,所合之处为合。十日十二辰,周六十日,凡八合,合于岁前则死亡,合于岁后则无殃。

甲戌燕也,乙酉齐也,丙午越也,丁巳楚也,庚申秦也,辛卯戎也,壬子代也,癸亥胡也,戊戌、己亥韩也,己酉、己卯魏也,戊午、戊子,八合天下也。

太阴、小岁、星、日、辰五神皆合,其日有云气风雨,国君当之。

天神之贵者,莫贵于青龙,或曰天一,或曰太阴。太阴所居,不可背而可乡。北斗所击,不可与敌。

天地以设,分而为阴阳。阳生于阴,阴生于阳,阴阳相错,四维乃通,或死或生,万物乃成。蚑行喙息,莫贵于人,孔窍肢体,皆通于天。天有九重,人亦有九窍;天有四时以制十二月,人亦有四肢以使十二节;天有十二月以制三百六十日,人亦有十二肢以使三百六十节。故举事而不顺天者,逆其生者也。以日冬至数来岁正月朔日,五十日者,民食足;不满五十日,日减一斗;有余日,日益一升。有其岁司也。

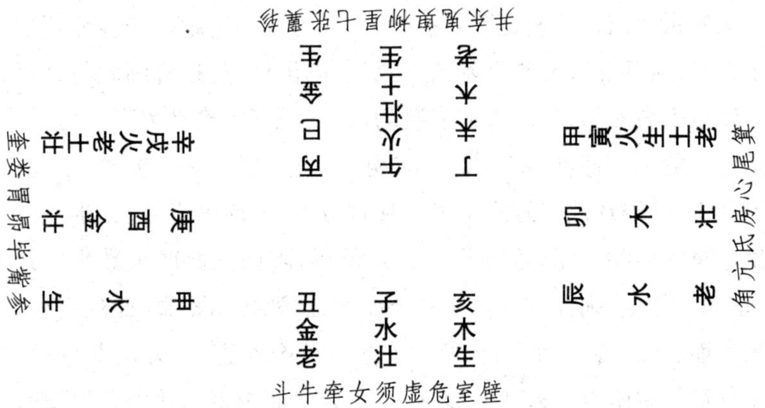

井东鬼舆柳星七张翼轸

丁未木老　午火壮土生　丙巳金生

甲寅火生土老　卯木壮　辰水老

角亢氐房心尾箕

亥木生　子水壮　丑金老

斗牛牵女须虚危室壁

申水生　庚酉金壮　辛戌火老土壮

奎娄胃昴毕觜参

摄提格之岁，岁早水，晚旱，稻疾，蚕不登，菽、麦昌，民食四升。寅在甲曰阏蓬单阏之岁，岁和，稻、菽、麦、蚕昌，民食五升。卯在乙曰旃蒙执徐之岁，岁早旱，晚水，小饥，蚕闭，麦熟，民食三升。辰在丙曰柔兆大荒落之岁，岁有小兵，蚕小登，麦昌，菽疾，民食二升，巳在丁曰强圉敦牂之岁，岁大旱，蚕登，稻疾，菽、麦昌，禾不为，民食二升。午在戊曰著雍协洽之岁，岁有小兵，蚕登，稻昌，菽、麦不为，民食三升。未在己曰屠维涒滩之岁，岁和，小雨行，蚕登，菽、麦昌，民食三升。申在庚曰上章作鄂之岁，岁有大兵，民疾，蚕不登，菽、麦不为，禾虫，民食五升。酉在辛曰重光掩茂之岁，岁小饥，有兵，蚕不登，麦不为，菽昌，民食七升。戌在壬曰玄黓大渊献之岁，岁有大兵，大饥，蚕开，菽、麦不为，禾虫，民食三升。困敦之岁，岁大雾起，大水出，蚕〔登〕、稻〔疾，菽、〕麦昌，民食三斗。子在癸曰昭阳赤奋若之岁，岁有小兵，早水，蚕不出，稻疾，菽不为，麦昌，民食一升。

正朝夕：先树一表东方，操一表却去前表十步，以参望，日始出北廉，日直入。又树一表于东方，因西方之表以参望，日方入北廉，则定东方。两表之中，与西方之表。则东西之正也。日冬至，日出东南维，入西南维；至春秋分，日出东中，入西中。夏至，出东北维，入西北维，至则正南。

欲知东西南北广袤之数者:立四表以为方一里歫。先春分若秋分十余日,从歫北表参望日始出。及旦,以候相应,相应则此与日直也。辄以南表参望之,以入前表数为法。除举广,除立表袤,以知从此东西之数也。假使视日出,入前表中一寸,是寸得一里也。一里积万八千寸,得从此东万八千里。视日方入,入前表半寸,则半寸得一里。半寸而除一里,积寸得三万六千里,除则从此西里数也。并之,东西里数也,则极径也。未春分而直,已秋分而不直,此处南也。未秋分而直,已春分而不直,此处北也。分至而直,此处南北中也。从中处欲知中南也。未秋分而不直,此处南北中也。从中处欲知南北极远近,从西南表参望日。日夏至始出,与北表参,则是东与东北表等也。正东万八千里,则从中北亦万八千里也。倍之,南北之里数也。其不从中之数也,以出入前表之数益损之,表入一寸,寸减日近一里;表出一寸,寸益远一里。

欲知天之高:树表高一丈。正南北相去千里,同日度其阴。北表二尺,南表尺九寸,是南千里阴短寸。南二万里则无景,是直日下也。阴二尺而得高一丈者,〔是〕南一而高五也。则置从此(南)至日下里数,因而五之,为十万里,则天高也。若使景与表等,(则)〔即〕高与远等也。

卷四　坠形训

坠(形)之所载,六合之间,四极之内,照之以日月,经之以星辰,纪之以四时,要之以太岁。

天地之间,九州八(极)〔柱〕。土有九山,山有九塞,泽有九薮,风有八等,水有六品。

何谓九州?东南神州曰农土,正南次州曰沃土,西南戎州曰滔土,正西弇州曰并土,正中冀州曰中土,西北台州曰肥土,正北泲州曰成土,东北薄州曰隐土,正东阳州曰申土。

何谓九山?会稽,泰山,王屋,首山,太华,岐山,太行,羊肠,孟门。

何谓九塞?曰:太汾,渑阸,荆阮,方城,殽阪,井陉,令疵,句注,居庸。

何谓九薮?曰:越之具区,楚之云梦,秦之阳纡,晋之大陆,郑之圃田,宋之孟诸,齐之海隅,赵之巨鹿,燕之昭余。

何谓八风?东北曰炎风,东方曰条风,东南曰景风,南方曰巨风,西南曰凉风,西方曰飂风,西北曰丽风,北方曰寒风。

何谓六水?曰:河水,赤水,辽水,黑水,江水,淮水。

阖四海之内,东西二万八千里,南北二万六千里;水道八千里,通谷〔六〕,(其)名川六百;陆径三千里。禹乃使太章步自东极,至于西极,二亿三万三千五百里七十五步;使竖亥步自北极,至于南极,二亿三万三千五百里七十五步。凡鸿水渊薮,自三(百)仞以上,二亿三万三千五百五十(里)有九(渊)。禹乃以息土填洪水,以为名山。掘昆仑虚以下地,中有增城九重,其高万一千里百一十四步二尺六寸,上有木禾,其修五寻。珠树、玉树、琁树、不死树在其西,沙棠、琅玕在其东,绛树在其南,碧树、瑶树在其北。旁有四百四十门,门间四里,里间九纯,纯丈五尺。旁有九井,玉横维其西北之隅,北门开以内不周之风。倾宫、旋室、悬圃、凉风、樊桐,在昆仑阊阖之中,是其疏圃。疏圃之池,浸之黄水,黄水三周复其原,是谓(丹)〔白〕水,饮之不死。

河水出昆仑东北陬,贯渤海,入禹所导积石山。赤水出其东南陬,西南注南海丹泽之东。赤水之东,弱水出自穷石,至于合黎,余波入于流沙。绝流沙,南至南海。洋水出其西北陬,入于南海羽民之南。凡四水者,帝之神泉,以和百药,以润万物。

昆仑之丘,或上倍之,是谓凉风之山,登之而不死;或上倍之,是谓悬圃〔之山〕,登之乃灵,能使风雨;或上倍之,乃维上天,登之乃神,是谓太帝之居。

扶木在阳州,日之所曊。建木在都广,众帝所自上下,日中无景,呼而无响,盖天地之中也。若木在建木西,末有十日,其华照下地。

九州之大,纯方千里。九州之外,乃有八殥,亦方千里。自东北方曰大泽,曰无通;东方曰大渚,曰少海;东南方曰具区,曰元泽;南方曰大梦,曰浩泽;西南方曰渚资,曰丹泽;西方曰九区,曰泉泽;西北方曰大夏,曰海泽;北方曰大冥,曰寒泽。凡八殥。八泽之云,是雨九州。

八殥之外,而有八纮,亦方千里。自东北方曰和邱,曰荒土;东方曰棘林,曰桑野;东南方曰大穷,曰众女;南方曰都广,曰反户;西南方曰焦侥,曰炎土;西方曰金邱,曰沃野;西北方曰一目,曰沙所;北方曰积冰,曰委羽。凡八纮之气,是出寒暑,以合八正,必以风雨。

八纮之外,乃有八极。自东北方曰方土之山,曰苍门;东方曰东极之山,曰开明之门;东南方曰波母之山,曰阳门;南方曰南极之山,曰暑门;西南方曰编驹之山,曰白门;西方曰西极之山,曰阊阖之门;西北方曰不周之山,曰幽都之门;北方曰北极之山,曰寒门。凡八极之云,是雨天下;八门之风,是节寒暑;八纮八殥八泽之云,以雨九州而和中土。

东方之美者,有医毋闾之珣玗琪焉。东南方之美者,有会稽之竹箭焉。南方之美者,有梁山之犀象焉。西南方之美者,有华山之金石焉。西方之美者,有霍山之珠玉焉。西北方之美者,有昆仑之球琳琅玕焉。北方之美者,有幽都之筋角焉。东北方之美者,有斥山之文皮焉。中央之美者,有岱岳以生五谷桑麻,鱼盐出焉。

凡地形,东西为纬,南北为经。山为积德,川为积刑。高者为生,下者为死。丘陵为牡,谿谷为牝。水圆折者有珠,方折者有玉。清水有黄金,龙渊有玉英。土地各以其类生,是故山气多男,泽气多女;(障)〔水〕气多喑,风气多聋;林气多癃,木气多伛;岸下气多肿,石气多力;险阻气多瘿;暑气多夭,寒气多寿;谷气多痹,丘气多(狂)〔尪〕;衍气多仁,陵气多贪;轻土多利,重土多迟,清水音小,浊水音大;湍水人轻,迟水人重。中土多圣人,皆象其气,皆应其类。

故南方有不死之草,北方有不释之冰;东方有君子之国,西方有形残之尸。寝居直梦,人死为鬼;磁石上飞,云母来水;土龙致雨,燕雁代飞;蛤蟹珠龟,与月盛衰。

是故坚土人刚,弱土人肥;垆土人大,沙土人细;息土人美,秏土人丑。食水者善游能寒,食土者无心而(慧)〔不息〕,食木者多力而奰,食草者善走而愚,食叶者有丝而蛾,食肉者勇敢而悍,食气者神明而寿,食谷者智慧而夭,不食者不死而神。

凡人民禽兽万物贞虫,各有以生,或奇或偶,或飞或走,莫知其情,惟知通道者能原本之。天一地二人三,三三而九,九九八十一,一主日,日数十,日主人,人故十月而生。八九七十二,二主偶,偶以承奇,奇主辰,辰主月,月主马,马故十二月而生。七九六十三,三主斗，斗主犬，犬故三月而生。六九五十四，四主时，时主彘，彘故四月而生。五九四十五，五主音，音主猿，猿故五月而生。四九三十六，六主律，律主麋鹿，麋鹿故六月而生。三九二十七，七主星，星主虎，虎故七月而生。二九十八，八主风，风主虫，虫故八(月)〔日〕而化。鸟鱼皆生于阴，(阴)属于阳，故鸟鱼皆卵生。鱼游于水，鸟飞于云，故立冬燕雀入海化为蛤。

万物之生而各异类。蚕食而不饮，蝉饮而不食，蜉蝣不饮不食。介鳞者夏食而冬蛰，龁吞者八窍而卵生，嚼咽者九窍而胎生。四足者无羽翼，戴角者无上齿，无角者膏而无前，有角者(指)〔脂〕而无后。昼生者类父，夜生者似母。至阴生牝，至阳生牡。夫熊罴蛰藏，飞鸟时移。

是故白水宜玉，黑水宜砥，青水宜碧，赤水宜丹，黄水宜金，清水宜龟。汾水濛浊而宜麻，济水通和而宜麦，河水中(浊)〔调〕而宜菽，雒水轻利而宜禾，渭水多力而宜黍，汉水重安而宜竹，江水肥仁而宜稻。

平土之人慧而宜五谷。东方，川谷之所注，日月之所出，其人兑形小头，隆鼻大口，鸢肩企行，窍通于目，筋气属焉，苍色主肝，长大早知而不寿。其地宜麦，多虎豹。南方，阳气之所积，暑湿居之，其人修形兑上，大口决(眦)〔眦〕，窍通于耳，血脉属焉，赤色主心，早壮而夭。其地宜稻，多兕象。西方高土，川谷出焉，日月入焉，其人面末偻，修颈卬行，窍通于鼻，皮革属焉，白色主肺，勇敢不仁。其地宜黍，多旄犀。北方幽晦不明，天之所闭也，寒(水)〔冰〕之所积也，蛰虫之所伏也，其人翕形短颈，大肩下尻，窍通于阴，骨干属焉，黑色主肾，(其人)蠢愚(禽兽)而寿。其地宜菽，多犬马。中央四达，风气之所通，雨露之所会也，其人大面短颐，美须恶肥，窍通于口，肤肉属焉，黄色主胃，慧圣而好治。其地宜禾，多牛羊及六畜。

木胜土，土胜水，水胜火，火胜金，金胜木。故禾春生秋死，菽夏生冬死，麦秋生夏死，荠冬生（中）〔而〕夏死。

木壮、水老、火生、金囚、土死。火壮、木老、土生、水囚、金死。土壮、火老、金生、木囚、水死。金壮、土老、水生、火囚、木死。水壮、金老、木生、土囚、火死。

音有五声，宫其主也。色有五章，黄其主也。味有五变，甘其主也。位有五材，土其主也。是故炼土生木，炼木生火，炼火生云，炼云生水，炼水反土；炼甘生酸，炼酸生辛，炼辛生苦，炼苦生咸，炼咸反甘。变宫生徵，变徵生商，变商生羽，变羽生角，变角生宫。是故以水和土，以土和火，以火化金，以金治木，木复反土。五行相治，所以成器用。

凡海外三十六国。自西北至西南方，有修股民，天民，肃慎民，白民，沃民，女子民，丈夫民，奇股民，一臂民，三身民。自西南至东南方，结胸民，羽民，讙头国民，裸国民，三苗民，交股民，不死民，穿胸民，反舌民，豕喙民，凿齿民，三头民，修臂民。自东南至东北方，有大人国，君子国，黑齿民，玄股民，毛民，劳民。自东北至西北方，有跂踵民，句婴民，深目民，无肠民，柔利民，一目民，无继民。

雒棠、武人在西北陬，硥鱼在其南。有神二人连臂，为帝候夜，在其西南方。三珠树在其东北方，有玉树在赤水之上。昆仑、华丘在其东南方，爰有遗玉，青马，视肉，杨桃，甘樝，甘华，百果所生。和丘在其东北陬，三桑无枝在其西，夸父、耽耳在其北方。夸父弃其策，是为邓林。昆吾丘在南方。轩辕丘在西方。巫咸在其北方。立登保之山。旸谷、榑桑在东方。有娀在不周之北，长女简翟，少女建疵。西王母在流沙之濒。乐民、拏闾在昆仑弱水之洲。三危在乐民西。宵明烛光在河洲，所照方千里。龙门在河渊。湍池在昆仑。玄燿、不周、申池在海隅。孟诸在沛。少室、太室在冀州。烛龙在雁门，北蔽于委羽之山，不见日，其神人面龙身而无足。后稷垅在建木西，其人死复苏其半，鱼在其间。流黄、沃民在其北方三百里。狗国在其东。雷泽有神，龙身人头，鼓其腹而熙。

江出岷山，东流绝汉入海，左还北流，至于开母之北，右还东流，至于东极。河出积石。睢出荆山。淮出桐柏山。睢出羽山。清漳出楬戾。浊漳出发包。济出王屋。时、泗、沂出臺、台、术。洛出猎山。汶出弗其，流合于济。汉出嶓冢。泾出薄落之山。渭出鸟鼠同穴。伊出上魏。雒出熊耳。浚出华窍。维出覆舟。汾出燕京。衽出濆熊。淄出目饴。丹水出高褚。股出嶕山。镐出鲜于。凉出茅卢石梁。汝出猛山。淇出大号。晋出(龙山)结(给)〔绌〕。合出封羊。辽出砥石。釜出景。岐出石桥。呼池出鲁平。泥涂渊出樠山。维湿北流出于燕。

诸稽摄提，(条)〔融〕风之所生也。通视，明庶风之所生也。赤奋若，清明风之所生也。共工，景风之所生也。诸比，凉风之所生也。皋稽，阊阖风之所生也。隅强，不周风之所生也。穷奇，广莫风之所生也。

窔生海人，海人生若菌，若菌生圣人，圣人生庶人，凡窔者生于庶人。羽嘉生飞龙，飞龙生凤皇，凤皇生鸾鸟，鸾鸟生庶鸟，凡羽者生于庶鸟。毛犊生应龙，应龙生建马，建马生麒麟，麒麟生庶兽，凡毛者生于庶兽。介鳞生蛟龙，蛟龙生鲲鲠，鲲鲠生建邪，建邪生庶鱼，凡鳞者生于庶鱼。介潭生先龙，先龙生玄鼋，玄鼋生灵龟，灵龟生庶龟，凡介者生于庶龟。暖湿生容。暖湿生于毛风，毛风生于湿玄，湿玄生羽风，羽风生焕介，焕介生鳞薄，鳞薄生暖介。五类杂种兴乎外，肖形而蕃。

日冯生阳阏，阳阏生乔如，乔如生干木，干木生庶木，凡(根拔)木者生于庶木。根拔生程若，程若生玄玉，玄玉生醴泉，醴泉生皇辜，皇辜生庶草，凡根茇草者生于庶草。海闾生屈龙，屈龙生容华，容华生蔈，蔈生(萍)藻，(萍)藻生浮草，凡浮生不根茇者生于(萍)藻。

正土之气(也),御乎埃天。埃天五百岁生缺,缺五百岁(生黄埃,黄埃五百岁)生黄澒,黄澒五百岁生黄金,黄金千岁生黄龙,黄龙入藏生黄泉。黄泉之埃,上为黄云,阴阳相薄为雷,激扬为电,上者就下,流水就通而合于黄海。偏土之气,御乎(清)〔青〕天,(清)〔青〕天八百岁生青曾,青曾八百岁生青澒,青澒八百岁生青金,青金(八百)〔千〕岁生青龙,青龙入藏生青泉。青泉之埃,上为青云,阴阳相薄为云雷,激扬为电,上者就下,流水就通而合于青海。(壮)〔牡〕土之气,御于赤天。赤天七百岁生赤丹,赤丹七百岁生赤澒,赤澒七百岁生赤金,赤金千岁生赤龙,赤龙入藏生赤泉。赤泉之埃,上为赤云,阴阳相薄为雷,激扬为电,上者就下,流水就通而合于赤海。弱土之气,御于白天。白天九百岁生白礜,白礜九百岁生白澒,白澒九百岁生白金,白金千岁生白龙,白龙入藏生白泉,白泉之埃,上为白云,阴阳相薄为雷,激扬为电,上者就下,流水就通而合于白海。牝土之气,御于玄天。玄天六百岁生玄砥,玄砥六百岁生玄澒,玄澒六百岁生玄金,玄金千岁生玄龙,玄龙入藏生玄泉。玄泉之埃,上为玄云,阴阳相薄为雷,激扬为电,上者就下,流水就通而合于玄海。

卷五 时则训

孟春之月，招摇指寅，昏参中，旦尾中。其位东方。其日甲乙。盛德在木。其虫鳞。其音角。律中太蔟。其数八。其味酸。其臭羶。其祀户。祭先脾。东风解冻，蛰虫始振苏，鱼上负冰，獭祭鱼，候雁北。天子衣青衣，乘苍龙，服苍玉，建青旗，食麦与羊，服八风水，爨萁燧火。东宫御女青色，衣青采，鼓琴瑟。其兵矛。其畜羊。朝于青阳左个，以出春令。布德施惠，行庆赏，省徭赋。

立春之日，天子亲率三公九卿大夫以迎岁于东郊。修除祠位，币祷鬼神。牺牲用牡。禁伐木。毋覆巢杀胎夭，毋麛毋卵。毋聚众置城郭，掩骼埋骴。

孟春行夏令，则风雨不时，草木(旱)〔早〕落，国乃有恐；行秋令，则其民大疫，飘风暴雨总至，黎莠蓬蒿并兴；行冬令，则水潦为败，雨霜大雹，首稼不入。

正月官司空，其树杨。

仲春之月，招摇指卯，昏弧中，旦建星中。其位东方。其日甲乙。其虫鳞。其音角。律中夹钟。其数八。其味酸。其臭羶。其祀户。祭先脾。始雨水，桃李(始)华，苍庚鸣，鹰化为鸠。天子衣青衣，乘苍龙，服苍玉，建青旗，食麦与羊，服八风水，爨萁燧火。东宫御女青色，衣青采，鼓琴瑟。其兵矛。其畜羊。朝于青阳太庙。命有司省囹圄，去桎梏，毋笞掠，止狱讼，养幼小，存孤独，以通句萌。择元日令民社。

是月也，日夜分，雷始发声，蛰虫咸动苏。先雷三日，振铎以令于兆民曰：雷且发声，有不戒其容止者，生子不备，必有凶灾。令官市同度量，钧衡石，角斗（称）〔桶〕，端权概。毋竭川泽，毋漉陂池，毋焚山林，毋作大事以妨农功。祭不用牺牲，用圭璧，更皮币。

仲春行秋令，则其国大水，寒气总至，寇戎来征；行冬令，则阳气不胜，麦乃不熟，民多相残；行夏令，则其国大旱，暖气早来，虫螟为害。

二月官仓，其树杏。

季春之月，招摇指辰，昏七星中，旦牵牛中。其位东方。其日甲乙。其虫鳞。其音角。律中姑洗。其数八。其味酸。其臭膻。其祀户。祭先脾。桐始华，田鼠化为駕，虹始见，萍始生。天子衣青衣，乘苍龙，服苍玉，建青旗，食麦与羊，服八风水，爨萁燧火。东宫御女青色，衣青采，鼓琴瑟。其兵矛。其畜羊。朝于青阳右个。舟牧覆舟，五覆五反，乃言具于天子。天子（乌）〔焉〕始乘舟，荐鲔于寝庙，乃为麦祈实。

是月也，生气方盛，阳气发泄，句者毕出，萌者尽达，不可以内。天子命有司发囷仓，助贫穷，振乏绝；开府库，出币帛，使诸侯，聘名士，礼贤者。命司空：时雨将降，下水上腾，循行国邑，周视原野，修利堤防，导通沟渎，达路除道，从国始至境止。田猎毕弋、罝罘罗网、馁毒之药，毋出九门。乃禁野虞毋伐桑柘。鸣鸠奋其羽，戴鵀降于桑。具（扑）〔栚〕曲筥筐。后妃斋戒，东乡亲桑，省妇使劝蚕事。命五库令百工审金铁皮革筋角箭干脂胶丹漆，无有不良。择下旬吉日，大合乐，致欢欣。乃合縲牛腾马，游牝于牧。令国傩，九门磔攘，以毕春气。行是月令，甘雨至三旬。

季春行冬令，则寒气时发，草木皆肃，国有大恐；行夏令，则民多疾疫，时雨不降，山陵不登；行秋令，则天多沉阴，淫雨早降，兵革并起。

三月官乡，其树李。

孟夏之月，招摇指巳，昏翼中，旦婺女中。其位南方。其日丙丁。盛德在火。其虫羽。其音徵。律中仲吕。其数七。其味苦。其臭焦。其祀灶。祭先肺。蝼蝈鸣,丘螾出,王瓜生,苦菜秀。天子衣赤衣,乘赤骝,服赤玉,建赤旗,食菽与鸡,服八风水,爨柘燧火。南宫御女赤色,衣赤采,吹竽笙。其兵戟。其畜鸡。朝于明堂左个,以出夏令。

立夏之日,天子亲率三公九卿大夫以迎岁于南郊。还乃赏赐,封诸侯,修礼乐,飨左右。命太尉赞杰俊,选贤良,举孝悌。行爵出禄,佐天长养,继修增高,无有隳坏。毋兴土功,毋伐大树。令野虞行田原,劝农事,驱兽畜,勿令害谷,天子以彘尝麦,先荐寝庙。聚畜百药。靡草死。麦秋至,决小罪,断薄刑。

孟夏行秋令,则苦雨数来,五谷不滋,四(邻)〔鄙〕入保;行冬令,则草木早枯,后乃大水败坏城郭;行春令,则螽蝗为败,暴风来格,秀草不实。

四月官田,其树桃。

仲夏之月,招摇指午,昏亢中,旦危中。其位南方。其日丙丁。其虫羽。其音徵。律中蕤宾。其数七。其味苦。其臭焦。其祀灶。祭先肺。小暑至,螳蜋生,鵙始鸣,反舌无声。天子衣赤衣,乘赤骝,服赤玉,载赤旗,食菽与鸡,服八风水,爨柘燧火。南宫御女赤色,衣赤采,吹竽笙。其兵戟。其畜鸡。朝于明堂太庙。命乐师修鞀鼙琴瑟管箫,调竽篪,饰钟磬,执干戚戈羽。命有司为民祈祀山川百源。大雩帝,用盛乐。天子以雏尝黍,羞以含桃,先荐寝庙。禁民无刈蓝以染,毋烧灰,毋暴布,门闾无闭,关市无索。挺重囚,益其食。存鳏寡,振死事。游牝别其群,执腾驹,班马政。

日长至,阴阳争,死生分。君子斋戒,慎身无躁,节声色,薄滋味。百官静事无径,以定晏阴之所成。鹿角解,蝉始鸣,半夏生,木堇荣。禁民无发火。可以居高明,远眺望,登丘陵,处台榭。

仲夏行冬令,则雹霰伤谷,道路不通,暴兵来至;行春令,则五谷不熟，百螣时起，其国乃饥；行秋令，则早木零落，果实蚤成，民殃于疫。

五月官相，其树榆。

季夏之月，招摇指未，昏心中，旦奎中。其位中央。其日戊己。盛德在土。其虫蠃。其音宫。律中百钟。其数五。其味甘。其臭香。其祀中霤。祭先心。凉风始至，蟋蟀居奥，鹰乃学习，腐草化为蚈。天子衣苑黄，乘黄骝，服黄玉，建黄旗，食稷与牛，服八风水，爨柘燧火。中宫御女黄色，衣黄采。其兵剑，其畜牛。朝于中宫。乃命渔人伐蛟取鼍，登龟取鼋。令（滂）〔榜〕人入材苇。命四监大夫，（令）〔合〕百县之秩刍，以养牺牲，以供皇天上帝、名山大川、四方之神、宗庙社稷，为民祈福。行惠令，吊死问疾，存视长老，行（桴）〔稃〕鬻，厚席蓐，以送万物归也。命妇官染采，黼黻文章，青黄白黑，莫不质良，以给宗庙之服，必宣以明。

是月也，树木方盛，勿敢斩伐。不可以合诸侯，起土功。动众兴兵，必有天殃。土润溽暑，大雨时行，利以杀草，粪田畴以肥土疆。

季夏行春令，则谷实解落，多风欬，民乃迁徙；行秋令，则丘隰水潦，稼穑不熟，乃多女灾；行冬令，则风寒不时，鹰隼蚤挚，四鄙入保。

六月官少内，其树栋。

孟秋之月，招摇指申，昏斗中，旦毕中。其位西方。其日庚辛。盛德在金。其虫毛。其音商。律中夷则。其数九。其味辛。其臭腥。其祀门。祭先肝。凉风至，白露降，寒蝉鸣，鹰乃祭鸟，用始行戮。天子衣白衣，乘白骆，服白玉，建白旗，食麻与犬，服八风水，爨柘燧火。西宫御女白色，衣白采，撞白钟。其兵戈。其畜狗。朝于总章左个，以出秋令。求不孝不悌、戮暴傲悍而罚之，以助损气。

立秋之日，天子亲率三公九卿大夫以迎（秋）〔岁〕于西郊。还乃赏军率武人于朝。命将率选卒厉兵，简练桀俊，专任有功，以征不义，诘诛暴慢，顺彼四方。命有司修法制，缮囹圄，禁奸塞邪，审决狱,平词讼。天地始肃,不可以赢。是月农始升谷,天子尝新,先荐寝庙。命百官始收敛,完堤防、谨障塞以备水潦,修城郭,缮宫室。毋以封侯,立大官,行重币,出大使。行是月令,凉风至三旬。

孟秋行冬令,则阴气大胜,介虫败谷,戎兵乃来;行春令,则其国乃旱,阳气复还,五谷无实;行夏令,则冬多火灾,寒暑不节,民多疟疾。

七月官库,其树楝。

仲秋之月,招摇指酉。昏牵牛中,旦觜嶲中。其位西方。其日庚辛。其虫毛。其音商。律中南吕。其数九。其味辛。其臭腥。其祀门。祭先肝。凉风至,候雁来,玄鸟归,群鸟翔。天子衣白衣,乘白骆,服白玉,建白旗,食麻与犬,服八风水,爨柘燧火。西宫御女白色,衣白采,撞白钟。其兵戈。其畜犬。朝于总章太庙。命有司申严百刑,斩杀必当,无或枉挠。决狱不当,反受其殃。

是月也,养长老,授几杖,行稃鬻饮食。乃命宰祝行牺牲,案刍豢,视肥臞全粹,察物色,课比类,量小大,视少长,莫不中度。天子乃傩,以御秋气。以犬尝麻,先荐寝庙。是月可以筑城郭,建都邑,穿窦窖,修囷仓。乃命有司趣民收敛畜采,多积聚,劝种宿麦,若或失时,行罪无疑。是月也,雷乃始收,蛰虫培户,杀气浸盛,阳气日衰,水始涸,日夜分。一度量,平权衡,正钧石,角斗(称)〔桶〕,理关市,来商旅,入货财,以便民事。四方来集,远方皆至,财物不匮,上无乏用,百事乃遂。

仲秋行春令,则秋雨不降,草木生荣,国有大恐;行夏令,则其国乃寒,蛰虫不藏,五谷皆复生;行冬令,则风灾数起,收雷先行,草木早死。

八月官尉,其树柘。

季秋之月,招摇指戌,昏虚中,旦柳中。其位西方。其日庚辛。其虫毛。其音商。律中无射。其数九。其味辛。其臭腥。其祀门。

祭先肝。候雁来宾，雀入大水为蛤，菊有黄华，豺乃祭兽戮禽。天子衣白衣，乘白骆，服白玉，建白旗，食麻与犬，服八风水，爨柘燧火。西宫御女白色，衣白采，撞白钟。其兵戈。其畜犬。朝于总章右个。命有司申严号令，百官贵贱，无不务入以会天地之藏，无有宣出。乃命冢宰，农事备收，举五谷之要，藏帝籍之收于神仓。

是月也，霜始降，百工休。乃命有司曰：寒气总至，民力不堪，其皆入室。上丁入学习吹。大飨帝，尝牺牲。合诸侯，制百县。为来岁受朔日。与诸侯所税于民轻重之法。贡岁之数，以远近土地所宜为度。乃教于田猎，以习五戎。命太仆及七驺咸驾戴（荏）〔旌〕，授车以级，皆正设于屏外。司徒搢朴北向以赞之。天子乃厉服广饰，执弓操矢以猎，命主祠祭禽四方。是月草木黄落，乃伐薪为炭。蛰虫咸俛。乃趋狱刑，毋留有罪。收禄秩之不当、供养之不宜者。通路除道，从境始至国而（后）已。是月天子乃以犬尝麻，先荐寝庙。

季秋行夏令，则其国大水，冬藏殃败，民多鼽窒；行冬令，则国多盗贼，边境不宁，土地分裂；行春令，则暖风来至，民气懈惰，师旅并兴。

九月官候，其树槐。

孟冬之月，招摇指亥，昏危中，旦七星中。其位北方。其日壬癸。盛德在水。其虫介。其音羽。律中应钟。其数六。其味咸。其臭腐。其祀井。祭先肾。水始冰，地始冻，雉入大水为蜃，虹藏不见。天子衣黑衣，乘玄骊，服玄玉，建玄旗，食黍与彘，服八风水，爨松燧火。北宫御女黑色，衣黑采，击磬石。其兵铩。其畜彘。朝于玄堂左个，以出冬令。命有司修群禁，禁外徙，闭门闾，大搜客，断罚刑，杀当罪。阿上乱法者诛。

立冬之日，天子亲率三公九卿大夫以迎岁于北郊。还乃赏死事，存孤寡。是月命太祝祷祀神位，占龟策，审卦兆，以察吉凶。于是天子始裘。命百官谨盖藏。命司徒行积聚，修城郭，警门闾，修楗闭,慎管籥,固封玺,修边境,完要塞,绝蹊径,饰丧纪,审棺椁衣衾之薄厚,营丘垅之小大高庳,使贵贱卑尊各有等级。是月也,工师效功,陈祭器,案度程,坚致为上。工事苦慢,作为淫巧,必行其罪。是月也,大饮蒸。天子祈来年于天宗,大祷祭于公社,毕飨先祖。劳农夫以休息之。命将率讲武,肄射御,角力劲。乃命水虞渔师收水泉池泽之赋,毋或侵牟。

孟冬行春令,则冻闭不密,地气发泄,民多流亡;行夏令,则多暴风,方冬不寒,蛰虫复出;行秋令,则雪霜不时,小兵时起,土地侵削。

十月官司马,其树檀。

仲冬之月,招摇指子,昏壁中,旦轸中。其位北方。其日壬癸。其虫介,其音羽。律中黄钟。其数六。其味咸。其臭腐。其祀井。祭先肾。冰益壮,地始坼,鳱鴠不鸣,虎始交。天子衣黑衣,乘铁骊,服玄玉,建玄旗,食黍与彘,服八风水,爨松燧火。北宫御女黑色,衣黑采,击磬石。其兵铩。其畜彘。朝于玄堂太庙。命有司曰:土事无作,无发室居及起大众,是谓发天地之藏,诸蛰则死,民必疾疫,又随以丧。急捕盗贼,诛淫泆诈伪之人。命曰畅月。命奄尹申宫令,审门闾,谨房室,必重闭,省妇事。乃命大酋:秫稻必齐,麴蘖必时,湛熺必洁,水泉必香,陶器必良,火齐必得,无有差忒。天子乃命有司祀四海大川名泽。

是月也,农有不收藏积聚,牛马畜兽有放失者,取之不诘,山林薮泽有能取疏食田猎禽兽者,野虞教导之。其有相侵夺,罪之不赦。是月也,日短至,阴阳争。君子斋戒,处必掩,身欲静,去声色,禁嗜欲,宁身体,安形性。是月也,荔挺出,芸始生,丘螾结,麋角解,水泉动。则伐树木,取竹箭。罢官之无事、器之无用者。涂阙庭门闾,筑囹圄,所以助天地之闭。

仲冬行夏令,则其国乃旱,氛雾冥冥,雷乃发声;行秋令,则其时雨水,瓜瓠不成,国有大兵;行春令,则虫螟为败,水泉咸竭,民多疾疠。

十一月官都尉,其树枣。

季冬之月,招摇指丑,昏娄中,旦氐中。其位北方。其日壬癸。其虫介。其音羽。律中大吕。其数六,其味咸。其臭腐。其祀井。祭先肾。雁北乡,鹊加巢,雉雊,鸡呼卵。天子衣黑衣,乘铁骊,服玄玉,建玄旗,食麦与彘,服八风水,爨松燧火。北宫御女黑色,衣黑采,击磬石。其兵铩。其畜彘。朝于玄堂右个。命有司大傩,旁磔,出土牛。命渔师始渔。天子亲往射渔,先荐寝庙。令民出五种。令农计耦耕事,修耒耜,具田器。命乐师大合吹而罢。乃命四监收秩薪,以供寝庙及百祀之薪燎。

是月也,日穷于次,月穷于纪,星周于天,岁将更始。令静农民,无有所使。天子乃与公卿大夫饰国典,论时令,以待嗣岁之宜。乃命太史次诸侯之列,赋之牺牲,以供皇天上帝社稷之刍享。乃命同姓之国,供寝庙之刍豢;卿大夫至于庶民,供山林名川之祀。

季冬行秋令,则白露早降,介虫为妖,四鄙入保;行春令,则胎夭伤,国多痼疾,命之曰逆;行夏令,则水潦败国,时雪不降,冰冻消释。

十二月官狱,其树栎。

五位:

东方之极,自碣石山过朝鲜,贯大人之国,东至日出之次,榑木之地,青(土)〔丘〕树木之野,太皞、句芒之所司者,万二千里。其令曰:挺群禁,开闭阖,通穷窒,达障塞,行优游,弃怨恶,解役罪,免忧患,休罚刑,开关梁,(宣)〔宜〕出财,和外怨,抚四方,行柔惠,止刚强。

南方之极,自北户孙之外,贯颛顼之国,南至委火炎风之野,赤帝、祝融之所司者,万二千里。其令曰:爵有德,赏有功,惠贤良,救饥渴,举力农,振贫穷,惠孤寡,忧罢疾,出大禄,行大赏,起毁宗,立无后,封建侯,立贤辅。

中央之极，自昆仑东绝两恒山，日月之所道，江汉之所出，众民之野，五谷之所直，龙门、河、济相贯，以息壤堙洪水之州，东至于碣石，黄帝、后土之所司者，万二千里。其令曰：平而不阿，明而不苛，包裹覆露，无不囊怀，溥氾无私，正静以和，行（稃）〔粰〕鬻，养老衰，吊死问疾，以送万物之归。

西方之极，自昆仑绝流沙、沉羽，西至三危之国，石城金室，饮气之民，不死之野，少皞、蓐收之所司者，万二千里。其令曰：审用法，诛必辜，备盗贼，禁奸邪，（饰）〔饬〕群牧，谨著聚，修城郭，补决窦，塞蹊径，遏沟渎，止流水，雍溪谷，守门闾，陈兵甲，选百官，诛不法。

北方之极，自九泽穷夏晦之极，北至令正之谷，有冻寒积冰、雪雹霜霰、漂润群水之野，颛顼、玄冥之所司者，万二千里。其令曰：申群禁，固闭藏；修障塞，缮关梁；禁外徙，断罚刑，杀当罪；闭（关）〔门〕闾，大搜客，止交游，禁夜乐，蚤闭晏开以（塞）〔索〕，奸人已得，执之必固；天节已几，刑杀无赦，虽有盛尊之亲，断以法度；毋行水，毋发藏，毋释罪。

六合：

孟春与孟秋为合，仲春与仲秋为合，季春与季秋为合，孟夏与孟冬为合，仲夏与仲冬为合，季夏与季冬为合。

孟春始赢，孟秋始缩。仲春始出，仲秋始内。季春大出，季秋大内。孟夏始缓，孟冬始急。仲夏至修，仲冬至短。季夏德毕，季冬刑毕。故正月失政，七月凉风不至；二月失政，八月雷不藏；三月失政，九月不下霜；四月失政，十月不冻；五月失政，十一月蛰虫冬出其乡；六月失政，十二月草木不脱；七月失政，正月大寒不解；八月失政，二月雷不发；九月失政，三月春风不济；十月失政，四月草木不实；十一月失政，五月下雹霜；十二月失政，六月五谷疾狂。

春行夏令，（泄）〔阉〕；行秋令，水；行冬令，肃。夏行春令，风；行秋令，芜；行冬令，格。秋行夏令，华；行春令，荣；行冬令，耗。冬行春令，泄；行夏令，旱；行秋令，雾。

制度：阴阳大制有六度：天为绳，地为准，春为规，夏为衡，秋为矩，冬为权。绳者所以绳万物也，准者所以准万物也，规者所以员万物也，衡者所以平万物也，矩者所以方万物也，权者所以权万物也。

绳之为度也：直而不争，修而不穷；久而不弊，远而不忘；与天合德，与神合明；所欲则得，所恶则亡；自古及今，不可移匡；厥德孔密，广大以容，是故上帝以为物宗。

准之为度也：平而不险，均而不阿；广大以容，宽裕以和；柔而不刚，锐而不挫；流而不滞，易而不秽；发通而有纪，周密而不泄，准平而不失；万物皆平，民无险谋，怨恶不生，是故上帝以为物平。

规之为度也：转而不复，员而不垸；优而不纵，广大以宽；感动有理，发通有纪；优优简简，百怨不起；规度不失，生气乃理。

衡之为度也：缓而不后，平而不怨；施而不德，吊而不责；当平民禄，以继不足；勃勃阳阳，唯德是行；养长化育，万物蕃昌；以成五谷，以实封疆；其政不失，天地乃明。

矩之为度也：肃而不悖，刚而不愦；取而无怨，内而无害；威厉而不慑，令行而不废；杀伐既得，仇敌乃克；矩正不失，百诛乃服。

权之为度也：急而不赢，杀而不割；充满以实，周密而不泄；败物而弗取，罪杀而不赦；诚信以必，坚悫以固；粪除苛慝，不可以曲；故冬正将行，必弱以强，必柔以刚，权正而不失，万物乃藏。

明堂之制，静而法准，动而法绳，春治以规，秋治以矩，冬治以权，夏治以衡，是故燥湿寒暑以节至，甘雨膏露以时降。

卷六 览冥训

昔者师旷奏白雪之音，而神物为之下降，风雨暴至，平公癃病，晋国赤地。庶女叫天，雷电下击，景公台陨，支体伤折，海水大出。夫瞽师、庶女，位贱尚枲，权轻飞羽，然而专精厉意，委务积神，上通九天，激厉至精。由此观之，上天之诛也，虽在圹虚幽闲，辽远隐匿，重袭石室，界障险阻，其无所逃之亦明矣。

武王伐纣，渡于孟津，阳侯之波，逆流而击，疾风晦冥，人马不相见。于是武王左操黄钺，右秉白旄，瞋目而抝之曰："余任天下，谁敢害吾意者?"于是风济而波罢。鲁阳公与韩搆难，战酣日暮，援戈而抝之，日为之反三舍。夫全性保真，不亏其身，遭急迫难，精通于天，若乃未始出其宗者，何为而不成? 夫死生同域，不可胁陵，勇武一人，为三军雄。彼直求名耳，而能自要者尚犹若此，又况夫宫天地、怀万物而友造化，含至和，直偶于人形，观九钻一，知之所不知，而心未尝死者乎！

昔雍门子以哭见于孟尝君，已而陈辞通意，抚心发声，孟尝君为之增欷歍唈，流涕狼戾不可止。精神形于内而外谕哀于人心，此不传之道。使俗人不得其君形者而效其容，必为人笑。故蒲且子之连鸟于百仞之上，而詹何之骛鱼于大渊之中，此皆得清净之道，太浩之和也。

夫物类之相应，玄妙深微，知不能论，辩不能解。故东风至而酒湛溢，蚕咡丝而商弦绝，或感之也。画随灰而月运阙，鲸鱼死而彗星出，或动之也。故圣人在位，怀道而不言，泽及万民。君臣乖心，则背谲见于天，神气相应征矣。故山云草莽，水云鱼鳞，旱云烟火，涔云波水，各象其形类所以感之。夫(阳)燧取火于日，方诸取露于月。

天地之间，巧历不能举其数；手征忽怳，不能览其光。然以掌握之中，引类于太极之上，而水火可立致者，阴阳同气相动也。此傅说之所以骑辰尾也。

故至阴飂飂，至阳赫赫，两者交接成和而万物生焉。众雄而无雌，又何化之所能造乎？所谓不言之辩，不道之道也。故召远者使无为焉，亲近者使无事焉，惟夜行者为能有之。故却走马以粪，而车轨不接于远方之外，是谓坐驰陆沉，昼冥宵明，以冬铄胶，以夏造冰。

夫道者，无私就也，无私去也；能者有余，拙者不足；顺之者利，逆之者凶。譬如隋侯之珠，和氏之璧，得之者富，失之者贫；得失之度，深微窈冥，难以知论，不可以辩说也。何以知其然？今夫地黄主属骨，而甘草主生肉之药也。以其属骨责其生肉，以其生肉论其属骨，是犹王孙绰之欲倍偏枯之药而（欲）以生殊死之人，亦可谓失论矣。若夫以火能焦木也，因使销金，则道行矣。若以磁石之能连铁也，而求其引瓦，则难矣。物固不可以轻重论也。

夫燧之取火于日，磁石之引铁，蟹之败漆，葵之乡日，虽有明智，弗能然也。故耳目之察，不足以分物理；心意之论，不足以定是非。故以智为治者，难以持固，唯通于太和而持自然之应者，为能有之。故峣山崩而薄落之水涸，区冶生而淳钩之剑成；纣为无道，左强在侧；太公并世，故武王之功立。由是观之，利害之路，祸福之门，不可求而得也。

夫道之与德，若韦之与革，远之则迩，近之则（远）〔疏〕；不得其道，若观儵鱼。故圣〔人〕若镜，不将不迎，应而不藏，故万化而无伤，其得之乃失之，其失之非乃得之也。

今夫调（弦）〔瑟〕者，叩宫宫应，弹角角动，此同声相和者也。夫有改调一弦，其于五音无所比，鼓之而二十五弦皆应，此未始异于声，而音之君已形也。故通于太和者，惛若纯醉而甘卧以游其中，而不知其所由至也。纯温以沦，钝闷以终，若未始出其宗，是谓大通。

今夫赤螭青虬之游冀州也，天清地定，毒兽不作，飞鸟不骇，入榛薄，食荐梅，噆味含甘，步不出顷亩之区，而蛇鳝轻之，以为不能与之争于江海之中。若乃至于玄云(之)素朝，阴阳交争，降扶风，杂冻雨，扶摇而登之，威动天地，声震海内，(蛇鳝)〔鼋鼍〕着泥百仞之中，熊罴匍匐丘山磛岩，虎豹袭穴而不敢咆，猨狖颠蹶而失木枝，又况直蛇鳝之类乎！凤皇之翔至德也，雷霆不作，风雨不兴，川谷不澹，草木不摇，而燕雀佼之，以为不能与之争于宇宙之间；还至其曾逝万仞之上，翱翔四海之外，过昆仑之疏圃，饮砥柱之湍濑，邅回蒙汜之渚，尚佯冀州之际，径蹑都广，入日抑节，〔濯〕羽(翼)弱水，暮宿风穴，当此之时，鸿鹄鸧鹤，莫不惮惊伏窜，注喙江裔，又况直燕雀之类乎！此明于小动之迹，而不知大节之所由者也。

昔者王良、造父之御也，上车摄辔，马为整齐而敛谐，投足调均，劳逸若一；心怡气和，体便轻毕；安劳乐进，驰骛若灭；左右若(鞭)〔缏〕，周旋若环；世皆以为巧，然未见其贵者也。若夫钳且、大丙之御也，除辔〔舍〕衔，去鞭弃策，车莫动而自举，马莫使而自走也。日行月动，星耀而玄运，电奔而鬼腾；进退屈伸，不见朕垠；故不招指、不咄叱，过归雁于碣石，轶鹍鸡于姑余；骋若飞，骛若绝；纵矢蹑风，追猋归忽；朝发榑桑，日入落棠，此假弗用而能以成其用者也。非虑思之察、手爪之巧也。嗜欲形于胸中，而精神逾于六马，此以弗御御之者也。

昔者黄帝治天下，而力牧、太山、稽辅之，以治日月之行，律(治)阴阳之气；节四时之度，正律历之数；别男女，异雌雄；明上下，等贵贱；使强不掩弱，众不暴寡；人民保命而不夭，岁时熟而不凶；百官正而无私，上下调而无尤；法令明而不暗，辅佐公而不阿；田者不侵畔，渔者不争隈；道不拾遗，市不豫贾；城郭不关，邑无盗贼；鄙旅之人，相让以财；狗彘吐菽粟于路，而无忿争之心；于是日月精明，星辰不失其行；风雨时节，五谷登熟；虎狼不妄噬，鸷鸟不妄搏；凤皇翔于庭,麒麟游于郊;青龙进驾,飞黄伏皂;诸北儋耳之国,莫不献其贡职,然犹未及虙戏氏之道也。

往古之时,四极废,九州裂;天不兼覆,地不周载;火爁炎而不灭,水浩洋而不息;猛兽食颛民,鸷鸟攫老弱。于是女娲炼五色石以补苍天,断鳌足以立四极,杀黑龙以济冀州,积芦灰以止淫水。苍天补,四极正;淫水涸,冀州平;狡虫死,颛民生;背方州,抱圆天;和春阳夏,杀秋约冬,枕方寝绳;阴阳之所壅沉不通者,窍理之;逆气戾物、伤民厚积者,绝止之。当此之时,卧倨倨,兴(眄眄)〔盱盱〕;一自以为马,一自以为牛;其行蹎蹎,其视瞑瞑;侗然皆得其和,莫知所由生;浮游不知所求,魍魉不知所往。当此之时,禽兽(蝮)〔虫〕蛇,无不匿其爪牙,藏其螫毒,无有攫噬之心。考其功烈,上际九天,下契黄垆;名声被后世,光晖(重)〔熏〕万物。乘雷车,服(驾)应龙,骖青虬,援绝瑞,席萝图,〔络〕黄云(络),前白螭,后奔蛇,浮游消摇,道鬼神,登九天,朝帝于灵门,宓穆休于太祖之下。然而不彰其功,不扬其声,隐真人之道,以从天地之固然。何则?道德上通,而智故消灭也。

逮至夏桀之时,主暗晦而不明,道澜漫而不修;弃捐五帝之恩刑,推蹶三王之法籍;是以至德灭而不扬,帝道掩而不兴;举事戾仓天,发号逆四时;春秋缩其和,天地除其德;仁君处位而不安,大夫隐道而不言;群臣准上意而怀当,疏骨肉而自容;邪人参耦比周而阴谋,居君臣父子之间而竞载;骄主而像其意,乱人以成其事。是故君臣乖而不亲,骨肉疏而不附;植社槁而(墫)〔罅〕裂,容台振而掩覆;犬群嗥而入渊,豕衔蓐而席澳;美人挐首墨面而不容,曼声吞炭内闭而不歌;丧不尽其哀,猎不听其乐;西(老)〔姥〕折胜,黄神啸吟;飞鸟铩翼,走兽废脚;山无峻干,泽无洼水;狐狸首穴,马牛放失;田无立禾,路无莎蒉;金积折廉,璧袭无理;磬龟无腹,蓍策日施。

晚世之时,七国异族;诸侯制法,各殊习俗;纵横间之,举兵而相角;攻城滥杀,覆高危安;掘坟墓,扬人骸;大冲车,高重(京)〔垒〕;除战道,便死路;犯严敌,残不义;百往一反,名声苟盛也。是故质壮轻足者为甲卒千里之外,家老羸弱凄怆于内;厮徒马圉,軵车奉饷,道路辽远,霜雪亟集,短褐不完,人羸车弊,泥涂至膝;相携于道,奋首于路,身枕格而死。所谓兼国有地者,伏尸数十万,破车以千百数;伤弓弩矛戟矢石之创者,扶举于路。故世至于枕人头,食人肉,菹人肝,饮人血,甘之于刍豢。

故自三代以后者,天下未尝得安其情性而乐其习俗,保其修命(天)而不夭于人虐也。所以然者何也?诸侯力征,天下合而为一家。

逮至当今之时,天子在上位,持以道德,辅以仁义;近者献其智,远者怀其德;拱揖指麾,而四海宾服;春秋冬夏,皆献其贡职;天下混而为一,子孙相代,此五帝之所以迎天德也。

夫圣人者,不能生时,时至而弗失也。辅佐有能,黜谗佞之端,息巧辩之说;除刻削之法,去烦苛之事;屏流言之迹,塞朋党之门;消知能,修太常;隳肢体,绌聪明;大通混冥,解意释神;漠然若无魂魄,使万物各复归其根;则是所修伏牺氏之迹而反五帝之道也。夫钳且、大丙不施辔衔,而以善御闻于天下;伏戏、女娲不设法度,而以至德遗于后世。何则?至虚无纯一而不喋苛事也。

《周书》曰:"掩雉不得,更顺其风。"今若夫申、韩、商鞅之为治也,挬拔其根,芜弃其本,而不穷究其所由生,何以至此也。凿五刑为刻削,乃背道德之本而争于锥刀之末,斩艾百姓,殚尽太半,而忻忻然常自以为治。是犹抱薪而救火,凿窦而(出)〔止〕水。夫井植生(梓)〔蘖〕而不容瓮,沟植生条而不容舟,不过三月必死。所以然者何也?皆狂生而无其本者也。河九折注于海而流不绝者,昆仑之输也。潦水不泄,瀇瀁极望,旬月不雨,则涸而枯泽,受瀷而无源(者)〔也〕。譬若羿请不死之药于西王母,姮娥窃以奔月,怅然有丧,无以续之。何则?不知不死之药所由生也。是故乞火不若取燧,寄汲不若凿井。

卷七　精神训

古未有天地之时，惟像无形。窈窈冥冥，芒芠漠闵；澒濛鸿洞，莫知其门。有二神混生，经天营地；孔乎莫知其所终极，滔乎莫知其所止息；于是乃别为阴阳，离为八极；刚柔相成，万物乃形；烦气为虫，精气为人。是故精神，天之有也，而骨骸者，地之有也。精神入其门而骨骸反其根，我尚何存？是故圣人法天顺情，不拘于俗，不诱于人；以天为父，以地为母；阴阳为纲，四时为纪；天静以清，地定以宁；万物失之者死，法之者生。

夫静漠者，神明之定也；虚无者，道之所居也。是故或求之于外者，失之于内；有守之于内者，失之于外。譬犹本与末也，从本引之，千枝万叶，莫不随也。

夫精神者，所受于天也，而形体者，所禀于地也。故曰："一生二，二生三，三生万物。"万物背阴而抱阳，冲气以为和，故曰一月而膏，二月而肤，三月而胎，四月而肌，五月而筋，六月而骨，七月而成，八月而动，九月而躁，十月而生。形体以成，五脏乃形，是故肺主目，肾主鼻，胆主口，肝主耳。外为表而内为里，开闭张歙，各有经纪，故头之圆也象天，足之方也象地。天有四时五行九解三百六十(六)日，人亦有四支五脏九窍三百六十(六)节。天有风雨寒暑，人亦有取与喜怒。故胆为云，肺为气，肝为风，肾为雨，脾为雷，以与天地相参也，而心为之主。是故耳目者，日月也；血气者，风雨也。日中有踆乌，而月中有蟾蜍。日月失其行，薄蚀无光；风雨非其时，毁折生灾；五星失其行，州国受殃。

夫天地之道至纮以大，尚犹节其章光，爱其神明，人之耳目曷能久熏劳而不息乎？精神何能久驰骋而不既乎？是故血气者，人之华也；而五脏者，人之精也。夫血气能专于五脏而不外越，则胸腹充而嗜欲省矣。胸腹充而嗜欲省，则耳目清、听视达矣。耳目清，听视达，谓之明。五脏能属于心而无乖，则勃志胜而行不僻矣。勃志胜而行(之)不僻，则精神盛而气不散矣。精神盛而气不散则理，理则均，均则通，通则神，神则以视无不见，以听无不闻也，以为无不成也。是故忧患不能入也，而邪气不能袭。

故事有求之于四海之外而不能遇，或守之于形骸之内而不见也。故所求多者所得少，所见大者所知小。夫孔窍者，精神之户牖也；而〔血〕气(志)者，五脏之使候也。耳目淫于声色之乐，则五脏摇动而不定矣。五脏摇动而不定，则血气滔荡而不休矣。血气滔荡而不休，则精神驰骋于外而不守矣。精神驰骋于外而不守，则祸福之至虽如丘山，无由识之矣。使耳目神明玄达而无诱慕，气志虚静恬愉而省嗜欲，五脏定宁充盈而不泄，精神内守形骸而不外越，则望于往世之前而视于来事之后，犹未足为也，岂直祸福之间哉！故曰：其出弥远者其知弥少，以言夫精神之不可使外淫也。是故五色乱目，使目不明；五声哗耳，使耳不聪；五味乱口，使口〔厉〕爽(伤)；趣舍滑心，使行飞扬。此四者，天下之所养性也，然皆人累也。故曰：嗜欲者使人之气越，而好憎者使人之心劳，弗疾去则志气日耗。

夫人之所以不能终其寿命而中道夭于刑戮者何也？以其生生之厚。夫惟能无以生为者，则所以修得生也。夫天地运而相通，万物总而为一。能知一，则无一之不知也。不能知一，则无一之能知也。譬吾处于天下也，亦为一物矣。不识天下之以我备其物与，且惟无我而物无不备者乎？然则我亦物也，物亦物也，物之与物也，又何以相物也？虽然，其生我也，将以何益？其杀我也，将以何损？夫造化者既以我为坯矣，将无所违之矣。吾安知夫刺灸而欲生者之非惑也？又安知夫绞经而求死者之非福也？或者生乃徭役也，而死乃休息也。天下茫茫，孰知之哉？其生我也，不强求已；其杀我也，不强求止。欲生而不事，憎死而不辞，贱之而弗憎，贵之而弗喜，随其天资而安之不极。吾生也有七尺之形，吾死也有一棺之土。吾生之比于有形之类，犹吾死之沦于无形之中也。然则吾生也物不以益众，吾死也土不以加厚，吾又安知所喜憎利害其间者乎？

夫造化者之攫援物也，譬犹陶人之埏埴也，其取之地而已为盆盎也，与其未离于地也无以异，其已成器而破碎漫澜而复归其故也，与其为盆盎亦无以异矣。夫临江之乡，居人汲水以浸其园，江水弗憎也；苦洿之家，决洿而注之江，洿水弗乐也。是故其在江也，无以异其浸园也；其在洿也，亦无以异其在江也。是故圣人因时以安其位，当世而乐其业。

夫悲乐者，德之邪也；而喜怒者，道之过也；好憎者，心之（暴）〔累〕也。故曰：其生也天行，其死也物化；静则与阴（俱闭）〔合德〕，动则与阳（俱开）〔同波〕；精神澹然无极，不与物散而天下自服。故心者形之主也，而神者心之宝也。形劳而不休则蹶，精用而不已则竭，是故圣人贵而尊之，不敢越也。

夫有夏后氏之璜者，匣匮而藏之，宝之至也。夫精神之可宝也，非直夏后氏之璜也。是故圣人以无应有，必究其理；以虚受实，必穷其节；恬愉虚静，以终其命。是故无所甚疏，而无所甚亲；抱德炀和，以顺于天；与道为际，与德为邻；不为福始，不为祸先；魂魄处其宅，而精神守其根；死生无变于己，故曰至神。

所谓真人者，性合于道也。故有而若无，实而若虚；处其一不知其二，治其内不识其外；明白太素，无为复朴，体本抱神，以游于天地之樊，芒然仿佯于尘垢之外而消摇于无事之业。浩浩荡荡乎，机械之巧，弗载于心。是故死生亦大矣，而不为变，虽天地覆（育）〔坠〕，亦不与之掺抱矣。审乎无瑕而不与物糅，见事之乱而能守其宗。若然者，（正）〔亡〕肝胆，遗耳目；心志专于内，通达耦于一；居不知所为，行不知所之；浑然而往，逯然而来；形若槁木，心若死灰；忘其五脏，损其形骸；不学而知，不视而见；不为而成，不治而辩；感而应，迫而动，不得已而往，如光之耀，如景之放；以道为紃，有待而然；抱其太清之本而无所容与，而物无能营；廓惝而虚，清靖而无思虑；大泽焚而不能热，河汉涸而不能寒也，大雷毁山而不能惊也，大风晦日而不能伤也。是故视珍宝珠玉犹（石砾）〔砾石〕也，视至尊穷宠犹行客也，视毛嫱西施犹（颠丑）〔倛魄〕也。以（死）〔千〕生为一化，以万物为一方，同精于太清之本，而游于忽（区）〔芒〕之旁。有精而不使，有神而不行，契大浑之朴而立至清之中。是故其寝不梦，其智不萌；其魄不抑，其魂不腾；反复终始，不知其端绪；甘瞑〔于〕太宵之宅，而觉视于昭昭之宇；休息于无委曲之隅，而游敖于无形埒之野；居而无容，处而无所；其动无形，其静无体；存而若亡，生而若死；出入无间，役使鬼神；沦于不测，入于无间，以不同形相嬗也；终始若环，莫得其伦，此精神之所以能登假于道也，是（故）真人之（所）游〔也〕。

若吹呴呼吸，吐故内新，熊经鸟伸，凫浴猿躩，鸱视虎顾，是养形之人也。不以滑心，使神滔荡而不失其充，日夜无伤而与物为春，则是合而生时（干）〔于〕心也。且人有戒形而无损（于）心，有缀宅而无耗精。夫癞者趋不变，狂者形不亏，神将有所远徙，孰暇知其所为？故形有摩而神未尝化者，以不化应化，千变万抮而未始有极。化者复归于无形也，不化者与天地俱生也。夫木之死也，青青去之也，夫使木生者岂木也，犹充形者之非形也。故生生者未尝死也，其所生则死矣；化物者未尝化也，其所化则化矣。轻天下，则神无累矣；细万物，则心不惑矣；齐死生，则志不慑矣；同变化，则明不眩矣。众人以为虚言，吾将举类而实之。

人之所以乐为人主者，以其穷耳目之欲，而适躬体之便也。今高台层榭，人之所丽也，而尧朴桷不斫，素题不枅。珍怪奇异，人之所美也，而尧粝粢之饭，藜藿之羹。文绣狐白，人之所好也，而尧布衣掩形，鹿裘御寒。养性之具不加厚，而增之以任重之忧，故举天下而传之于舜，若解重负然，非直辞让，诚无以为也。此轻天下之具也。禹南省方济于江，黄龙负舟，舟中之人五色无主，禹乃熙笑而称曰："我受命于天，竭力而劳万民，生寄也，死归也，何足以滑和？"视龙犹蝘蜓，颜色不变，龙乃弭耳掉尾而逃。禹之视物亦细矣。郑之神巫相壶子林，见其征，告列子。列子行泣报壶子，壶子持以天壤，名实不入，机发于踵，壶子之视死生亦齐矣。子(求)〔来〕行年五十有四而病伛偻，脊管高于顶，腸下迫颐，两脾在上，烛营指天，匍匐自窥于井曰："伟哉！造化者其以我为此拘拘耶！"此其视变化亦同矣。故睹尧之道，乃知天下之轻也；观禹之志，乃知(天下)〔万物〕之细矣；原壶子之论，乃知死生之齐也；见子求之行，乃知变化之同也。

夫至人倚不拔之柱，行不关之途；禀不竭之府，学不死之师；无往而不遂，无至而不通；生不足以挂志，死不足以幽神；屈伸俯仰，抱命而婉转；祸福利害，千变万紾，孰足以患心？若此人者，抱素守精；蝉蜕蛇解，游于太清；轻举独(住)〔往〕，忽然入冥；凤皇不能与之俪，而况斥鷃乎？势位爵禄，何足以概志也！

晏子与崔杼盟，临死地而不易其义。殖华将战而死，莒君厚赂而止之，不改其行。故晏子可迫以仁，而不可劫以兵；殖华可止以义，而不可悬以利；君子义死而不可以富贵留也，义为而不可以死亡恐也。彼则直为义耳，而尚犹不拘于物，又况无为者矣。尧不以有天下为贵，故授舜。公子札不以有国为尊，故让位。子罕不以玉为富，故不受宝。务光不以生害义，故自投于渊。由此观之，至贵不待爵，至富不待财。天下至大矣，而以与佗人；身至亲矣，而弃之渊；外此，其余无足利矣。此之谓无累之人。无累之人，不以天下为贵矣，上观至人之论，深原道德之意，以下考世俗之行，乃足羞也。故通许由之意，金縢豹韬废矣；延陵季子不受吴国，而讼间田者惭矣；子罕不利宝玉，而争券契者愧矣；务光不污于世，而贪利偷生者闷矣，故不观大义者，不知生之不足贪也；不闻大言者，不知天下之不足利也。今夫穷鄙之社也，叩盆拊瓴，相和而歌，自以为乐矣。尝试为之击建鼓，撞巨钟，乃(性)〔始〕仍仍然知其盆瓴之足羞也。藏诗书，修文学，而不知至论之旨，则拊盆叩瓴之徒也。

夫〔无〕以天下为者，学之建鼓矣。尊势厚利，人之所贪也。使之左据天下图，而右手刎其喉，愚夫不为。由此观之，生(尊)〔贵〕于天下也。圣人食足以接气，衣足以盖形，适情不求余，无天下不亏其性，有天下不羡其和，有天下无天下一实也。今赣人敖仓，予人河水，饥而餐之，渴而饮之，其入腹者，不过箪食瓢浆，则身饱而敖仓不为之减也，腹满而河水不为之竭也。有之不加饱，无之不为之饥，与守其篅笔，有其井一实也。人大怒破阴，大喜坠阳；大忧内崩，大怖生狂；除秽去累，莫若未始出其宗，乃为大通。清目而不以视，静耳而不以听；钳口而不以言，委心而不以虑；弃聪明而反太素，休精神而弃知故；觉而若(昧)〔眯〕，(以)生而若死；终则反本未生之时，而与化为一体。死之与生一体也。

今夫繇者，揭钁锸，负笼土，盐汗交流，喘息薄喉，当此之时，得茠越下，则脱然而喜矣。岩穴之间，非直越下之休也。病疵瘕者，捧心抑腹，膝上叩头，蜷跼而谛，通夕不寐，当此之时，哙然得卧，则亲戚兄弟欢然而喜。夫修夜之宁，非直一哙之乐也。故知宇宙之大，则不可劫以死生；知养生之和，则不可悬以天下；知未生之乐，则不可畏以死；知许由之贵于舜，则不贪物。墙之立不若其偃也，又况不为墙乎？冰之凝不若其释也，又况不为冰乎？自无蹠有，自有蹠无；终始无端，莫知其所萌；非通于外内，孰能无好憎？无外之外，至大也；无内之内，至贵也。能知大贵，何往而不遂？

衰世凑学，不知原心反本，直雕琢其性，矫拂其情，以与世交，故目虽欲之，禁之以度；心虽乐之，节之以礼；趋翔周旋，诎节卑拜；肉凝而不食，酒澄而不饮；外束其形，内总其德；钳阴阳之和，而迫性命之情;故终身为悲人。达至道者则不然,理情性,治心术;养以和,持以适;乐道而忘贱,安德而忘贫;性有不欲,无欲而不得,心有不乐,无乐而不为;无益〔于〕情者不以累德,(而)〔不〕便〔于〕性者不以滑和;故纵体肆意,而度制可以为天下仪。

今夫儒者,不本其所以欲,而禁其所欲;不原其所以乐,而闭其所乐;是犹决江河之源,而障之以手也。夫牧民者,犹畜禽兽也。不塞其囿垣,使有野心,系绊其足,以禁其动,而欲修生寿终,岂可得乎?夫颜回、季路、子夏、冉伯牛,孔子之通学也。然颜渊夭死,季路菹于卫,子夏失明,冉伯牛为厉,此皆迫性拂情,而不得其和也。故子夏见曾子,一臞一肥,曾子问其故,曰:"出见富贵之乐而欲之,入见先王之道又说之。两者心战,故臞;先王之道胜,故肥。"推此志,非能〔不〕贪富贵之位,不便侈靡之乐,直(宜)迫性闭欲,以义自防也。虽情心郁殪,形性屈竭,犹不得已自强也,故莫能终其天年。若夫至人,量腹而食,度形而衣;容身而游,适情而行;余天下而不贪,委万物而不利;处大廓之宇,游无极之野;登太皇,冯太一,玩天地于掌握之中,夫岂为贫富肥臞哉!故儒者非能使人弗欲,而能止之;非能使人勿乐,而能禁之。夫使天下畏刑而不敢盗,岂若能使无有盗心哉!

越人得髯蛇,以为上肴,中国得而弃之无用。故知其无所用,贪者能辞之;不知其无所用,廉者不能让也。夫人主之所以残亡其国家,(损)〔捐〕弃其社稷,身死于人手,为天下笑,未尝非为(非)欲也。夫仇由贪大钟之赂而亡其国,虞君利垂棘之璧而擒其身,献公艳骊姬之美而乱四世,桓公甘易牙之和而不以时葬,胡王淫女乐之娱而亡上地,使此五君者,适情辞余,以己为度,不随物而动,岂有此大患哉?故射者非矢不中也,学射者不治矢也,御者非辔不行,学御者不为辔也。知冬日之箑,夏日之裘,无用于己,则万物之变为尘埃矣。故以汤止沸,沸乃不止,诚知其本,则去火而已矣。

卷八　本经训

太清之(始)〔治〕也,和顺以寂漠,质真而素朴;闲静而不躁,推移而无故,在内而合乎道,出外而调于义;发动而成于文,行快而便于物。其言略而循理,其行侻而顺情,其心愉而不伪,其事素而不饰。是以不择时日,不占卦兆,不谋所始,不议所终;安则止,激则行;通体于天地,同精于阴阳;一和于四时,明照于日月,与造化者相雌雄。是以天覆以德,地载以乐;四时不失其叙,风雨不降其虐;日月淑清而扬光,五星循轨而不失其行。当此之时,玄(元)〔光〕至砀而运照,凤麟至,蓍龟兆,甘露下,竹实满,流黄出而朱草生,机械诈伪,莫藏于心。

逮至衰世,镌山石,锲金玉,擿蚌蜃,消铜铁,而万物不滋。刳胎杀夭,麒麟不游;覆巢毁卵,凤凰不翔;钻燧取火,构木为台;焚林而田,竭泽而渔;人械不足,畜藏有余;而万物不繁,兆萌牙卵胎而不成者,处之太半矣。积壤而丘处,粪田而种谷;掘地而井饮,疏川而为利;筑城而为固,拘兽以为畜;则阴阳缪戾,四时失叙;雷霆毁折,电霰降虐;氛雾霜雪不霁,而万物燋夭。菑榛秽,聚埒亩;芟野菼,长苗秀;草木之句萌衔华戴实而死者,不可胜数。乃至夏屋宫驾,(县)〔緜〕联房植;橑檐榱题,雕琢刻镂;乔枝菱阿,芙蓉芰荷;五采争胜,流漫陆离;修掞曲挍,夭矫曾桡,芒繁纷挐,以相交持;公输、王尔,无所错其剞劂削锯,然犹未能赡人主之欲也。是以松柏箘露,〔宛而〕夏槁;江河三川,绝而不流;夷羊在牧,飞蛩满野;天旱地坼,凤皇不下;勾爪居牙戴角出距之兽,于是鸷矣。民之专室蓬庐,无所归宿,冻饿饥寒,死者相枕席也。及至分山川谿谷,使有壤界;计人多少众寡,使有分数;筑城掘池,设机械险阻以为备;饰职事,制服等,异贵贱,差贤不(肖),经诽誉,行赏罚,则兵革兴而(分)〔忿〕争生;民之灭抑夭隐,虐杀不辜,而刑诛无罪于是生矣。

天地之合和,阴阳之陶化万物,皆乘(人)〔一〕气者也。是故上下离心,气乃上蒸;君臣不和,五谷不为。距日冬至四十六日,天含和而未降,地怀气而未扬,阴阳储与,呼吸浸潭,包裹风俗,斟酌万殊,旁薄众宜,以相呕咐酝酿,而成育群生。是故春肃秋荣,冬雷夏霜,皆贼气之所生。由此观之,天地宇宙,一人之身也;六合之内,一人之(制)〔刑〕也。是故明于性者,天地不能胁也;审于符者,怪物不能惑也。故圣人者,由近〔而〕知远,(而)〔以〕万殊为一(古之人)同;气〔蒸〕于天地,与一世而优游。当此之时,无庆(贺)〔赏〕之利,刑罚之威,礼义廉耻不设,毁誉仁鄙不立,而万民莫相侵欺暴虐,犹在于混冥之中。逮至衰世,人众财寡,事力劳而养不足,于是忿争生,是以贵仁。仁鄙不齐,比周朋党,设诈谞,怀机械巧故之心,而性失矣,是以贵义。阴阳之情莫不有血气之感,男女群居杂处而无别,是以贵礼。性命之情,淫而相胁,以不得已则不和,是以贵乐。是故仁义礼乐者,可以救败,而非通治之至也。

夫仁者,所以救争也;义者,所以救失也;礼者,所以救淫也;乐者,所以救忧也。神明定于天下,而心反其初;心反其初而民性善;民性善而天地阴阳从而包之,则财足而人赡矣,贪鄙忿争不得生焉。由此观之,则仁义不用矣。道德定于天下而民纯朴,则目不营于色,耳不淫于声,坐俳而歌谣,被发而浮游,虽有毛嫱西施之色,不知悦也;掉羽武象,不知乐也;淫泆无别不得生焉。由此观之,礼乐不用也。是故德衰然后仁生,行沮然后义立,和失然后声调,礼淫然后容饰。是故知神明然后知道德之不足为也,知道德然后知仁义之不足行也,知仁义然后知礼乐之不足修也。今背其本而求其末,释其要而索之于详,未可与言至也。

天地之大，可以矩表识也；星月之行，可以历推得也；雷（震）〔霆〕之声，可以鼓钟写也；风雨之变，可以音律知也。是故大可睹者，可得而量也；明可见者，可得而蔽也；声可闻者，可得而调也；色可察者，可得而别也。夫至大，天地弗能含也；至微，神明弗能领也。及至建律历，别五色，异清浊，（味）〔殊〕甘苦，则朴散而为器矣。立仁义，修礼乐，则德迁而为伪矣。及伪之生也，饰智以惊愚，设诈以巧上，天下有能持之者，〔未〕有能治之者也。昔者苍颉作书，而天雨粟，鬼夜哭；伯益作井，而龙登玄云，神栖昆仑，〔智〕能愈多而德愈薄矣。故周鼎著倕，使衔其指，以明大巧之不可为也。

故至人之治也，心与神处，形与性调；静而体德，动而理通；随自然之性，而缘不得已之化；洞然无为而天下自和，憺然无欲而民自朴；无机祥而民不夭，不忿争而养足；兼包海内，泽及后世，不知为之者谁何。是故生无号，死无谥，实不聚而名不立，施者不德，受者不让，德交归焉，而莫之充忍也。故德之所总，道弗能害也，智之所不知，辩弗能解也。不言之辩，不道之道，若或通焉，谓之天府。取焉而不损，酌焉而不竭，莫知其所由出，是谓瑶光。瑶光者，资粮万物者也。

振困穷，补不足，则名生；兴利除害，伐乱禁暴，则功成。世无灾害，虽神无所施其德；上下和辑，虽贤无所立其功。昔容成氏之时，道路雁行列处，托婴儿于巢上，置余粮于亩首，虎豹可尾，虺蛇可蹍，而不知其所由然。逮至尧之时，十日并出，焦禾稼，杀草木，而民无所食；猰貐、凿齿、九婴、大风、封豨、修蛇，皆为民害。尧乃使羿诛凿齿于畴华之野，杀九婴于凶水之上，缴大风于青丘之泽，上射十日而下杀猰貐，断修蛇于洞庭，擒封豨于桑林，万民皆喜，置尧以为天子。于是天下广狭险易远近始有道里。舜之时，共工振滔洪水，以薄空桑，龙门未开，吕梁未发，江淮通流，四海溟涬，民皆上丘陵，赴树木。舜乃使禹疏三江五湖，辟伊阙，导廛涧，平通沟陆，流注东海。鸿水漏,九州干,万民皆宁其性。是以称尧、舜以为圣。晚世之时,帝有桀、纣。〔桀〕为琁室、瑶台、象廊、玉床。纣为肉圃、酒池。(燎焚)〔撩聚〕天下之财,罢苦万民之力。刳谏者,剔孕妇,攘天下,虐百姓。于是汤乃以革车三百乘,伐桀于南巢,放之夏台;武王甲卒三千,破纣牧野,杀之于宣室。天下宁定,百姓和集,是以称汤、武之贤。由此观之,有贤圣之名者,必遭乱世之患也。

今至人生乱世之中,含德怀道,(拘)〔抱〕无穷之智,钳口寝说,遂不言而死者众矣,然天下莫知贵其不言也。故道可道,非常道,名可名,非常名,著于竹帛,镂于金石,可传于人者,其粗也。五帝三王,殊事而同指,异路而同归。晚世学者,不知道之所一体,德之所总要,取成〔事〕之迹,相与危坐而说之,鼓(歌)〔舞〕而(舞)〔歌〕之,故博学多闻而不免于惑。诗云:“不敢暴虎,不敢冯河。人知其一,莫知其他。”此之谓也。

帝者体太一,王者法阴阳,霸者则四时,君者用六律。(秉太一者,牢笼天地,弹压山川;含吐阴阳,伸曳四时;纪纲八极,经纬六合;覆露照导,普汜无私;蠉飞蠕动,莫不仰德而生。阴阳者,承天地之和,形万殊之体;含气化物,以成埒类;赢缩卷舒,沦于不测;终始虚满,转于无原。四时者,春生夏长,秋收冬藏;取予有节,出入有(时)〔量〕,开阖张歙,不失其叙;喜怒刚柔,不离其理。六律者,生之与杀也,赏之与罚也,予之与夺也,非此无道也。故谨于权衡准绳,审乎轻重,足以治其境内矣。

是故体太一者,明于天地之情,通于道德之伦;聪明耀于日月,精神通于万物;动静调于阴阳,喜怒和于四时;德泽施于方外,名声传于后世。法阴阳者,德与天地参,明与日月并,精与鬼神总;戴圆履方,抱表怀绳;内能治身,外能得人;发号施令,天下莫不从风。则四时者,柔而不脆,刚而不鞼;宽而不肆,肃而不悖;优柔委从,以养群类;其德含愚而容不肖,无所私爱。用六律者,伐乱禁暴,进贤而退不肖;扶拨以为正,坏险以为平,矫枉以为直;明于禁舍开闭之道,乘时因势,以服役人心也。帝者体阴阳则侵,王者法四时则削,霸者节六律则辱,君者失准绳则废。故小而行大,则滔窕而不亲;大而行小,则狭隘而不容;贵贱不失其体,而天下治矣。

天爱其精,地爱其平,人爱其情。天之精,日月星辰雷电风雨也。地之平,水火金木土也,人之情,思虑聪明喜怒也。故闭四关,止五遁,则与道沦。是故神明藏于无形,精(神)〔气〕反于至真,则目明而不以视,耳聪而不以听,〔口当而不以言,〕心条达而不以思虑;委而弗为,和而弗矜;冥性命之情,而智故不得杂焉。精泄于目,则其视明;在于耳,则其听聪;留于口,则其言当;集于心,则其虑通。故闭四关则〔终〕身无患,百节莫苑,莫死莫生,莫虚莫盈,是谓真人。

凡乱之所由生者,皆在流遁。流遁之所生者五。大构(驾)〔架〕,兴宫室;延楼栈道,鸡栖井干;标林欂栌,以相支持;木巧之饰,盘纡刻俨;嬴镂雕琢,诡文回波;淌游瀷淢,菱杼紾抱;芒繁乱泽,巧伪纷挐,以相摧错:此遁于木也。凿污池之深,肆畛崖之远;来谿谷之流,饰曲岸之际;积牒旋石,以纯修碕;抑淢怒濑,以扬激波;曲拂邅回,以像淍浯;益树莲菱,以食鳖鱼;鸿鹄鹔鹴,稻粱饶余;龙舟鹢首,浮吹以娱:此遁于水也。高筑城郭,设树险阻;崇台榭之隆,侈苑囿之大,以穷要妙之望;魏阙之高,上际青云;大厦曾加,拟于昆仑;修为墙垣,甬道相连;残高增下,积土为山;接径历远,直道夷险,终日驰骛而无(蹪蹈)〔蹪陷〕之患:此遁于土也。大钟鼎,美重器,华虫疏镂,以相缪紾;寝兕伏虎,蟠龙连组;焜昱错眩,照耀辉煌;偃蹇寥纠,曲成文章;雕琢之饰,锻锡文铙;乍晦乍明,抑微灭瑕;霜文沉居,若簟籧篨;缠锦经冗,似数而疏:此遁于金也。煎熬焚炙,调齐和之适,以穷荆吴甘酸之变;焚林而猎,烧燎大木;鼓橐吹埵,以销铜铁;靡流坚锻,无厌足(目)〔日〕;山无峻干,林无柘梓;燎木以为炭,燔草而为灰;野莽白素,不得其时;上掩天光,下殄地财:此遁于火也。此五者,一足以亡天下矣。

是故古者明堂之制,下之润湿弗能及,上之雾露弗能入,四方之风弗能袭;土事不文,木工不斫,金器不镂;衣无隅差之削,冠无觚蠃之理;堂大足以周旋理文,静洁足以享上帝、礼鬼神,以示民知俭节。

夫声色五味,远国珍怪,瑰异奇物,足以变心易志,摇荡精神,感动血气者,不可胜计也。夫天地之生财也,本不过五。圣人节五行,则治不荒。凡人之性,心和欲得则乐,乐斯动,动斯蹈,蹈斯荡,荡斯歌,歌斯舞。歌舞〔无〕节则禽兽跳矣。人之性,心有忧丧则悲,悲则哀,哀斯愤,愤斯怒,怒斯动,动则手足不静。人之性,有侵犯则怒,怒则血充,血充则气激,气激则发怒,发怒则有所释憾矣。故钟鼓管箫,干戚羽旄,所以饰喜也。衰绖苴杖,哭踊有节,所以饰哀也。兵革羽旄,金鼓斧钺,所以饰怒也。必有其质,乃为之文。

古者圣人在上,政教平,仁爱洽;上下同心,君臣辑睦;衣食有余,家给人足;父慈子孝,兄良弟顺;生者不怨,死者不恨;天下和洽,人得其愿。夫人相乐无所发贶,故圣人为之作乐以和节之。末世之政,田渔重税,关市急征,泽梁毕禁;网罟无所布,耒耜无所设;民力竭于徭役,财用殚于会赋;居者无食,行者无粮;老者不养,死者不葬;赘妻鬻子,以给上求,犹弗能赡;愚夫蠢妇,皆有流连之心,凄怆之志,乃(使)始为之撞大钟,击鸣鼓,吹竽笙,弹琴瑟,失乐之本矣。

古者上求薄而民用给,君施其德,臣尽其忠,父行其慈,子竭其孝,各致其爱,而无憾恨其间。夫三年之丧,非强而致之;听乐不乐,食旨不甘,思慕之心未能绝也。晚世风流俗败,嗜欲多,礼义废,君臣相欺,父子相疑,怨尤充胸,思心尽亡,被衰戴绖,戏笑其中,虽致之三年,失丧之本也。

古者天子一畿,诸侯一同,各守其分,不得相侵。有不行王道者,暴虐万民,争地侵壤,乱政犯禁,召之不至,令之不行,禁之不止,诲之不变,乃举兵而伐之,戮其君,易其党,封其墓,类其社,卜其子孙以代之。晚世务广地侵壤,并兼无已;举不义之兵,伐无罪之国,杀不辜之民,绝先圣之后;大国出攻,小国城守;驱人之牛马,傒人之子女;毁人之宗庙,迁人之重宝;血流千里,暴骸满野,以澹贪主之欲,非兵之所为生也。

故兵者所以讨暴,非所以为暴也;乐者所以致和,非所以为淫也;丧者所以尽哀,非所以为伪也。故事亲有道矣,而爱为务;朝廷有容矣,而敬为上;处丧有礼矣,而哀为主;用兵有术矣,而义为本。本立而道行,本伤而道废。

卷九　主术训

人主之术:处无为之事,而行不言之教;清静而不动,一度而不摇;因循而任下,责成而不劳。是故心知规而师傅谕导,口能言而行人称辞,足能行而相者先导,耳能听而执正进(谏)〔谋〕。是故虑无失策,(谋)〔举〕无过事;言为文章,行为仪表(于天下);进退应时,动静循理;不为丑美好憎,不为赏罚(喜怒)〔怒喜〕;名各自名,类各自类,事犹自然,莫出于己。故古之王者,冕而前旒,所以蔽明也;黈纩塞耳,所以掩聪;天子外屏,所以自障。故所理者远,则所在者迩;所治者大,则所守者(少)〔小〕。夫目妄视则淫,耳妄听则惑,口妄言则乱。夫三关者,不可不慎守也。若欲规之,乃是离之;若欲饰之,乃是贼之。

天气为魂,地气为魄;反之玄房,各处其宅;守而勿失,上通太一。太一之精,通〔合〕于天(道)。天道玄默,无容无则;大不可极,深不可测;尚与人化,知不能得。

昔者神农之治天下也,神不驰于胸中,智不出于四域,怀其仁诚之心;甘雨时降,五谷蕃植;春生夏长,秋收冬藏;月省时考,岁终献功;以时尝谷,祀于明堂。明堂之制,有盖而无四方;风雨不能袭,寒暑不能伤;迁延而入之,养民以公。其民朴重端悫,不忿争而财足,不劳形而功成,因天地之资而与之和同。是故威厉而不(杀)〔试〕,刑错而不用,法省而不烦,故其化如神。其地南至交阯,北至幽都,东至旸谷,西至三危,莫不听从。当此之时,法宽刑缓,囹圄空虚,而天下一俗,莫怀奸心。

末世之政则不然。上好取而无量,下贪狼而无让;民贫苦而忿争,事力劳而无功;智诈萌兴,盗贼滋彰;上下相怨,号令不行;执政有司,不务反道,矫拂其本,而事修其末;削薄其德,曾累其刑,而欲以为治,无以异于执弹而来鸟,捭棁而狎犬也,乱乃逾甚。夫水浊则鱼噞,政苛则民乱。故夫养虎豹犀象者,为之圈槛,供其嗜欲,适其饥饱,违其怒恚,然而不能终其天年者,形有所劫也。是以上多故则下多诈,上多事则下多态,上烦扰则下不定,上多求则下交争。不直之于本,而事之于末,譬犹扬堁而弭尘,抱薪以救火也。

故圣人事省而易治,求寡而易澹;不施而仁,不言而信;不求而得,不为而成;块然保真,抱德推诚;天下从之,如响之应声,景之像形,其所修者本也。刑罚不足以移风,杀戮不足以禁奸,唯神化为贵,至精为神。

夫疾呼不过闻百步,志之所在,逾于千里。冬日之阳,夏日之阴,万物归之而莫使之然。故至精之像,弗招而自来,不麾而自往;窈窈冥冥,不知为之者谁,而功自成。智者弗能诵,辩者弗能形。昔孙叔敖恬卧,而郢人无所(害)〔用〕其锋;市南宜辽弄丸,而两家之难无所关其辞。鞅鞈铁铠,瞋目扼腕,其于以御兵刃,悬矣。券契束帛,刑罚斧钺,其于以解难,薄矣。待目而照见,待言而使令,其于为治,难矣。

蘧伯玉为相,子贡往观之,曰:“何以治国?”曰:“以弗治治之。”简子欲伐卫,使史黯往觌焉。还报曰:“蘧伯玉为相,未可以加兵,固塞险阻,何足以致之?”故皋陶瘖而为大理,天下无虐刑,有贵于言者也;师旷瞽而为太宰,晋无乱政,有贵于见者也。故不言之令,不视之见,此伏羲、神农之所以为师也。故民之化〔上〕也,不从其所言而从所行。

故齐庄公好勇,不使斗争,而国家多难,其渐至于崔杼之乱。顷襄好色,不使风议,而民多昏乱,其积至昭奇之难。故至精之所动,若春气之生,秋气之杀也,虽驰传骛置,不若此其亟。故君人者,其犹射者乎？于此豪末，于彼寻常矣。故慎所以感之也。

夫荣启期一弹，而孔子三日乐感于和；邹忌一徽，而威王终夕悲感于忧。动诸琴瑟，形诸音声，而能使人为之哀乐。悬法设赏而不能移风易俗者，其诚心弗施也。宁戚商歌车下，桓公喟然而寤，至精入人深矣。故曰："乐，听其音则知其俗，见其俗则知其化。"孔子学鼓琴于师襄，而谕文王之志，见微以知明矣。延陵季子听鲁乐，而知殷、夏之风，论近以识远也。作之上古，施及千岁，而文不灭，况于并世化民乎？

汤之时，七年旱，以身祷于桑林之际，而四海之云凑，千里之雨至。抱质效诚，感动天地，神谕方外，令行禁止，岂足为哉！古圣王至精形于内，而好憎忘于外；出言以副情，发号以明旨；陈之以礼乐，风之以歌谣；(业)〔叶〕贯万世而不壅，横扃四方而不穷；禽兽昆虫，与之陶化，又况于执法施令乎？

故太上神化，其次使不得为非，其次赏贤而罚暴。衡之于左右，无私轻重，故可以为平。绳之于内外，无私曲直，故可以为正。人主之于用法，无私好憎，故可以为命。夫权轻重，不差蚊首；扶拨枉桡，不失针锋；直施矫邪，不私辟险；奸不能枉，谗不能乱；德无所立，怨无所藏；是任术而释人心者也。故为治者〔智〕不与焉。

夫舟浮于水，车转于陆，此势之自然也。木击折轊，(水)〔石〕戾破舟，不怨木石，而罪(巧)〔功〕拙者，知故不载焉。是故道有智则惑，德有心则险，心有目则眩。兵莫憯于志，而莫邪为下；寇莫大于阴阳，而枹鼓为小。今夫权衡规矩，一定而不易，不为秦楚变节，不为胡越改容，常一而不邪，方行而不流，一日(刑)〔型〕之，万世传之，而以无为为之。故国有亡主，而世无废道；人有困穷，而理无不通。由此观之，无为者，道之宗。故得道之宗，应物无穷；任人之才，难以至治。

汤、武，圣主也，而不能与越人乘(干)〔舲〕舟而浮于江湖。伊尹，贤相也，而不能与胡人骑骒马而服騊駼。孔、墨博通，而不能与山居者入榛薄〔出〕险阻也。由此观之，则人知之于物也，浅矣；而欲以（遍）照海内，存万方，不因道之数，而专己之能，则其穷不（达）〔远〕矣。故智不足以治天下也。桀之力，制觡伸钩，索铁歙金，椎移大牺，水杀鼋鼍，陆捕熊罴，然汤革车三百乘，困之鸣条，擒之焦门。由此观之，勇力不足以持天下矣。智不足以为治，勇不足以为强，则人材不足任，明也。而君人者不下庙堂之上，而知四海之外者，因物以识物，因人以知人也。故积力之所举，则无不胜也。众智之所为，则无不成也。坎井之无鼋鼍，隘也。园中之无修木，小也。夫举重鼎者，力少而不能胜也。及至其移徙之，不待其多力者。故千人之群无绝梁，万人之聚无废功。

夫华骝、绿耳，一日而至千里，然其使之搏兔，不如豺狼，伎能殊也。鸱夜撮蚤蚊，察分秋豪，昼日（颠越）〔瞋目〕，不能见丘山，形性诡也。夫螣蛇游雾而（动）〔腾〕，应龙乘云而举，猨得木而捷，鱼得水而骛。故古之为车也，漆者不画，凿者不斫；工无二伎，士不兼官；各守其职，不得相奸；人得其宜，物得其安；是以器械不苦，而职事不嫚。夫责少者易偿，职寡者易守，任轻者易（权）〔劝〕；上操约省之分，下效易为之功，是以君臣弥久而不相厌。

君人之道，其犹零星之尸也：俨然玄默，而吉祥受福。是故得道者不为丑饰，不为伪善；一人被之而不褒，万人蒙之而不褊。是故重为惠若重为暴，则治道通矣。为惠者，尚布施也。无功而厚赏，无劳而高爵，则守职者懈于官，而游居者亟于进矣。为暴者，妄诛也。无罪者而死亡，行直而被刑，则修身者不劝善，而为邪者轻犯上矣。故为惠者生奸，而为暴者生乱。奸乱之俗，亡国之风。

是故明主之治，国有诛者而主无怒焉，朝有赏者而君无与焉。诛者不怨君，罪之所当也。赏者不德上，功之所致也。民知诛赏之来皆在于身也，故务功修业，不受赣于君。是故朝廷芜而无迹，田野辟而无草。故太上、下知有之。今夫桥(直植)〔植直〕立而不动，俯仰取制焉。人主静漠而不躁，百官得修焉。譬如军之持麾者，妄指则乱矣。慧不足以大宁，智不足以安危，与其誉尧而毁桀也，不如掩聪明而反修其道也。清静无为，则天与之时；廉俭守节，则地生之财；处愚称德，则圣人为之谋。是故下者万物归之，虚者天下遗之。

夫人主之听治也，清明而不暗，虚心而弱志，是故群臣辐凑并进，无愚智贤不肖莫不尽其能，于是乃始陈其礼，建以为基，是乘众势以为车，御众智以为马，虽幽野险途则无由惑矣。人主深居隐处以避燥湿，闺门重袭以(避)〔备〕奸贼，内不知闾里之情，外不知山泽之形，帷幕之外，目不能见十里之前，耳不能闻百步之外，天下之物无不通者，其灌输之者大而斟酌之者众也。是故不出户而知天下，不窥牖而知天道。乘众人之智，则天下(之)不足有也。专用其心，则独身不能保也。

是故人主覆之以德，不行其智，而因万人之所利。夫举踵〔而〕天下(而)得所利，故百姓载之上弗重也，错之前弗害也，举之而弗高也，推之而弗厌。主道员者，运转而无端，化育如神，虚无因循，常后而不先也。臣道(员者运转而无)方〔者〕，论是而处当，为事先倡，守职分明，以立成功也。是故君臣异道则治，同道则乱，各得其宜，处其当，则上下有以相使也。

夫人主之听治也，虚心而弱志，清明而不暗，是故群臣辐凑并进，无愚智贤不肖莫不尽其能者，则君得所以制臣，臣得所以事君，治国之道明矣。文王智而好问，故圣；武王勇而好问，故胜。夫乘众人之智，则无不任也；用众人之力，则无不胜也。千钧之重，乌获不能举也；众人相一，则百人有余力矣。是故任一人之力者，则乌获不足恃，乘众人之(制)〔智〕者，则天下不足有也。

禹决江疏河，以为天下兴利，而不能使水西流；稷辟土垦草，以为百姓力农，然不能使禾冬生。岂其人事不至哉，其势不可也。夫推(而)不可为之势而不修道理之数,虽神圣人不能以成其功,而况当世之主乎?夫载重而马羸,虽造父不能以致远;车轻马良,虽中工可使追速。是故圣人举事也,岂能拂道理之数,诡自然之性,以曲为直,以屈为伸哉?未尝不因其资而用之也。是以积力之所举,无不胜也,而众智之所为,无不成也。聋者可令(嗺筋)〔嚼筋〕,而不可使有闻也;瘖者可使守圉,而不可使(言)〔通语〕也;形有所不周,而能有所不容也。是故有一形者处一位,有一能者服一事。力胜其任,则举之者不重也;能称其事,则为之者不难也。毋小大修短各得其宜,则天下一齐,无以相过也。圣人兼而用之,故无弃才。

人主贵正而尚忠,忠正在上位,执正(营)〔管〕事,则谗佞奸邪无由进矣。譬犹方员之不相盖,而曲直之不相入。夫鸟兽之不(可)同群者,其类异也;虎鹿之不同游者,力不敌也。是故圣人得志而在上位,谗佞奸邪而欲犯主者,譬犹雀之见鹯而鼠之遇狸也,亦必无余命矣。是故人主之(一)举也,不可不慎也。所任者得其人,则国家治,上下和,群臣亲,百姓附。所任非其人,则国家危,上下乖,群臣怨,百姓乱。故一举而不当,终身伤。得失之道,权要在主,是故绳正于上,木直于下,非有事焉,所缘以修者然也。

故人主诚正,则直士任事,而奸人伏匿矣。人主不正,则邪人得志,忠者隐蔽矣。夫人之所以莫(抓)(振)玉石而(抓)〔振〕瓜瓠者何也?无得于玉石弗犯也。使人主执正持平,如从绳准高下,则群臣以邪来者,犹以卵投石,以火投水。故灵王好细腰,而民有杀食自饥也;越王好勇,而民皆处危争死。由此观之,权势之柄,其以移风易俗,〔易〕矣。尧为匹夫,不能仁化一里;桀在上位,令行禁止。由此观之,贤不足以为治,而势可以易俗明矣。《书》曰:“一人有庆,万民赖之。”此之谓也。

天下多眩于名声,而寡察其实。是故处人以誉尊,而游者以辩显。察其所尊显,无他故焉,人主不明分数利害之地,而贤众口之辩也。治国则不然。言事者必究于法，而为行者必治于官。上操其名，以责其实；臣守其业，以效其功。言不得过其实，行不得逾其法。群臣辐凑，莫敢专君。事不在法律中而可以便国佐治，必参五行之阴考以观其归，并用周听，以察其化，不偏一曲，不党一事，是以中立而遍，运照海内，群臣公正，莫敢为邪，百官述职，务致其(公迹)〔功绩〕也。主精明于上，官劝力于下，奸邪灭迹，庶功日进，是以勇者尽于军。乱国则不然。有众咸誉者无功而赏；守职者无罪而诛。主上暗而不明，群臣党而不忠。说谈者游于辩，修行者竞于往。主上出令，则非之以与；法令所禁，则犯之以邪。为智者务于巧诈，为勇者务于斗争。大臣专权，下吏持势，朋党周比，以弄其上，国虽若存，古之人曰亡矣。且夫不治官职，(而)〔不〕被甲兵，不随南亩，而有贤圣之声者，非所以(都)〔教〕于国也。骐骥騄駬，天下之疾马也。驱之不前，引之不止，虽愚者不加体焉。今治乱之机，辙迹可见也，而世主莫之能察，此治道之所以塞。

权势者，人主之车舆；爵禄者，人臣之辔衔也。是故人主处权势之要，而持爵禄之柄；审缓急之度，而适取予之节；是以天下尽力而不倦。夫臣主之相与也，非有父子之厚、骨肉之亲也，而竭力殊死，不辞其躯者何也？势有使之然也。

昔者豫让，中行文子之臣。智伯伐中行氏，并吞其地。豫让背其主而臣智伯。智伯与赵襄子战于晋阳之下，身死为戮，国分为三。豫让欲报赵襄子，漆身为厉，吞炭变音，擿齿易貌。夫以一人之心，而事两主，或背而去，或欲身徇之，岂其趋舍厚薄之势异哉？人之恩泽使之然也。纣兼天下，朝诸侯，人迹所及，舟楫所通，莫不宾服。然而武王甲卒三千人，擒之于牧野，岂周民死节而殷民背叛哉？其主之义德厚而号令行也。夫(疾风)〔风疾〕而波兴，木茂而鸟集，相生之气也。是故臣不得其所欲于君者，君亦不能得其所求于臣也。君臣之施者，相报之势也。是故臣尽力死节以与君，君计功垂爵以与臣。是故君不能赏无功之臣,臣亦不能死无德之君。君德不下流于民,而欲用之,如鞭蹄马矣,是犹不待雨而求熟稼,必不可之数也。

君人之道,处静以修身,俭约以率下。静则下不扰矣,俭则民不怨矣。下扰则政乱,民怨则德薄。政乱则贤者不为谋,德薄则勇者不为死。是故人主好鸷鸟猛兽,珍怪奇物,狡躁康荒,不爱民力,驰骋田猎,出入不时,如此,则百官务乱,事勤财匮,万民愁苦,生业不修矣。人主好高台深池,雕琢刻镂,黼黻文章,絺绤绮绣,宝玩珠玉,则赋敛无度,而万民力竭矣。尧之有天下也,非贪万民之富而安人主之位也,以为百姓力征,强凌弱,众暴寡。于是尧乃身服节俭之行,而明相爱之仁,以和辑之。是故茅茨不翦,采椽不斫,大路不画,越席不缘,大羹不和,粢食不毇,巡狩行教,勤劳天下,周流五岳,岂其奉养不足乐哉?(举天下而)以为社稷,非有利焉。年衰志悯,举天下而传之舜,犹却行而脱屣也。衰世则不然。一日而有天下之富,处人主之势,则竭百姓之力以奉耳目之欲。志专在于宫室台榭,陂池苑囿,猛兽熊罴,玩好珍怪。是故贫民糟糠不接于口,而虎狼熊罴厌刍豢;百姓短褐不完,而宫室衣锦绣。人主急兹无用之功,百姓黎民憔悴于天下。是故使天下不安其性。

人主之居也,如日月之明也,天下之所同侧目而视,侧耳而听,延颈举踵而望也。是故非澹薄无以明德,非宁静无以致远,非宽大无以兼覆,非慈厚无以怀众,非平正无以制断。

是故贤主之用人也,犹巧工之制木也,大者以为舟航柱梁,小者以为楫楔,修者以为櫩榱,短者以为朱儒枅栌。无小大修短各得其所宜;规矩方圆各有所施。〔殊形异材,莫不可得而用也。〕天下之物,莫凶于(鸡)〔奚〕毒,然而良医橐而藏之,有所用也。是故林莽之材,犹无可弃者,而况人乎?今夫朝廷之所不举,乡曲之所不誉,非其人不肖也,其所以官之者非其职也。鹿之上山,獐不能跂也,及其下,牧竖能追之,才有所修短也。是故有大略者,不可责以捷巧;有小智者,不可任以大功。人有其才,物有其形。有任一而太重,或任百而尚轻。是故审毫厘之计者,必遗天下之(大)数;不失小物之选者,惑于大数之举。譬犹狸之不可使搏牛,虎之不可使搏鼠也。今人之才,或欲平九州,并方外,存危国,继绝世,志在直道正邪,决烦理挐,而乃责之以闺阁之礼,奥窔之间。或佞巧小具,谄进愉说,随乡曲之(俗卑)〔卑俗〕,下众人之耳目,而乃任之以天下之权,治乱之机。是犹以斧劗毛、以刃(抵)〔伐〕木也,皆失其宜矣。

人主者,以天下之目视,以天下之耳听,以天下之智虑,以天下之力争。是故号令能下究,而臣情得上闻。百官修同,群臣辐凑。喜不以赏赐,怒不以罪诛。是故威〔厉〕立而不废,聪明(先)〔光〕而不蔽,法令察而不苛,耳目达而不暗。善否之情,日陈于前而无所逆。是故贤者尽其智,而不肖者竭其力;德泽兼覆而不偏,群臣劝务而不怠;近者安其性,远者怀其德。所以然者何也?得用人之道,而不任己之才者也。故假舆马者,足不劳而致千里;乘舟楫者,不能游而绝江海。

夫人主之情,莫不欲总海内之智,尽众人之力,然而群臣(志达)〔达志〕效忠者,希不困其身。使言之而是,虽在褐夫刍荛,犹不可弃也;使言之而非也,虽在卿相人君,揄策于庙堂之上,未必可用。是非之所在,不可以贵贱尊卑论也。是明主之听于群臣,其计乃可用,不羞其位;其言〔而〕可行,(而)不责其辩。暗主则不然,所爱习亲近者,虽邪枉不正不能见也;疏远卑贱者,〔虽〕竭力尽忠不能知也。有言者穷之以辞,有谏者诛之以罪。如此而欲照海内,存万方,是犹塞耳而听清浊,掩目而视青黄也,其离聪明则亦远矣。

法者天下之度量,而人主之准绳也。县法者,法不法也。(设赏者赏当赏也)法定之后,中程者赏,缺绳者诛;尊贵者不轻其罚,而卑贱者不重其刑;犯法者虽贤必诛,中度者虽不肖必无罪;是故公道通而私道塞矣。古之置有司也,所以禁民使不得自恣也;其立君也,所以劀有司使无专行也;法籍礼义者,所以禁君使无擅断也。人莫得自恣则道胜,道胜而理达矣,故反于无为。无为者,非谓其凝滞而不动也,以(其言)〔言其〕莫从己出也。

夫寸生于秒,秒生于日,日生于形,形生于景,此度之本也。乐生于音,音生于律,律生于风,此声之宗也。法生于义,义生于众适,众适合于人心,此治之要也。故通于本者不乱于末,睹于要者不惑于详。法者非天堕,非地生,发于人间,而反以自正。是故有诸己,不非诸人;无诸己,不求诸人。所立于下者,不废于上;所禁于民者,不行于身。所谓亡国〔者〕,非无君也,无法也。变法者,非无法也;有法(者)而不用,与无法等。是故人主之立法,先自为检式仪表,故令行于天下。孔子曰:“其身正,不令而行;其身不正,虽令不从。”故禁胜于身,则令行于民矣。

圣主之治也,其犹造父之御:齐辑之于辔衔之际,而急缓之于唇吻之和;正度于胸臆之中,而执节于掌握之间;内得于(心中)〔中心〕,外合于马志;是故能进退履绳,而旋曲中规,取道致远,而气力有余,诚得其术也。是故权势者,人主之车舆也;大臣者,人主之驷马也。体离车舆之安,而手失驷马之心,而能不危者,古今未有也。是故舆马不调,王良不足以取道;君臣不和,唐虞不能以为治。执术而御之,则管、晏之智尽矣;明分以示之,则蹠、跻之奸止矣。

夫据干而窥井底,虽达视犹不能见其睛;借明于鉴以照之,则寸分可得而察也。是故明主之耳目不劳,精神不竭,物至而观其(象)〔变〕,事来而应其化,近者不乱,远者治也。是故不用适然之数,而行必然之道,故万举而无遗策矣。

今夫御者,马体调于车,御心和于马,则历险致远,进退周游,莫不如志。虽有骐骥騄駬之良,臧获御之,则马反自恣,而人弗能制矣。故治者不贵其自是,而贵其不得为非也。故曰:勿使可欲,毋曰弗求;勿使可夺,毋曰不争。如此,则人材释而公道行矣。(美)〔羡〕

者(正)〔止〕于度,而不足者(建)〔逮〕于用,故海内可一也。

夫释职事而听非誉,弃公劳而用朋党,则奇材佻长而干次,守官者雍遏而不进。如此,则民俗乱于国,而功臣争于朝。故法律度量者,人主之所以执下,释之而不用,是犹无辔衔而驰也,群臣百姓反弄其上。是故有术则制人,无术则制于人,吞舟之鱼,荡而失水,则制于蝼蚁,离其居也。猨狖失木,而擒于狐狸,非其处也。君人者释所守而与臣下争〔事〕,则有司以无为持位,守职者以从君取容,是以人臣藏智而弗用,反以事转任其上矣。

夫富贵者之于劳也,达事者之于察也,骄恣者之于恭也,势不及君,君人者不任能而好自为之,则智日困而自负其责也。数穷于下,则不能伸理;行堕于国,则不能专制;智不足以为治,威不足以行诛,则无以与(天)下交也。喜怒行于心,(者)〔嗜〕欲见于外,则守职者离正而阿上,有司枉法而从风,赏不当功,诛不应罪,上下离心,而君臣相怨也。是以执政阿主而有过,则无以责之。有罪而不诛,则百官烦乱,智弗能解也;毁誉萌生,而明不能照也。不正本而反自然,则人主逾劳,人臣逾逸,是犹代庖宰剥牲而为大匠斫也。与马竞走,筋绝而弗能及,上车执辔,则马(死)〔服〕于衡下;故伯乐相之,王良御之,明主乘之,无御相之劳而致千里者,乘于人资以为羽翼也。

是故君人者,无为而有守也,有(为)〔守〕而无好也。有为则谗生,有好则谀起。昔者齐桓公好味,而易牙烹其首子而饵之;虞君好宝,而晋献以璧、马钓之;胡王好音,而秦穆公以女乐诱之;是皆以利见制于人也。故善建者不拔,〔言建之无形也。〕夫火热而水灭之,金刚而火销之,木强而斧伐之,水流而土遏之。唯造化者,物莫能胜也。故中欲不出谓之扃,外邪不入谓之塞。中扃外闭,何事之不节?外闭中扃,何事之不成?弗用而后能用之,弗为而后能为之。精神劳则越,耳目淫则竭。故有道之主,灭想去意,清虚以待;不(伐)〔代〕之言,不夺之事;循名责实,〔官〕使(有)〔自〕司;任而弗诏,责而弗教;以不知为道,以奈何为宝。如此,则百官之事,各有所守矣。

摄权势之柄,其于化民易矣。卫君役子路,权重也。景、桓(公)臣管、晏,位尊也。怯服勇而愚制智,其所托势者胜也。故枝不得大于干,末不得强于本,(则)〔言〕轻重大小有以相制也。若五指之属于臂,搏援攫捷,莫不如志,言以小属于大也。是故得势之利者,所持甚小,(其存)〔所任〕甚大;所守甚约,所制甚广。是故十围之木,持千钧之屋;五寸之键,制开阖之门。岂其材之巨小足哉?所居要也。孔丘、墨翟,修先圣之术,通六艺之论,口道其言,身行其志,慕义从风而为之服役者不过数十人。使居天子之位,则天下遍为儒、墨矣。楚庄王伤文无畏之死于宋也,奋袂而起,衣冠相连于道,遂成军宋城之下,权柄重也。楚文王好服獬冠,楚国效之。赵武灵王贝带鵔鸃而朝,赵国化之。使在匹夫布衣,虽冠獬冠、带贝带鵔鸃而朝,则不免为人笑也。

夫民之好善乐正,不待禁诛而自中法度者,万无一也。下必行之令,从之者利,逆之者凶,日阴未移,而海内莫不被绳矣。故握剑锋,〔虽〕以(离)北宫子、司马蒯蒉,不〔可〕使应敌;操其觚,招其末,则庸人能以制胜。今使乌获、藉蕃从后牵牛尾,尾绝而不从者,逆也;若指之桑条以贯其鼻,则五尺童子牵而周四海者,顺也。夫七尺之桡,而制船之左右者,以水为资;天子发号,令行禁止,以众为势也。

夫防民之所害,开民之所利,威行也,若发堿决塘。故循流而下易以至,背风而驰易以远。桓公立政,去食肉之兽、食粟之鸟、系罝之网,三举而百姓说。纣杀王子比干而骨肉怨,斫朝涉者之胫而万民叛,再举而天下失矣。故义者非能遍利天下之民也,利一人而天下从风;暴者非尽害海内之众也,害一人而天下离叛。故桓公三举而九合诸侯,纣再举而不得为匹夫。故举错不可不审。人主租敛于民也,必先计岁收,量民积聚,知(饥)〔饶〕馑有余不足之数,然后取车舆衣食供养其欲。高台层榭，接屋连阁，非不丽也。然民有(掘穴)〔无堀室〕狭庐所以托身者，明主弗乐也。肥醲甘脆，非不美也，然民有糟糠菽粟不接于口者，则明主弗甘也。匡床蒻席，非不宁也，然民有处边城、犯危难、泽死暴骸者，明主弗安也。故古之君人者，其惨怛于民也，国有饥者食不重味，民有寒者而冬不被裘。岁登民丰，乃始悬钟鼓，陈干戚，君臣上下同心而乐之，国无哀人。

故古之为金石管弦者，所以宣乐也；兵革斧钺者，所以饰怒也；觞酌俎豆酬酢之礼，所以效(善)〔喜〕也；衰绖菅屦，辟踊哭泣，所以谕哀也。此皆有充于内而成像于外。及至乱主，取民则不裁其力，求于下则不量其积，男女不得事耕织之业，以供上之求，力勤财匮，君臣相疾也。故民至于焦唇沸肝，有今无储，而乃始撞大钟，击鸣鼓，吹竽笙，弹琴瑟，是犹贯甲胄而入宗庙，被罗纨而从军旅，失乐之所由生矣。

夫民之为生也，一人蹠耒而耕，不过十亩；中田(之获)卒岁之收，不过亩四石；妻子老弱仰而食之，时有涔旱灾害之患，无以给上之征赋车马兵革之费。由此观之，则人之生悯矣。夫天地之大，计三年耕而余一年之食，率九年而有三年之畜，十八年而有六年之积，二十七年而有九年之储，虽涔旱灾害之殃，民莫困穷流亡也。故国无九年之畜，谓之不足；无六年之积，谓之悯急；无三年之畜，谓之穷乏。故有仁君明王，其取下有节，自养有度，则得承受于天地，而不离饥寒之患矣。若贪主暴君，挠于其下，侵渔其民，以适无穷之欲，则百姓无以被天和而履地德矣。

食者民之本也，民者国之本也，国者君之本也。是故(人君)〔君人〕者上因天时，下尽地财，中用人力，是以群生遂长，五谷蕃殖；教民养育六畜，以时种树，务修田畴，滋植桑麻，肥墝高下各因其宜；丘陵阪险不生五谷者，以树竹木，春伐枯槁，夏取果蓏，秋畜疏食，冬伐薪蒸，以为民资。是故生无乏用，死无转尸。故先王之法，畋不掩群，不取麛夭；不涸泽而渔，不焚林而猎；豺未祭兽，罝罦不得布于野；獭未祭鱼，网罟不得入于水；鹰隼未挚，罗网不得张于谿谷；草木未落，斤斧不得入于山林；昆虫未蛰，不得以火烧田；孕育不得杀，鷇卵不得探；鱼不长尺不得取，彘不期年不得食。是故草木之发若蒸气，禽兽之归若流泉，飞鸟之归若烟云，有所以致之也。

故先王之政，四海之云至而修封疆，虾蟆鸣燕降而达路除道，阴降百泉则修桥梁，昏张中则务种谷，大火中则种黍菽，虚中则种宿麦，昴中则收敛畜积、伐薪木，上告于天，下布之民。先王之所以应时修备，富国利民，实旷来远者，其道备矣。非能目见而足行之也，欲利之也。欲利之也，不忘于心，则官自备矣。心之于九窍四支也，不能一事焉。然而动静听视，皆以为主者，不忘于欲利之也。

故尧为善而众善至矣，桀为非而众非来矣。善积则功成，非积则祸极。

凡人之论，心欲小而志欲大，智欲员而行欲方，能欲多而事欲鲜。所以心欲小者，虑患未生，备祸未发，戒过慎微，不敢纵其欲也。志欲大者，兼包万国，一齐殊俗，并覆百姓，若合一族，是非辐凑而为之毂。智欲员者，环复转运，终始无端，旁流四达，渊泉而不竭，万物并兴，莫不响应也。行欲方者，直立而不挠，素白而不污，穷不易操，通不肆志。能欲多者，文武备具，动静中仪，举动废置，曲得其宜，无所(击)〔系〕戾，无不毕宜也。事欲鲜者，执柄持术，得要以应众，执约以治广，处静〔以〕持(中)〔躁〕，运于璇枢，以一合万，若合符者也。故心小者，禁于微也；志大者，无不怀也；智员者，无不知也；行方者，有不为也；能多者，无不治也；事鲜者，约所持也。

古者天子听朝，公卿正谏，博士诵诗，瞽箴师诵，庶人传语，史书其过，宰彻其膳，犹以为未足也，故尧置敢谏之鼓，舜立诽谤之木，汤有司直之人，武王立戒慎之鞀，过若毫厘，而既已备之也。夫圣人之于善也，无小而不举；其于过也，无微而不改。尧、舜、禹、汤、文、武，皆坦然〔南面而王〕天下(而南面)焉。当此之时,〔伐〕鼛(鼓)而食,奏雍而彻,已饭而祭灶,行不用巫祝,鬼神弗敢祟,山川弗敢祸,可谓至贵矣。然而战战慄慄,日慎一日。由此观之,则圣人之心小矣。《诗》云:“惟此文王,小心翼翼,昭事上帝,聿怀多福。”其斯之谓欤!武王(伐纣)〔克殷〕,发巨桥之粟,散鹿台之钱,封比干之墓,表商容之闾,朝成汤之庙,解箕子之囚,使各处其宅,田其田,无故无新,惟贤是亲,用非其有,使非其人,晏然若故有之。由此观之,则圣人之志大也。文王周(公)观得失,遍览是非,尧舜所以昌、桀纣所以亡者,皆著于明堂,于是略智博问,以应无方。由此观之,则圣人之智员矣。成康继文武之业,守明堂之制,观存亡之迹,见成败之变,非道不言,非义不行,言不苟出,行不苟为,择善而后从事焉。由此观之,则圣人之行方矣。孔子之通,智过于苌宏,勇服于孟贲,足蹑郊菟,力招城关,能亦多矣,然而勇力不闻,伎巧不知,专行教道,以成素王,事亦鲜矣。春秋二百四十二年,亡国五十二,弑君三十六,采善锄丑,以成王道,论亦博矣,然而围于匡,颜色不变,弦歌不辍,临死亡之地,犯患难之危,据义行理而志不慑,分亦明矣。然为鲁司寇,听狱必为断;作为《春秋》,不道鬼神,不敢专己。夫圣人之智固已多矣,其所守者有约,故举而必荣。愚人之智固已少矣,其所事者〔有〕多,故动而必穷矣。吴起、张仪,智不若孔、墨,而争万乘之君,此其所以车裂支解也。夫以正教化者易而必成,以邪巧世者难而必败。凡将设行立趣于天下,舍其易〔而必〕成者而从事难而必败者,愚惑之所致也。凡此六反者,不可不察也。

遍知万物而不知人道,不可谓智;遍爱群生而不爱人类,不可谓仁。仁者爱其类也,智者不可惑也。仁者虽在断割之中,其(所)不忍之色可见也;智者虽烦难之事,其不暗之效可见也。内恕反情,心之所(不)欲,其不加诸人;由近知远,由己知人;此仁智之所合而行也。小有教而大有存也,小有诛而大有宁也,唯恻隐推而行之,此智者之所独断也。故仁智〔有时〕错,有时合,合者为正,错者为权,其义一也。

府(吏)〔史〕守法,君子制义,法而无义,亦府(吏)〔史〕也,不足以为政。耕之为事也劳,织之为事也扰。扰劳之事而民不舍者,知其可以衣食也。人之情不能无衣食,衣食之道必始于耕织,万民之所公见也。物之若耕织者,始初甚劳,终必利也。〔物之可备者〕众,愚人之所(见)〔备〕者寡;事〔之〕可权者多,愚〔人〕之所权者少;此愚者之所〔以〕多患也。物之可备者,智者尽备之,可权者尽权之,此智者所以寡患也。故智者先忤而后合,愚者始于乐而终于哀。

今日何为而荣乎?旦日何为而义乎?此易言也。今日何为而义?旦日何为而荣?此难知也。问瞽师曰:"白素何如?"曰:"缟然。"曰:"黑何若?"曰:"黮然。"援白黑而示之,则不处焉。人之视白黑以目,言白黑以口。瞽师有以言白黑,无以知白黑,故言白黑与人同,其别白黑与人异。人孝于亲,出忠于君,无愚智贤不肖皆知其为义也。使陈忠孝行而知所出者,鲜矣。凡人思虑,莫不先以为可而后行之;其是或非,此愚智之所以异。

凡人之性,莫贵于仁,莫急于智。仁以为质,智以行之,两者为本,而加之以勇力辩慧、捷疾劬录、巧敏(迟)〔犀〕利、聪明审察,尽众益也。身材未修,伎艺曲备,而无仁智以为表干,而加之以众美,则益其损。故不仁而有勇力果敢,则狂而操利剑;不智而辩慧(怀)〔懁〕给,则(弃)〔乘〕骥而(不式)〔惑〕。虽有材能,其施之不当,其处之不宜,适足以辅伪饰非,伎艺之众不如其寡也。故有野心者,不可借便势,有愚质者,不可与利器。

鱼得水而游焉则乐;塘决水涸,则为蝼蚁所食;有掌修其堤防,补其缺漏,则鱼得而利之。国有以存,人有以生。国之所以存者,仁义是也;人之所以生者,行善是也。国无义,虽大必亡;人无善志,虽勇必伤。治国〔非〕上使不得与焉;孝于父母,弟于兄嫂,信于朋友,不得上令而可得为也。释己之所得为,而责于其所不得制,悖矣。士处卑隐,欲上达,必先反诸己。上达有道,名誉不起而不能上达矣。取誉有道,不信于友,不能得誉。信于友有道,事亲不说,不信于友。说亲有道,修身不诚,不能事亲矣。诚身有道,心不专一,不能(专)诚〔身〕。道在易而求之难,验在近而求之远,故弗得也。

卷十　缪称训

道至高无上，至深无下，平乎准，直乎绳，圆乎规，方乎矩，包裹宇宙而无表里，洞同覆载而无所碍。是故体道者，不哀不乐，不喜不怒；其坐无虑，其寝无梦；物来而名，事来而应。

主者国之心。心治则百节皆安，心扰则百节皆乱。故其心治者，支体相遗也；其国治者，君臣相忘也。黄帝曰："芒芒昧昧，从天之(道)〔威〕，与玄同气。"故至德者，言同略，事同指，上下一心，无歧道旁见者；遏障之于邪，开道之于善，而民向方矣。故《易》曰："同人于野，利涉大川。"

道者物之所导也，德者性之所扶也，仁者积恩之见证也，义者比于人心而合于众适者也。故道灭而德用，德衰而仁义生。故上世体道而不德，中世守德而弗(坏)〔怀〕也，末世绳绳乎唯恐失仁义。君子非仁义无以生，失仁义则失其所以生。小人非嗜欲无以活，失嗜欲则失其所以活。故君子惧失仁义，小人惧失利。观其所惧，知各殊矣。

《易》曰："即鹿无虞，惟入于林中，君子几，不如舍，往吝。"其施厚者其报美，其怨大者其祸深，薄施而厚望，畜怨而无患者，古今未之有也。是故圣人察其所以往，则知其所以来者。圣人之道，犹中衢而致尊邪？过者斟酌，多少不同，各得其所宜。是故得一人所以得百人也。人以其所愿于上以交其下，谁弗戴？以其所欲于下以事其上，谁弗喜？《诗》云："媚兹一人，应侯慎德。"慎德大矣，一人小矣。能善小，斯能善大矣。

君子见过忘罚，故能谏；见贤忘贱，故能让；见不足忘贫，故能施。情系于中，行形于外。凡行戴情，虽过无怨；不戴其情，虽忠来恶。后稷广利天下，犹不自矜；禹无废功，无废财，自视犹觖如也。满如陷，实如虚，尽之者也。

凡人各贤其所说，而说其所快。世莫不举贤，或以治，或以乱，非自遁，求同乎己者也。己未必(得)贤，而求与己同者而欲得贤，亦不几矣。使尧度舜则可，使桀度尧，是犹以升量石也。今谓狐狸，则必不知狐，又不知狸。非未尝见狐者，必未尝见狸也。狐狸非异，同类也，而谓狐狸，则不知狐狸。是故谓不肖者贤，则必不知贤；谓贤者不肖，则必不知不肖者矣。

圣人在上，则民乐其治，在下则民慕其意；小人在上位，如寝关曝纩，不得须臾宁。故《易》曰："乘马班如，泣血涟如。"言小人处非其位，不可长也。

物莫无所(不)用。天雄乌喙，药之凶毒也，良医以活人。侏儒瞽师，人之困慰者也，人主以备乐。是故圣人制其剟材，无所不用矣。

勇士一呼，三军皆辟，其出之也诚。故倡而不和，意而不戴，中心必有不合者也。故舜不降席而(王)〔匡〕天下者，求诸己也。故上多故则民多诈矣。身曲而景直者，未之闻也。

说之所不至者，容貌至焉。容貌之所不至者，感或至焉。感乎心，明乎智，发而成形，精之至也。可以形势接，而不可以昭誋。

戎翟之马，皆可以驰驱，或近或远，唯造父能尽其力；三苗之民，皆可使忠信，或贤或不肖，唯唐虞能齐其美，必有不传者。中行缪伯手搏虎而不能生也，盖力优而(克)〔德〕不能(及)〔服〕也。用百人之所能，则得百人之力；举千人之所爱，则得千人之心。譬若伐树而引其本，千枝万叶则莫得弗从也。

慈父之爱子，非为报也，不可内解于心；圣人之养民，非求用也，性不能已。若火之自热，冰之自寒，夫有何修焉？及恃其力，赖其功者，若失火舟中。故君子见始斯知终矣。媒妁誉人，而莫之德也。取庸而强饭之，莫之爱也。虽亲父慈母不加于此，有以为则恩不接矣。故送往者非所以迎来也,施死者非专为生也。诚出于己,则所动者远矣。

锦绣登庙,贵文也。圭璋在前,尚质也。文不胜质之谓君子。故终年为车,无三寸之辖,不可以驱驰;匠人斫户,无一尺之楗,不可以闭藏。故君子行(斯)〔期〕乎其所结。

心之精者,可以神化,而不可以导人。目之精者,可以消泽,而不可以昭認。在混冥之中,不可谕于人。故舜不降席而天下治,桀不下陛而天下乱,盖情甚乎叫呼也。无诸己,求诸人,古今未之闻也。同言而民信,信在言前也。同令而民化,诚在令外也。圣人在上,民迁而化,情以先之也。动于上不应于下者,情与令殊也。故《易》曰:"亢龙有悔。"三月婴儿,未知利害也,而慈母之爱谕焉者,情也。故言之用者,昭昭乎小哉;不言之用者,旷旷乎大哉!身君子之言,信也。中君子之意,忠也。忠信形于内,感动应于外,故禹执干戚舞于两阶之间而三苗服;鹰翔川,鱼鳖沉,飞鸟扬,必远害也。子之死父也,臣之死君也,世有行之者矣。非出死以要名也,恩心之藏于中,而不能违其难也。故人之甘甘,非正为蹠也,而蹠焉往;君子之惨怛,非正为伪形也,谕乎人心,非从外入,自中出者也。

义正乎君,仁亲乎父。故君之于臣也,能死生之,不能使为苟(简)易;父之于子也,能发起之,不能使无忧寻。故义胜君,仁胜父,则君尊而臣忠,父慈而子孝。

圣人在上,化育如神。太上曰:我其性与?其次曰:微彼其如此乎?故《诗》曰:"执辔如组。"《易》曰:"含章可贞。"动于近,成文于远。夫察所夜行,周公〔不〕惭乎景,故君子慎其独也。释近斯远塞矣。

闻善易,以正身难。夫子见禾之三变也,滔滔然曰:"狐乡丘而死,我其首禾乎?"故君子见善则痛其身焉,身苟正,怀远易矣。故《诗》曰:"弗躬弗亲,庶民弗信。"

小人之从事也曰苟得,君子曰苟义。所求者同,所期者异乎!

击舟水中,鱼沉而鸟扬。同闻而殊事,其情一也。僖负羁以壶(餐)〔飧〕表其闾,赵宣孟以束脯免其躯。礼不隆而德有余;仁心之感,恩接而憯怛生。故其入人深,俱之叫呼也。

在家老则为恩厚,其在责人则生争斗。故曰:兵莫憯于意志,莫邪为下;寇莫大于阴阳,枹鼓为小。

圣人为善,非以求名,而名从之;名不与利期,而利归之。故人之忧喜,非为蹝蹝为焉往生也。故至人不容。故若眯而抚,若跌而据。

圣人之为治,漠然不见贤焉,终而后知其可大也,若日之行,骐骥不能与之争远。今夫夜有求,与瞽师并,东方开,斯照矣。

动而有益,则损随之。故《易》曰:“剥之不可遂尽也。故受之以复。”

积薄为厚,积卑为高。故君子日孳孳以成辉,小人日怏怏以至辱,其消息也,离朱弗能见也。文王闻善如不及,宿不善如不祥,非为日不足也,其忧寻推之也。故《诗》曰:“周虽旧邦,其命维新。”怀情抱质,天弗能杀,地弗能埋也。声扬天地之间,配日月之光,甘乐之者也。苟乡善,虽过无怨;苟不乡善,虽忠来患。故怨人不如自怨,求诸人不如求诸己(得)也。

声自召也,貌自示也,名自命也,文自官也,无非己者。操锐以刺,操刃以击,何怨乎人?故筦子,文锦也,虽丑登庙;子产,练染也,美而不尊。虚而能满,淡而有味,被褐怀玉者。故两心不可以得一人,一心可以得百人。

男子树兰,美而不芳;继子得食,肥而不泽;情不相与往来也。生所假也,死所归也,故弘演直仁而立死,王子闾张掖而受刃,不以所托害所归也。故世治则以义卫身,世乱则以身卫义。死之日,行之终也。故君子慎一用之。

无勇者,非先慑也,难至而失其守也。贪婪者,非先欲也,见利而忘其害也。虞公见垂棘之璧,而不知虢祸之及己也。故至道之人,不可遏夺也。

人之欲荣也,以为己也,于彼何益?圣人之行义也,其忧寻出乎中也,于己何以利?故帝王者多矣,而三王独称;贫贱者多矣,而伯夷独举。以贵为圣乎?则(圣)〔贵〕者众矣。以贱为仁乎?则贱者多矣。何圣、仁之寡也?独专之意,乐哉忽乎!日滔滔以自新,忘老之及己也。始乎叔季,归乎伯孟,必此积也。不(身)〔自〕遁,斯亦不遁人。故若行独梁,不为无人不兢其容。故使人信己者易,而蒙衣自信者难。情先动,动无不得,无不得则无窖,发窖而后快。故唐虞之举错也,非以偕情也,快己而天下治;桀、纣非正贼之也,快己而百事废。喜憎议而治乱分矣。

圣人之行,无所合,无所离,譬若鼓无所与调,无所不比。丝竾金石,小大修短有叙,异声而和。君臣上下,官职有差,殊事而调。夫织者日以进,耕者日以却,事相反,成功一也。申喜闻乞人之歌而悲,出而视之,其母也。艾陵之战也,夫差曰:"夷声阳,句吴其庶乎?"同是声而取信焉异,有诸情也。故心哀而歌不乐,心乐而哭不哀。〔闵子骞三年之丧毕,援琴而弹。〕夫子曰:"弦则是也,其声非也。"文者所以接物也,情系于中,而欲发外者也。

以文灭情,则失情;以情灭文,则失文。文情理通,则凤麟极矣,言至德之怀远也。输子阳谓其子曰:"良工渐乎矩凿之中。"矩凿之中,固无物而不周。圣王以治民,造父以治马,医骆以治病,同材而各自取焉。上意而民载,诚中者也。未言而信,弗召而至,或先之也。伋于不己知者,不自知也。矜(怚)〔怚〕生于不足,华诬生于矜。诚中之人,乐而不伋,如鸮好声,熊之好经,夫有谁为矜?

春女思,秋士悲,而知物化矣。号而哭,叽而哀,而知声动矣。容貌颜色,理诎倪倨,徇知情伪矣。故圣人栗栗乎其内,而至乎至极矣。

功名遂成，天也；循理受顺，人也。太公望、周公旦，天非为武王造之也。崇侯、恶来，天非为纣生之也。有其世，有其人也。

教本乎君子，小人被其泽；利本乎小人，君子享其功。昔东户季子之世，道路不拾遗，耒耜余粮，宿诸亩首，使君子小人各得其宜也。故一人有庆，兆民赖之。

凡高者贵其左，故下之于上曰左之，臣辞也；下者贵其右，故上之于下曰右之，君让也。故上左(迁)〔还〕，则失其所尊也；臣右还，则失其所贵矣。

小快害道，斯须害仪。子产腾辞，狱繁而无邪。失诸情者，则塞于辞矣。

成国之道，工无伪事，农无遗力，士无隐行，官无失法。譬若设网者，引其纲而万目开矣。舜、禹不再受命，尧、舜传大焉，先形乎小也。刑于寡妻，至于兄弟，禅于家国，而天下从风。故戎兵以大知小，人以小知大。

君子之道，近而不可以至，卑而不可以登，无载焉而不胜，(大)〔久〕而章，远而隆，知此之道不可求于人，斯得诸己也。释己而求诸人，去之远矣。

君子者乐有余而名不足，小人乐不足而名有余。观于有余不足之相去，昭然远矣。含而弗吐，在情而不萌者，未之闻也。君子思义而不虑利，小人贪利而不顾义。子曰："钧之哭也，曰：子予奈何兮乘我何？其哀则同，其所以哀则异。"故哀乐之袭人情也深矣，凿地漂池，非止以劳苦民也，各从其蹠而乱生焉，其载情一也，施人则异矣。故唐虞日孳孳以致于王，桀纣日快快以致于死，不知后世之讥己也。

凡人情说其所苦即乐，失其所乐则哀，故知生之乐，必知死之哀。

有义者不可欺以利，有勇者不可劫以惧，如饥渴者不可欺以虚器也。人多欲亏义，多忧害智，多惧害勇。

熳生乎小人，蛮夷皆能之；善生乎君子，诱然与日月争光，天下弗能遏夺。故治国乐其所以存，亡国亦乐其所以亡也。

金锡不消释则不流刑，上忧寻不诚则不法民。忧寻不在民，则是绝民之系也。君反本而民系固也。

至德，小节备，大节举。齐桓举而不密，晋文密而不举。晋文得之乎闺内，失之乎境外；齐桓失之乎闺内，而得之本朝。

水下流而广大，君下臣而聪明。君不与臣争功，而治道通矣。管夷吾、百里奚经而成之，齐桓、秦穆受而听之。

照惑者以东为西，惑也，见日而寤矣。

卫武侯谓其臣曰："小子无谓我老而羸我。有过必谒之。"是武侯如弗羸之必得羸，故老而弗舍，通乎存亡之论者也。

人无能作也，有能为也；有能为也，而无能成也。人(之为)〔为之〕，天成之。终身为善，非天不行；终身为不善，非天不亡。故善否，我也；祸福，非我也。故君子顺其在己者而已矣。性者所受于天也。命者所遭于时也。有其材不遇其世，天也。太公何力？比干何罪？循性而行止，或害或利，求之有道，得之在命。故君子能为善，而不能必(其得)〔得其〕福；不忍为非，而未能必免其祸。

君，根本也；臣，枝叶也。根本不美，枝叶茂者，未之闻也。

有道之世，以人与国；无道之世，以国与人。尧王天下而忧不解，授舜而忧释。忧而守之，而乐与贤，终不私其利矣。

凡万物有所施之，无小不可为；无所用之，碧瑜粪土也。

人之情，于害之中争取小焉，于利之中争取大焉。故同味而嗜厚膊者，必其甘之者也；同师而超群者，必其乐之者也；弗甘弗乐而能为表者，未之闻也。

君子时则进，得之以义，何幸之有！不时则退，让之以义，何不幸之有！故伯夷饿死首阳之下，犹不自悔，弃其所贱，得其所贵也。

福之萌也绵绵，祸之生也(分分)〔介介〕。祸福之始萌微，故民嫚之。唯圣人见其始而知其终，故《传》曰：鲁酒薄而邯郸围，羊羹不斟而宋国危。

明主之赏罚，非以为己也，以为国也。适于己而无功于国者，不施赏焉；逆于己便于国者，不加罚焉。故楚庄谓共雍曰："有德者受吾爵禄，有功者受吾田宅。是二者女无一焉。吾无以与女。"可谓不逾于理乎；其谢之也，犹未之莫与！

周政至，殷政善，夏政行。行政〔未必〕善，善〔政〕未必至也。至至之人，不慕乎行，不惭乎善。含德履道，而上下相乐也，不知其所由然。

有国者多矣，而齐桓、晋文独名；泰山之上有七十坛焉，而三王独道。君不求诸臣，臣不假之君；修近弥远，而后世称；其大不越邻，而成章而莫能至焉。故孝己之礼可为也，而莫能夺之名也，必不得其所怀也。

义载乎宜之谓君子，宜遗乎义之谓小人。通智得而不劳，其次劳而不病，其下病而不劳。古人味而弗贪也，今人贪而弗味。歌之修其音也，音之不足于其美者也，金石丝竹助而奏之，犹未足以至于极也。人能尊道行义，喜怒取予，欲如草之从风。

召公以桑蚕耕种之时弛狱出拘，使百姓皆得反业修职，文王辞千里之地而请去炮烙之刑，故圣人之举事也，进退不失时，若夏就絺绤，上车授绥之谓也。

老子学商容，见舌而知守柔矣。列子学壶子，观景柱而知持后矣。故圣人不为物先，而常制之其类，若积薪樵，后者在上。

人以义爱，以党群，以群强，是故德之所施者博，则威之所行者远；义之所加者浅，则武之所制者小矣。

(矣)〔吴〕铎以声自毁，膏烛以明自铄，虎豹之文来射，猨狖之捷来措。故子路以勇死，苌宏以智困：能以智知，而未能以智不知也。故行险者不得履绳，出林者不得直道，夜行瞑目而前其手，事有所至而明有所害。人能贯冥冥入于昭昭,可与言至矣。

鹊巢知风之所起,獭穴知水之高下,晖(目)〔日〕知晏,阴谐知雨,为是谓人智不如鸟兽则不然。故通于一伎,察于一辞,可与曲说,未可与广应也。

宁戚击牛角而歌,桓公举以〔为〕大(政)〔田〕;雍门子以哭见孟尝君,〔孟尝君〕涕流沾缨。歌哭,众人之所能为也;一发声入人耳,感人心,情之至者也。故唐虞之法可效也,其谕人心不可及也。

简公以懦杀,子阳以猛劫,皆不得其道者也。故歌而不比于律者,其清浊一也。绳之外与绳之内,皆失直者也。

纣为象箸而箕子叽,鲁以偶人葬而孔子叹,见所始则知所终,故水出于山入于海,稼生乎野而藏乎仓。圣人见其所生,则知其所归矣。

水浊者鱼噞,令苛者民乱,城峭者必崩,岸(崝)〔峻〕者必陀。故商鞅立法而支解,吴起刻削而车裂。

治国譬若张瑟,大弦组则小弦绝矣。故急辔数策者,非千里之御也。有声之声,不过百里;无声之声,施于四海。是故禄过其功者损,名过其实者蔽;情行合而名副之,祸福不虚至矣。身有丑梦,不胜正行;国有妖祥,不胜善政。是故前有轩冕之赏,不可以无功取也;后有斧钺之禁,不可以无罪蒙也。素修正者,弗离道也。

君子不谓小善不足为也而舍之,小善积而为大善;不谓小不善为无伤也而为之,小不善积而为大不善。是故积羽沉舟,群轻折轴,故君子禁于微。壹快不足以成善,积快而为德;壹恨不足以成非,积恨而成(怨)〔恶〕。故三代之称,千岁之积誉也,桀纣之(谤)〔恶〕,千岁之积毁也。

天有四时,人有四用。何谓四用?视而形之,莫明于目;听而精之,莫聪于耳;重而闭之,莫固于口;含而藏之,莫深于心。目见其形,耳听其声,口言其诚,而心致之精,则万物之化咸有极矣。

地以德广,君以德尊,上也。地以义广,君以义尊,次也。地以强广,君以强尊,下也。故粹者王,驳者霸,无一焉者亡。

昔二皇凤(皇)至于庭,三代至乎门,周室至乎泽。德弥粗,所至弥远;德弥精,所至弥近。

君子诚仁,施亦仁,不施亦仁;小人诚不仁,施亦不仁,不施亦不仁。善之由我与其由人,若仁德之盛者也。故情胜欲者昌,欲胜情者亡。

欲知天道察其数,欲知地道物其树,欲知人道从其欲。勿惊勿骇,万物将自理;勿挠勿撄,万物将自清。察一曲者,不可与言化;审一时者,不可与言大。日不知夜,月不知昼,日月为明,而弗能兼也,唯天地能函之。能包天地,曰唯无形者也。

骄溢之君无忠臣,口慧之人无必信,交拱之木无把之枝,寻常之沟无吞舟之鱼。根浅则末短,本伤则枝枯。福生于无为,患生于多欲,害生于弗备,秽生于弗耨。圣人为善若恐不及,备祸若恐不免。蒙尘而欲毋眯,涉水而欲无濡,不可得也。是故知己者不怨人,知命者不怨天。福由己发,祸由己生。圣人不求誉,不辟诽,正身直行,众邪自息。今释正而追曲,倍是而从众,是与俗俪走而内行无绳,故圣人反己而弗由也。

道之有篇章形埒者,非至者也,尝之而无味,视之而无形,不可传于人。

大戟去水,亭历愈张,用之不节,乃反为病,物多类之而非,唯圣人知其微。

善御者不忘其马,善射者不忘其弩,善为人上者不忘其下。诚能爱而利之,天下可从也。弗爱弗利,亲子叛父。

天下有至贵而非势位也,有至富而非金玉也,有至寿而非千岁也。原心反性,则贵矣;适情知足,则富矣;明死生之分,则寿矣。

言无常是,行无常宜者,小人也。察于一事,通于一伎者,中人也。兼覆(盖)而并有之,(度)伎能而裁使之者,圣人也。

卷十一　齐俗训

率性而行谓之道，得其天性谓之德。(性)〔德〕失然后贵仁，道失然后贵义。是故仁义立而道德迁矣，礼乐饰则纯朴散矣，是非形则百姓眩矣，珠玉尊则天下争矣。凡此四者，衰世之造也，末世之用也。

夫礼者所以别尊卑，异贵贱；义者所以合君臣、父子、兄弟、夫妻、朋友之际也。今世之为礼者，恭敬而忮；为义者，布施而德。君臣以相非，骨肉以生怨，则失礼义之本也。故构而多责。夫水积则生相食之鱼，土积则生自冗之兽，礼义饰则生伪匿之(本)〔士〕。夫吹灰而欲无眯，涉水而欲无濡，不可得也。古者民童蒙不知东西，貌不羡乎情，而言不溢乎行，其衣(致)暖而无文，其兵(戈)铢而无刃，其歌乐而无转，其哭哀而无声，凿井而饮，耕田而食，无所施其美，亦不求得。亲戚不相毁誉，朋友不相怨德。及至礼义之生，货财之贵，而诈伪萌兴，非誉相纷，怨德并行，于是乃有曾参孝己之美，而生盗跖庄跻之邪。故有大路龙旂，羽盖垂绥，结驷连骑，则必有穿窬拊楗、(抽箕)〔扣墓〕逾备之奸；有诡文繁绣，弱緆罗纨，必有菅屩跐踦、短褐不完者。故高下之相倾也，短修之相形也，亦明矣。

夫虾蟆为鹑，水虿为蟌莣，皆生非其类，唯圣人知其化。夫胡人见黂，不知其可以为布也。越人见毳，不知其可以为旃也。故不通于物者，难与言化。

昔太公望、周公旦受封而相见，太公望问周公曰："何以治鲁？"周公曰："尊尊亲亲。"太公曰："鲁从此弱矣。"周公问太公曰："何以治齐？"太公曰："举贤而上功。"周公曰："后世必有劫杀之君。"其后齐日以大,至于霸,二十四世而田氏代之。鲁日以削,至三十二世而亡。故《易》曰:“履霜坚冰至。”圣人之见终始微(言)〔矣〕。故糟丘生乎象箸,炮烙(生)〔始〕乎热斗。子路撜溺而受牛谢,孔子曰:“鲁国必好救人于患〔矣〕。”子赣赎人而不受金于府,孔子曰:“鲁国不复赎人矣。”子路受而劝德,子赣让而止善,孔子之明,以小知大,以近知远,通于论者也。

由此观之,廉有所在,而不可公行也。故行齐于俗,可随也。事周于能,易为也。矜伪以惑世,伉行以违众,圣人不以为民俗。广厦阔屋,连闼通房,人之所安也,鸟入之而忧。高山险阻,深林丛薄,虎豹之所乐也,人入之而畏。川谷通原,积水重泉,鼋鼍之所便也,人入之而死。《咸池》《承云》,《九韶》《六英》,人之所乐也,鸟兽闻之而惊。深溪峭岸,峻木寻枝,猨狖之所乐也,人上之而慄。形殊性诡,所以为乐者乃所以为哀,所以为安者乃所以为危也。乃至天地之所覆载,日月之所照谌,使各便其性,安其居,处其宜,为其能。故愚者有所修,智者有所不足。

柱不可以摘齿,(筐)〔筳〕不可以持屋,马不可以服重,牛不可以追速,铅不可以为刀,铜不可以为弩,铁不可以为舟,木不可以为釜,各用之于其所适,施之于其所宜,即万物一齐而无由相过。夫明镜便于照形,其于以(函)〔承〕食不如(箪)〔竹箅〕,牺牛(粹)〔骍〕毛宜于庙牲,其于以致雨不若黑蜧。由此观之,物无贵贱,因其所贵而贵之,物无不贵也;因其所贱而贱之,物无不贱也。

夫玉璞不厌厚,角觡不厌薄,漆不厌黑,粉不厌白,此四者相反也。所急则均,其用〔则〕一也。今之裘与蓑孰急?见雨则裘不用,升堂则蓑不御,此代为常者也。譬若舟、车、楯、肆、穷庐,故有所宜也。故老子曰“不上贤”者,言不致鱼于木,沉鸟于渊。

故尧之治天下也,舜为司徒,契为司马,禹为司空,后稷为大田师,奚仲为工。其导万民也,水处者渔,山处者木,谷处者牧,陆处者农;地宜其事,事宜其械,械宜其用,用宜其人;泽皋织网,陵阪耕田,得以所有易所无,以所工易所拙。是故离叛者寡,而听从者众。譬若播棋丸于地,员者走泽,方者处高,各从其所安,夫有何上下焉?若风之遇箫,忽然感之,各以清浊应矣。

夫猨狖得茂木,不舍而穴,狟狢得埵防,弗去而缘。物莫避其所利,而就其所害。是故邻国相望,鸡狗之音相闻,而足迹不接诸侯之境,车轨不结千里之外者,皆各得其所安。故乱国若盛,治国若虚,(亡)〔存〕国若不足,(存)〔亡〕国若有余。虚者,非无人也,皆守其职也。盛者,非多人也,皆徼于末也。(有余者,非多财也,)〔不足者,非无货也,〕欲节事寡也。(不足者,非无货也,)〔有余者,非多财也,〕民躁而费多也。故先王之法籍,非所作也,其所因也;其禁诛,非所为也,其所守也。

凡(以物)治物者不以物,以睦;治睦者不以睦,以人;治人者不以人,以君;治君者不以君,以欲;治欲者不以欲,以性;治性者不以性,以德;治德者不以德,以道。

原人之性芜秽而不得清明者,物或堁之也。羌氏僰翟,婴儿生皆同声,及其长也,虽重象狄騠不能通其言,教俗殊也。今三月婴儿生而徙国,则不能知其故俗。由此观之,衣服礼俗者,非人之性也,所受于外也。夫竹之性浮,残以为牒,束而投之水则沉,失其体也。金之性沉,托之于舟上则浮,势有所支也。夫素之质白,染之以涅则黑;缣之性黄,染之以丹则赤;人之性无邪,久湛于俗则易。易而忘本,合于若性。故日月欲明,浮云盖之;河水欲清,沙石濊之;人性欲平,嗜欲害之,惟圣人能遗物而反己。夫乘舟而惑者,不知东西,见斗极则寤矣。夫性亦人之斗极也,有以自见也,则不失物之情,无以自见,则动而惑营。譬若陇西之游,愈躁愈沉。孔子谓颜回曰:“吾服汝也忘,而汝服于我也亦忘。虽然,汝虽忘乎,吾犹有不忘者存。”孔子知其本也。夫纵欲而失性,动未尝正也,以治身则危,以治国则乱,以入军则破。是故不闻道者,无以反性。

故古之圣王,能得诸己,故令行禁止,名传后世,德施四海。是故凡将举事,必先平意清神。神清意平,物乃可正。若玺之抑埴,正与之正,倾与之倾。故尧之举舜也,决之于目,桓公之取宁戚也,断之于耳而已矣。为是释术数而任耳目,其乱必甚矣。夫耳目之可以断也,反情性也。听失于诽誉而目淫于采色,而欲得事正则难矣。夫载哀者闻歌声而泣,载乐者见哭者而笑,哀可乐(者)、笑可哀者,载使然也。是故贵虚。

故水击则波兴,气乱则智昏。智昏不可以为政,波水不可以为平。故圣王执一而勿失,万物之情(既)〔测〕矣,四夷九州服矣。夫一者至贵、无适于天下。圣人托于无适,故民命系矣。

为仁者必以哀乐论之,为义者必以取予明之。目所见不过十里,而欲遍照海内之民,哀乐弗能给也。无天下之委财,而欲遍赡万民,利不能足也。且喜怒哀乐,有感而自然者也。故哭之发于口,涕之出于目,此皆愤于中而形于外者也,譬若水之下流、烟之上寻也,夫有孰推之者?故强哭者虽病不哀,强亲者虽笑不和。情发于中而声应于外,故釐负羁之壶餐,愈于晋献公之垂棘;赵宣孟之束脯,贤于智伯之大钟。故礼丰不足以效爱,而诚心可以怀远。

故公西华之养亲也,若与朋友处;曾参之养亲也,若事严主烈君。其于养一也。故胡人弹骨,越人契臂,中国歃血也,所由各异,其于信一也。三苗髽首,羌人括领,中国冠笄,越人劗鬋,其于服一也。帝颛顼之法,妇人不辟男子于路者,拂之于四达之衢,今之国都,男女切踦,肩摩于道,其于俗一也。故四夷之礼不同,皆尊其主而爱其亲、敬其兄;猃狁之俗相反,皆慈其子而严其上。夫鸟飞成行,兽处成群,有孰教之?

故鲁国服儒者之礼,行孔子之术,地削名卑,不能亲近来远。越王勾践劗发文身,无皮弁搢笏之服、拘罢拒折之容,然而胜夫差于五湖,南面而霸天下,泗上十二诸侯皆率九夷以朝。胡貉匈奴之国,纵体拖发,箕倨反言而国不亡者,未必无礼也。楚庄王裾衣博袍,令行乎天下,遂霸诸侯。晋文君大布之衣,牂羊之裘,韦以带剑,威立于海内,岂必邹鲁之礼之谓礼乎?是故入其国者从其俗,入其家者避其讳。不犯禁而入,不忤逆而进,虽之夷狄徒倮之国,结轨乎远方之外,而无所困矣。

礼者实之文也,仁者恩之效也。故礼因人情而为之节文,而仁发怲以见容,礼不过实,仁不溢恩也,治世之道也。夫三年之丧,是强人所不及也,而以伪辅情也。三月之服,是绝哀而迫切之性也。夫儒墨不原人情之终始,而务以行相反之制,五缞之服。悲哀抱于情,葬埋称于养,不强人之所不能为,不绝人之所〔不〕能已。度量不失于适,诽誉无所由生。古者非不知繁升降槃还之礼也,蹀《采齐》《肆夏》之容也,以为旷日烦民而无所用;故制礼足以佐实喻意而已矣。古者非不能陈钟鼓,盛筦箫,扬干戚,奋羽旄,以为费财乱政;制乐足以合欢宣意而已,喜不羡于音。非不能竭国麋民,虚府殚财,含珠鳞施,纶组节束,追送死也,以为穷民绝业而无益于槁骨腐肉也,故葬埋足以收敛盖藏而已。昔舜葬苍梧,市不变其肆;禹葬会稽之山,农不易其亩;明乎生死之分,通乎侈俭之适者也。乱国则不然,言与行相悖,情与貌相反,礼饰以烦,乐优以淫,崇死以害生,久丧以招行,是以风俗浊于世而诽誉萌于朝,是故圣人废而不用也。

义者循理而行宜也,礼者体情制文者也。义者宜也,礼者体也。昔有扈氏为义而亡,知义而不知宜也。鲁治礼而削,知礼而不知体也。有虞氏之(祀)〔礼〕,其社用土,祀中霤,葬成亩,其乐《咸池》《承云》《九韶》;其服尚黄。夏后氏〔之礼〕,其社用松,祀户,葬墙置翣;其乐夏籥九成、六佾、《六列》《六英》;其服尚青。殷人之礼,其社用石,祀门,葬树松;其乐《大濩》《晨露》;其服尚白。周人之礼,其社用栗,祀灶,葬树柏;其乐《大武》《三象》《棘下》;其服尚赤。礼乐相诡，服制相反，然而皆不失亲疏之恩，上下之伦。今握一君之法籍，以非传代之俗，譬由胶柱而调瑟也。

故明王制礼义而为衣，分节行而为带。衣足以覆形，从《典》《坟》，虚循挠，便身体，适行步，不务于奇丽之容，隅眥之削。带足以结纽收衽，束牢连固，不亟于为文句疏短之鞵。故制礼义，行至德，而不拘于儒墨。

所谓明者，非谓其见彼也，自见而已。所谓聪者，非谓闻彼也，自闻而已。所谓达者，非谓知彼也，自知而已。是故身者道之所托，身得则道得矣。道之得也，以视则明，以听则聪，以言则公，以行则从。故圣人裁制物也，犹工匠之斫削凿枘也，宰庖之切割分别也，曲得其宜而不折伤。拙工则不然，大则塞而不入，小则窕而不周，动于心、枝于手而愈丑。夫圣人之斫削物也，剖之判之，离之散之，已淫已失，复揆以一，既出其根，复归其门，已雕已琢，还反于朴，合而为道德，离而为仪表，其转入玄冥，其散应无形。礼义节行，又何以穷至治之本哉？

世之明事者，多离道德之本，曰礼义足以治天下，此未可与言术也，所谓礼义者，五帝三王之法籍，风俗一世之迹也。譬若刍狗土龙之始成，文以青黄，绢以绮绣，缠以朱丝；尸祝袀袨，大夫端冕，以送迎之。及其已用之后，则壤土草蓟而已，夫有孰贵之？故当舜之时，有苗不服，于是舜修政偃兵，执干戚而舞之。禹之时，天下大(雨)〔水〕，禹令民聚土积薪，择丘陵而处之。武王伐纣，载尸而行，海内未定，故不为三年之丧(始)。禹遭洪水之患，陂塘之事，故朝死而暮葬。此皆圣人之所以应时耦变，见形而施宜者也。今之修干戚而笑鑁插，知三年非一日，是从牛非马，以徵笑羽也。以此应化，无以异于弹一弦而会《棘下》。

夫以一世之变，欲以耦化应时，譬犹冬被葛而夏被裘。夫一仪不可以百发，一衣不可以出岁。仪必应乎高下，衣必适乎寒暑，是故世异则事变，时移则俗易。故圣人论世而立法，随时而举事。尚古之王，封于泰山，禅于梁父，七十余圣，法度不同，非务相反也，时世异也。是故不法其已成之法，而法其所以为法。所以为法者，与化推移者也。夫能与化推移(为人)者，至贵在焉尔。故狐梁之歌可随也，其所以歌者不可为也；圣人之法可观也，其所以作法不可原也；辩士〔之〕言可听也，其所以言不可形也。淳均之剑不可爱也，而欧冶之巧可贵也。今夫王乔、赤诵子，吹呕呼吸，吐故内新，遗形去智，抱素反真，以游玄眇，上通云天；今欲学其道，不得其养气处神，而放其一吐一吸，时诎时伸，其不能乘云升假亦明矣。五帝三王，轻天下，细万物，齐死生，同变化，抱大圣之心，以镜万物之情，上与神明为友，下与造化为人；今欲学其道，不得其清明玄圣，而守其法籍宪令，不能为治亦明矣。故曰得十利剑，不若得欧冶之巧；得百走马，不若得伯乐之数。

朴至大者无形状，道至眇者无度量。故天之圆也不(得)〔中〕规；地之方也不(得)〔中〕矩。往古来今谓之宙，四方上下谓之宇，道在其间而莫知其所。故其见不远者，不可与语大；其智不闳者，不可与论至。昔者冯夷得道以潜大川，钳且得道以处昆仑，扁鹊以治病，造父以御马，羿以之射，倕以之斫，所为者各异，而所道者一也。夫禀道以通物者，无以相非也，譬若同陂而溉田，其受水均也。今屠牛而烹其肉，或以(为)酸，或以(为)甘，煎熬燎炙，齐(味)〔和〕万方，其本一牛之体；伐楩楠豫樟而剖梨之，或为棺椁，或为柱梁，披断拨檖，所用万方，然一木之朴也。故百家之言，指奏相反，其合道一(体)也，譬若丝竹金石之会乐同也，其曲家异而不失于体。伯乐、韩风、秦牙、管青，所相各异，其知马一也。故三皇五帝法籍殊方，其得民心均也。故汤入夏而用其法，武王入殷而行其礼，桀纣之所以亡，而汤武之所以为治。

故剞劂销锯陈，非良工不能以制木；炉橐埵坊设，非巧冶不能以治金。屠牛(吐)〔坦〕一朝解九牛,而刀〔可〕以剃毛;庖丁用刀十九年,而刀如新剖硎。何则?游乎众虚之间。若夫规矩钩绳者,此巧之具也,而非所以〔为〕巧也。故瑟无弦,虽师文不能以成曲,徒弦则不能悲。故弦,悲之具也,而非所以为悲也。若夫工匠之为连钒运开,阴闭眩错,入于冥冥之眇,神调之极,游乎心手(众虚)之间,而莫与物为际者,父不能以教子;瞽师之放意相物,写神愈舞,而形乎弦者,兄不能以喻弟。今夫为平者准也,为直者绳也。若夫不在于绳准之中,可以平直者,此不共之术也。故叩宫而宫应,弹角而角动,此同音之相应也。其于五音无所比,而二十五弦皆应,此不传之道也。故萧条者形之君,而寂寞者音之主也。

天下是非无所定,世各是其所是而非其所非,所谓是与非各异,皆自是而非人。由此观之,事有合于己者,而未始有是也。有忤于心者,而未始有非也。故求是者,非求道理也,求合于己者也;去非者,非批邪施也,去忤于心者也。忤于我,未必不合于人也;合于我,未必不非于俗也。至是之是无非,至非之非无是,此真是非也。若夫是于此而非于彼,非于此而是于彼者,此之谓一是一非也。此一是非,隅曲也;夫一是非,宇宙也。今吾欲择是而居之,择非而去之,不知世之所谓是非者,(不知)孰是孰非?

老子曰:"治大国若烹小鲜。"为宽裕者曰:勿数挠。为刻削者曰:致其鹹酸而已矣。晋平公出言而不当,师旷举琴而撞之,跌衽宫壁,左右欲涂之,平公曰:"舍之,以此为寡人失。"孔子闻之曰:"平公非不痛其体也,欲来谏者也。"韩子闻之曰:"群臣失礼而弗诛,是纵过也。有以也夫,平公之不霸也。"故宾有见人于宓子者,宾出,宓子曰:"子之宾独有三过:望我而笑,是攓也;谈语而不称师,是返也;交浅而言深,是乱也。"宾曰:"望君而笑,是公也;谈语而不称师,是通也;交浅而言深,是忠也。"故宾之容一体也,或以为君子,或以为小人,所自视之异也。故趣舍合即言忠而益亲,身疏即谋当而见疑。

亲母为其子治疕秃，而血流至耳，见者以为其爱之至也，使在于继母，则过者以为嫉也。事之情一也，所从观者异也。从城上视牛如羊，视羊如豕，所居高也。窥面于盘水则员，于杯则隋，面形不变其故，有所员有所隋者，所自窥之异也。今吾虽欲正身而待物，庸遽知世之所自窥我者乎？若转化而与世竞走，譬犹逃雨也，无之而不濡，常欲在于虚，则有不能为虚矣。若夫不为虚而自虚者，此所慕而不能致也。

故通于道者如车轴，不运于己，而与毂致千里，转无穷之原也。不通于道者若迷惑，告以东西南北，所居聆聆，一曲而辟，(然忽)〔忽然〕不得，复迷惑也。故终身隶于人，譬若(伣)〔綄〕之见风也，无须臾之间定矣。故圣人体道反性，不化以待化，则几于免矣。

治世之(体)〔职〕易守也，其事易为也，其礼易行也，其责易偿也。是以人不兼官，官不兼事，士农工商，乡别州异，是故农与农言力，士与士言行，工与工言巧，商与商言数。是以士无遗行，农无废功，工无苦事，商无折货，各安其性，不得相干，故伊尹之兴土功也，修胫者使之跖钁，强脊者使之负土，眇者使之准，伛者使之涂，各有所宜，而人性齐矣。胡人便于马，越人便于舟，异形殊类，易事而悖，失处而贱，得势而贵，圣人总而用之，其数一也。

夫先知远见，达视千里，人才之隆也，而治世不以责于民；博闻强志，口辩辞给，人智之美也，而明主不以求于下；敖世轻物，不污于俗，士之伉行也，而治世不以为民化；神机阴闭，剞劂无迹，人巧之妙也，而治世不以为民业。故苌弘、师旷先知祸福，言无遗策，而不可与众同职也；公孙龙折辩抗辞，别同异，离坚白，不可与众同道也；北人无择非舜而自投清泠之渊，不可以为世仪；鲁般墨子以木为鸢而飞之，三日不集，而不可使为工也。故高不可及者，不可以为人量；行不可逮者，不可以为国俗。

夫挈轻重不失铢两，圣人弗用，而县之乎铨衡；视高下不差尺寸,明主弗任,而求之乎浣准。何则？人才不可专用,而度量可世传也。故国治可与愚守也,而军制可与权用也。夫待腰袅、飞兔而驾之,则世莫乘车,待西施、毛嫱而为配,则终身不家矣。然非待古之英俊而人自足者,因所有而并用之。夫骐骥千里,一日而通,驽马十舍,旬亦至之。由是观之,人材不足专恃,而道术可公行也。乱世之法,高为量而罪不及,重为任而罚不胜,危为(禁)〔难〕而诛不敢。民困于三责,则饰智而诈上,犯邪而干免,故虽峭法严刑不能禁其奸。何者？力不足也。故谚曰:鸟穷则啄,兽穷则触,人穷则诈,此之谓也。

道德之论,譬犹日月也,江南河北,不能易其指;驰骛千里,不能(易)〔改〕其处。趋舍礼俗,犹室宅之居也,东家谓之西家,西家谓之东家,虽皋陶为之理,不能定其处。故趋舍同,诽誉在俗;意行钧,穷达在时。汤武之累行积善,可及也。其遭桀纣之世,天授也。今有汤武之意,而无桀纣之时,而欲成霸王之业,亦不几矣。昔武王执戈秉钺以伐纣胜殷,搢笏杖殳以临朝。武王既殁,殷民叛之。周公践东宫,履乘石,摄天子之位,负扆而朝诸侯,放蔡叔,诛管叔,克殷残商,祀文王于明堂,七年而致政成王。夫武王先武而后文,非意变也,以应时也。周公放兄诛弟,非不仁也,以匡乱也。故事周于世则功成,务合于时则名立。

昔齐桓公合诸侯以乘车,退诛于国以斧钺;晋文公合诸侯以革车,退行于国以礼义。桓公前柔而后刚,文公前刚而后柔,然而令行乎天下,权制诸侯钧者,审于势之变也。颜阖,鲁君欲相之而不肯,使人以币先焉,凿培而遁之,为天下显武,使遇商鞅、申不害,刑及三族,又况身乎？世多称古之人而高其行,并世有与同者而弗知贵也,非才下也,时弗宜也。故六骐骥、四駃騠,以济江河,不若窾木便者,处(世)〔势〕然也。是故立功之人,简于行而谨于时。今世俗之人,以功成为贤,以胜患为智,以遭难为愚,以死节为戆,吾以为各致其所极而已。

王子比干非不知(箕子)被发佯狂以免其身也,然而乐直行尽忠以死节,故不为也。伯夷、叔齐非不能受禄任官以致其功也,然而乐离世伉行以绝众,故不务也。许由、善卷非不能抚天下宁海内以德民也,然而羞以物滑和,故弗受也。豫让、要离非不知乐家室安妻子以偷生也,然而乐推诚行必以死主,故不留也。今从箕子视比干,则愚矣;从比干视箕子,则卑矣;从管、晏视伯夷,则戆矣;从伯夷视管、晏,则贪矣。趋舍相非,嗜欲相反,而各乐其务,将谁使正之?曾子曰:"击舟水中,鸟闻之而高翔,鱼闻之而渊藏。"故所趋各异,而皆得所便。故惠子从车百乘以过孟诸。庄子见之,弃其余鱼。鹈胡饮水数斗而不足,鳝鲔入口若露而死;智伯有三晋而欲不澹,林类、荣启期衣若悬衰而意不慊。由此观之,则趣行各异,何以相非也。夫重生者不以利害己,立节者见难不苟免,贪禄者见利不顾身,而好名者非义不苟得。此相为论,譬犹冰炭钩绳也,何时而合?若以圣人为之中则兼覆而并之,未有可是非者也。夫飞鸟主巢,狐狸主穴,巢者巢成而得栖焉,穴者穴成而得宿焉。趋舍行义,亦人之所栖宿也。各乐其所安,致其所蹠,谓之成人。故以道论者,总而齐之。

治国之道,上无苛令,官无烦治,士无伪行,工无淫巧,其事经而不扰,其器完而不饰。乱世则不然,为行者相揭以高,为礼者相矜以伪;车舆极于雕琢,器用逐于刻镂;求货者争难得以为宝,诋文者处烦挠以为慧;争为佹辩,久稽而不诀,无益于治;工为奇器,历岁而后成,不周于用。故《神农之法》曰:丈夫丁壮而不耕,天下有受其饥者,妇人当年而不织,天下有受其寒者;故身自耕,妻亲织,以为天下先。其导民也,不贵难得之货,不器无用之物。是故其耕不强者,无以养生;其织不强者,无以掩形;有余不足,各归其身;衣食饶溢,奸邪不生;安乐无事,而天下均平。故孔丘、曾参无所施其善,孟贲、成荆无所行其威。

衰世之俗，以其知巧诈伪，饰众无用；贵远方之货，珍难得之财，不积于养生之具；浇天下之淳，析天下之朴，牿服马牛以为牢；滑乱万民，以清为浊；性命飞扬，皆乱以营；贞信漫澜，人失其情性。于是乃有翡翠犀象、黼黻文章以乱其目，刍豢黍粱、荆吴芬馨以嚂其口，钟鼓管箫丝竹金石以淫其耳，趋舍行义、礼节谤议以营其心。于是百姓糜沸豪乱，暮行逐利，烦挐浇浅，法与义相非，行与利相反，虽十管仲弗能治也。

且富人则车舆衣纂锦，马饰傅旄象，帷幕茵席，绮绣绦组，青黄相错，不可为象。贫人则夏被褐带索，含菽饮水以充肠，以支暑热；冬则羊裘解札，短褐不掩形，而炀灶口。故其为编户齐民无以异，然贫富之相去也，犹人君与仆虏，不足以论之。夫乘奇技伪邪施者，自足乎一世之间，守正修理不苟得者，不免乎饥寒之患，而欲民之去末反本，(由是)〔是由〕发其原而壅其流也。夫雕琢刻镂，伤农事者也。锦绣纂组，害女工者也，农事废，女工伤，则饥之本而寒之原也。夫饥寒并至，能不犯法干诛者，古今之未闻也。

故(仕)〔仁〕鄙在时不在行，利害在命不在智。夫败军之卒，勇武遁逃，将不能止也；胜军之陈，怯者死行，惧不能走也。故江河决(沉)〔流〕，一乡父子兄弟相遗而走，争升陵阪、上高丘，轻足先升，不能相顾也。世乐志平，见邻国之人溺，尚犹哀之，又况亲戚乎？故身安则恩及邻国，志为之灭；身危则忘其亲戚，而人不能解也。游者不能拯溺，手足有所急也。灼者不能救火，身体有所痛也。夫民有余即让，不足则争，让则礼义生，争则暴乱起。扣门求水〔火〕，莫弗与者，所饶足也。林中不卖薪，湖上不鬻鱼，所有余也。故物丰则欲省，求澹则争止。秦王之时，或人菹子，利不足也。刘氏持政，独夫收孤，财有余也。故世治则小人守政，而利不能诱也。世乱则君子为奸，而法弗能禁也。

卷十二 道应训

太清问于无穷曰:“子知道乎?”无穷曰:“吾弗知也。”又问于无为曰:“子知道乎?”无为曰:“吾知道。”“子之知道亦有数乎?”无为曰:“吾知道有数。”曰:“其数奈何?”无为曰:“吾知道之可以弱,可以强;可以柔,可以刚;可以阴,可以阳;可以窈,可以明;可以包裹天地,可以应待无方。此吾所以知道之数也。”

太清又问于无始曰:“向者吾问道于无穷,曰:‘吾弗知之。’又问于无为,无为曰:‘吾知道。’曰:‘子之知道亦有数乎?’无为曰:‘吾知道有数。’曰:‘其数奈何?’无为曰:‘吾知道之可以弱,可以强;可以柔,可以刚;可以阴,可以阳;可以窈,可以明;可以包裹天地,可以应待无方,吾所以知道之数也。’若是,则无为〔之〕知与无穷之弗知,孰是孰非?”无始曰:“弗知(之)深而知之浅,弗知内而知之外,弗知精而知之粗。”太清仰而叹曰:“然则不知乃知耶?知乃不知耶?孰知知之为弗知,弗知之为知耶?”无始曰:“道不可闻,闻而非也;道不可见,见而非也;道不可言,言而非也。孰知形〔形〕之不形者乎?”故老子曰:“天下皆知善之为善,斯不善也。”故知者不言,言者不知也。

白公问于孔子曰:“人可以微言〔乎〕?”孔子不应。白公曰:“若以石投水(中)何如?”曰:“吴越之善没者能取之矣。”曰:“若以水投水,何如?”孔子曰:“菑渑之水合,易牙尝而知之。”白公曰:“然则人固不可与微言乎?”孔子曰:“何谓不可,(谁)〔唯〕知言之谓者乎!”夫知言之谓者,不以言言也。争鱼者濡,逐兽者趋,非乐之也。故至言去言,至为无为。夫浅知之所争者末矣,白公不得也,故死于浴室。故老子曰:“言有宗,事有君。夫唯无知,是以不吾知也。”白公之谓也。

惠子为惠王为国法,已成而示诸先生,先生皆善之。奏之惠王,惠王甚说之,以示翟煎。曰:“善。”惠王曰:“善可行乎?”翟煎曰:“不可。”惠王曰:“善而不可行,何也?”翟煎对曰:“今夫举大木者,前呼邪许,后亦应之,此举重劝力之歌也。岂无郑卫激楚之音哉?然而不用者,不若此其宜也。”治国(有)〔在〕礼,不在文辩。故老子曰:“法令滋彰,盗贼多有。”此之谓也。

田骈以道术说齐王,王应之曰:“寡人所有齐国也。道术难以除患,愿闻〔齐〕国之政。”田骈对曰:“臣之言无政而可以为政,譬之若林木无材而可以为材。愿王察其所谓,而自取齐国之政焉。已虽无除其患害,天地之间,六合之内,可陶冶而变化也。齐国之政,何足问哉!”此老聃之所谓“无状之状,无物之象”者也。若王之所问者,齐也。田骈所称者,材也。材不及林,林不及雨,雨不及阴阳,阴阳不及和,和不及道。

白公胜得荆国,不能以府库分人。七日,石(乙)〔乞〕入曰:“不义得之,又不能布施,患必至矣。不能予人,不若焚之,毋令人害我。”白公弗听也。九日,叶公入,乃发大府之货以予众,出高库之兵以赋民,因而攻之,十有九日而禽白公。夫国非其有也,而欲有之,可谓至贪也;不能为人,又无以自为,可谓至愚矣。譬白公之啬也,何以异于枭之爱其子也。故老子曰“持而盈之,不如其已。揣而锐之,不可长保”也。

赵简子以襄子为后,董阏于曰:“无恤贱,今以为后,何也?”简子曰:“是为人也,能为社稷忍羞。”异日,知伯与襄子饮,而批襄子之首,大夫请杀之,襄子曰:“先君之立我也,曰能为社稷忍羞,岂曰能刺人哉!”处十月,知伯围襄子于晋阳,襄子疏队而击之,大败知伯,破其首以为饮器。故老子曰:“知其雄,守其雌,其为天下谿。”

啮缺问道于被衣,被衣曰:“正女形,壹女视,天和将至;摄女知,正女度,神将来舍。德将(来附)〔为〕若美,而道将为女居。蠢乎若新生之犊,而无求其故。”言未卒,齧缺继以雠夷,被衣行歌而去曰:“形若槁骸,心如死灰。(直)〔真其〕实(不)知,〔不〕以故自持。墨墨恢恢,无心可与谋。彼何人哉?”故老子曰:“明白四达,能无以知乎?”

赵襄子〔使〕攻翟而胜之,取尤人,终人。使者来谒之,襄子方将食而有忧色。左右曰:“一朝而两城下,此人之所喜也。今君有忧色,何也?”襄子曰:“江河之大也,不过三日。飘风暴雨日中不须臾。今赵氏之德行无所积,(今)一朝〔而〕两城下,亡其及我乎?”孔子闻之曰:“赵氏其昌乎?”夫忧所以为昌也,而喜所以为亡也。胜非其难也,持之者其难也。贤主以此持胜,故其福及后世。齐、楚、吴、越皆尝胜矣,然而卒取亡焉,不通乎持胜也。唯有道之主能持胜。孔子劲(杓)〔杓〕国门之关,而不肯以力闻。墨子为守攻,公输般服,而不肯以兵知。善持胜者,以强为弱。故老子曰:道冲而用之,又弗盈也。

惠孟见宋康王,〔康王〕蹀足謦欬疾言曰:“寡人所说者,勇有(功)〔力〕也,不说为仁义者也,客将何以教寡人?”惠孟对曰:“臣有道于此。〔使〕人虽勇,刺之不入;虽巧有力,击之不中。大王独无意耶?”宋王曰:“善,此寡人之所欲闻也。”惠孟曰:“夫刺之而不入,击之而不中,此犹辱也。臣有道于此。使人虽有勇弗敢刺,虽有力不敢击。夫不敢刺不敢击,非无其意也。臣有道于此,使人本无其意也。夫无其意,未有爱利之心也。臣有道于此,使天下丈夫女子莫不欢然皆欲爱利之(心),此其贤于勇有力也,四累之上也。大王独无意耶?”宋王曰:“此寡人所欲得也。”惠孟对曰:“孔、墨是已。孔丘、墨翟,无地而为君,无官而为长,天下丈夫女子莫不延颈举踵而愿安利之者。今大王,万乘之主也。诚有其志,则四境之内皆得其利矣。此贤于孔、墨也,远矣。”宋王无以应。惠孟出,宋王谓左右曰:“辩矣,客之以说胜寡人也。”故老子曰:“〔勇于敢则杀,〕勇于不敢则活。”由此观之,大勇反为不勇耳。

昔尧之佐九人,舜之佐七人,武王之佐五人。尧、舜、武王于九、七、五者,不能一事焉,然而垂拱受成功者,善乘人之资也。故人与骥逐走则不胜骥,托于车上,则骥不能胜人。北方有兽,其名曰蹶,鼠前而兔后,趋则顿,走则颠,常为蛩蛩駏驉取甘草以与之。蹶有患害,蛩蛩駏驉必负而走。此以其能托其所不能。故老子曰:“夫代大匠斫者,希不伤其手。”

薄疑说卫嗣君以王术。嗣君应之曰:“予所有者千乘也。愿以受教。”薄疑对曰:“乌获举千钧,又况一斤乎?”杜赫以安天下说周昭文君。〔昭〕文君谓杜赫曰:“愿学所以安周。”赫对曰:“臣之所言不可,则不能安周;臣之所言可,则周自安矣。”此所谓弗安而安者也。故老子曰“大制无割”,“故致数舆无舆”也。

鲁国之法,鲁人为人〔臣〕妾于诸侯,有能赎之者,取金于府。子赣赎鲁人于诸侯,来,而辞不受金。孔子曰:“赐失之矣。夫圣人之举事也,可以移风易俗,而(受)教顺可施后世,非独以适身之行也。今国之富者寡而贫者众,赎而受金,则为不廉;不受金,则不复赎人。自今以来,鲁人不复赎人于诸侯矣。”孔子亦可谓知(礼)〔化〕矣。故老子曰“见小曰明。”

魏武侯问于李克曰:“吴之所以亡者何也?”李克对曰:“数战而数胜。”武侯曰:“数战数胜国之福,其独以亡,何故也?”对曰:“数战则民罢,数胜则主骄,以骄主使罢民,而国不亡者,天下鲜矣。骄则恣,恣则极物;罢则怨,怨则极虑。上下俱极,吴之亡犹晚矣,夫差之所以自刭于干遂也。”故老子曰:“功成名遂身退,天之道也。”

宁越欲干齐桓公,困穷无以自达,于是为商旅将任车,以商于齐,暮宿于郭门之外。桓公郊迎客,夜开门辟任车,爝火甚盛,从者甚众。宁越饭牛车下,望见桓公而悲,击牛角而疾商歌。桓公闻之,抚其仆之手曰:“异哉,〔之〕歌者非常人也。”命后车载之。桓公及至，从者以请。桓公赣之衣冠而见〔之，宁越见，〕说以为天下，桓公大说，将任之。群臣争之曰："客，卫人也。卫之去齐不远，君不若使人问之。问之而故贤者也，用之未晚。"桓公曰："不然，问之患其有小恶也。以人之小恶而忘人之大美，此人主之所以失天下之士也。"凡听必有验，一听而弗复问，合其所以也。且人固难(合)〔全〕也，权而用其长者而已矣。当是举也，桓公得之矣。故老子曰："天大，地大，道大，王亦大。域中有四大，而王处其一焉。"以言其能包裹之也。

大王亶父居邠，翟人攻之，事之以皮帛珠玉而弗受，曰："翟人之所求者地，无以财物为也。"大王亶父曰："与人之兄居而杀其弟，与人之父处而杀其子，吾弗为。皆勉处矣，为吾臣与翟人奚以异？且吾闻之也：不以其所〔以〕养害其〔所〕养。"杖策而去。民相连而从之，遂成国于岐山之下。大王亶父可谓能保生矣。虽富贵，不以养伤身；虽贫贱，不以利累形。今受其先人之爵禄，则必重失之。〔生之〕所自来者久矣，而轻失之，岂不惑哉？故老子曰"贵以身为天下，焉可以托天下；爱以身为天下，焉可以寄天下"矣。

中山公子牟谓詹子曰："身处江海之上，心在魏阙之下，为之奈何？"詹子曰："重生。重生则轻利。"中山公子牟曰："虽知之，犹不能自胜。"詹子曰："不能自胜则从之。从之，神无怨乎！不能自胜而强弗从者，此之谓重伤。重伤之人，无寿类矣。"故老子曰："知和曰常，知常曰明，益生曰祥，心使气曰强。"是故用其光复归其明也。

楚庄王问詹何曰："治国奈何？"对曰："何明于治身而不明于治国？"楚王曰："寡人得立宗庙社稷，愿学所以守之。"詹何对曰："臣未尝闻身治而国乱者也，未尝闻身乱而国治者也。故本(任)〔在〕于身，不敢对以末。"楚王曰："善。"故老子曰"修之身，其德乃真"也。

桓公读书于堂〔上〕，轮(人)〔扁〕斫轮于堂下，释其椎凿而问桓公曰："君之所读者何书也？"桓公曰："圣人之书。"轮扁曰："其人焉在？"桓公曰："已死矣。"轮扁曰："是直圣人之糟粕耳。"桓公悖然作色而怒曰:“寡人读书,工人焉得而讥之哉?有说则可,无说则死。”轮扁曰:“然,有说。臣试以臣之斫轮语之。大疾则苦而不入,大徐则甘而不固。不甘不苦,应于手,厌于心,而可以至妙者,臣不能以教臣之子,而臣之子亦不能得之于臣。是以行年七十,老而为轮。今圣人之所言者,亦以怀其实,穷而死,独其糟粕在耳。”故老子曰:“道可道,非常道;名可名,非常名。”

昔者司城子罕相宋,谓宋君曰:“夫国家之安危,百姓之治乱,在(君)行赏罚。夫爵赏赐予,民之所好也,君自行之。杀戮刑罚,民之所怨也,臣请当之。”宋君曰:“善。寡人当其美,子受其怨,寡人自知不为诸侯笑矣。”国人皆知杀戮之专制在子罕也,大臣亲之,百姓畏之。居不至期年,子罕遂(却)〔劫〕宋君而专其政。故老子曰:“鱼不可脱于渊。国之利器不可以示人。”

王寿负书而行,见徐冯于周〔途〕。徐冯曰:“事者,应变而动。变生于时,故知时者无常行。书者,言之所出也。言出于知者,知者〔不〕藏书。”于是王寿乃焚书而舞之。故老子曰:“多言数穷,不如守中。”

令尹子佩请饮庄王,庄王许诺。〔子佩具于京台,庄王不往。明日,〕子佩疏揖北面立于殿下,曰:“昔者君王许之,今不果往,意者臣有罪乎?”庄王曰:“吾闻子具于(强)〔京〕台。(强)〔京〕台者,南望料山,以临方皇;左江而右淮,其乐忘死。若吾薄德之人,不可以当此乐也,恐留而不能反。”故老子曰:“不见可欲,使心不乱。”

晋公子重耳出亡,过曹,〔曹〕无礼焉。釐负羁之妻谓釐负羁曰:“君无礼于晋公子。吾观其从者皆贤人也,若以相夫子反晋国,必伐曹,子何不先加德焉?”釐负羁遗之壶馂而加璧焉,重耳受其馂而反其璧。及其反国,起师伐曹,克之,令三军无入釐负羁之里。故老子曰:“曲则全,枉则正。”

越王勾践与吴战而不胜,国破身亡,困于会稽。忿心张胆,气如涌泉,选练甲卒,赴火若灭。然而请身为臣,妻为妾,亲执戈为吴

(兵)〔王〕先马(走),果禽之于干遂。故老子曰:“柔之胜刚也,弱之胜强也。天下莫不知,而莫之能行。”越王亲之,故霸中国。

赵简子死未葬,中牟入齐。已葬五日,襄子起兵攻(围之)〔之,围〕未合,而城自坏者十丈,襄子击金而退之。军吏谏曰:“君诛中牟之罪而城自坏,是天助我,何故去之?”襄子曰:“吾闻之叔向曰:‘君子不乘人于利,不迫人于险。’使之治城,城治而后攻之。”中牟闻其义,乃请降。故老子曰:“夫唯不争,故天下莫能与之争。”

秦穆公谓伯乐曰:“子之年长矣,子姓有可使求马者乎?”对曰:“良马者,可以形容筋骨相也。相天下之马者,若灭若失,若亡其一。若此马者,绝尘弭辙。臣之子皆下材也,可告以良马,而不可告以天下之马。臣有所与(供)〔共〕儋(缠)〔缨〕采薪者九方堙,此其于马,非臣之下也,请见之。”穆公见之,使之求马,三月而反,报曰:“已得马矣,在于沙丘。”穆公曰:“何马也?”对曰:“牡而黄。”使人往取之,牝而骊。穆公不说,召伯乐而问之曰:“败矣!子之所使求〔马〕者,毛物牝牡弗能知,又何马之能知!”伯乐喟然大息曰:“一至此乎?是乃其所以千万臣而无数者也。若堙之所观者,天机也。得其精而忘其粗,在〔其〕内而忘其外,见其所见而不见其所不见,视其所视而遗其所不视。若彼之所相者,乃有贵乎马者。”马至而果千里之马。故老子曰:“大直若屈,大巧若拙。”

吴起为楚令尹,适魏,问屈宜若曰:“王不知起之不肖,而以为令尹。先生试观起之为(人)〔之〕也。”屈子曰:“将奈何?”吴起曰:“将衰楚国之爵而平其制禄,损其有余而绥其不足,砥砺甲兵,〔以〕时争利于天下。”屈子曰:“宜若闻之:昔善治国家者,不变其故,不易其常。今子将衰楚国之爵而平其制禄,损其有余而绥其不足,是变其故,易其常也,行之者不利。宜若闻之曰:怒者逆德也,兵者凶器也,争者人之所(本)〔去〕也。今子阴谋逆德,好用凶器,(始)〔治〕人之所本,逆之至也。且子用鲁兵,不宜得志于齐而得志焉。子用魏兵,不宜得志于秦而得志焉。宜若闻之:非祸人不能成祸。吾固惑吾王之数逆天道,戾人理,至今无祸。(差)〔嗟!〕须夫子也。”吴起惕然曰:“尚可更乎?”屈子曰:“成形之徒,不可更也。子不若敦爱而笃行之。”老子曰:“挫其锐,解其纷,和其光,同其尘。”

晋伐楚,三舍不止,大夫请击之。庄王曰:“先君之时,晋不伐楚。及孤之身而晋伐楚,是孤之过也,若何其辱群大夫?”〔大夫〕曰:“先臣之时,晋不伐楚,今臣之身而晋伐楚,此臣之罪也。请(三)击之。”王俯而泣涕沾襟,起而拜群大夫。晋人闻之曰:“君臣争以过为在己,且轻下其臣,不可伐也。”夜还师而归。老子曰:“能受国之垢,是谓社稷主。”

宋景公之时,荧惑在心。公惧,召子韦而问焉,曰:“荧惑在心,何也?”子韦曰:“荧惑,天罚也。心,宋分野。祸且当君。虽然,可移于宰相。”公曰:“宰相所使治国家也,而移死焉,不祥。”子韦曰:“可移于民。”公曰:“民死,寡人谁为君乎? 宁独死耳。”子韦曰:“可移于岁。”公曰:“岁,民之命。岁饥,民必死矣。为人君而欲杀其民以自活也,其谁以我为君者乎? 是寡人之命固已尽矣,子(韦)无复言矣。”子韦还走,北面再拜曰:“敢贺君! 天之处高而听卑。君有君人之言三,天必(有)三赏君。今夕星必徙三舍,君延年二十一岁。”公曰:“子奚以知之?”对曰:“君有君人之言三,故有三赏,星必三徙舍,舍行七(里)〔星,星当一年〕,三七二十一,故君移年二十一岁,臣请伏于陛下以伺之,星不徙,臣请死之。”公曰:“可。”是夕也,星果三徙舍,故老子曰:“能受国之不祥,是谓天下王。”

昔者公孙龙在赵之时,谓弟子曰:“人而无能者,龙不能与游。”有客衣褐带索而见曰:“臣能呼。”公孙龙顾谓弟子曰:“门下故有能呼者乎?”对曰:“无有。”公孙龙曰:“与之弟子之籍。”后数日,往说燕王,至于河上而航在一氾,使善呼者呼之,一呼而航来。故(曰)圣人之处世,不逆有伎能之士。故老子曰:“人无弃人,物无弃物,是谓袭明。”

子发攻蔡，逾之。宣王郊迎，列田百顷而封之执圭。子发辞不受，曰：“治国立政，诸侯入宾，此君之德也。发号施令，师未合而敌遁，此将军之威也。兵陈战而胜敌者，此庶民之力也。夫乘民之功劳而取其爵禄者，非仁义之道也。”故辞而弗受。故老子曰：“功成而不居，夫惟不居，是以不去。”

晋文公伐原，与大夫期三日。三日而原不降，文公令去之。军吏曰：“原不过一二日将降矣。”君曰：“吾不知原三日而不可得下也，以与大夫期。尽而不罢，失信得原，吾弗为也。”原人闻之曰：“有君若此，可弗降也？”遂降。温人闻，亦请降。故老子曰：“窈兮冥兮，其中有精。其精甚真，其中有信。故美言可以市尊，美行可以加人。”

公仪休相鲁而嗜鱼，一国献鱼，公仪子弗受。其弟子谏曰：“夫子嗜鱼，弗受何也？”答曰：“夫唯嗜鱼，故弗受。”夫受鱼而免于相，虽嗜鱼不能自给鱼；毋受鱼而不免于相，则能长自给鱼；此明于为人为己者也。故老子曰：“后其身而身先，外其身而身存，非以其无私耶？故能成其私。”一曰“知足不辱”。

狐丘丈人谓孙叔敖曰：“人有三怨，子知之乎？”孙叔敖曰：“何谓也？”对曰：“爵高者士妒之，官大者主恶之，禄厚者怨处之。”孙叔敖曰：“吾爵益高，吾志益下；吾官益大，吾心益小；吾禄益厚，吾施益博。(是以)〔以是〕免三怨，可乎？”故老子曰：“贵必以贱为本，高必以下为基。”

大司马捶钩者年八十矣，而不失钩芒。大司马曰：“子巧耶？有道耶？”曰：“臣有守也。臣年二十好捶钩，于物无视也，非钩无察也，是以用之者必假于弗用也，而以长得其用，而况持无不用者乎，物孰不济焉？”故老子曰：“从事于道者同于道。”

文王砥德修政，三年而天下二垂归之。纣闻而患之曰：“余夙兴夜寐，与之竞行，则苦心劳形；纵而置之，恐伐余一人。”崇侯虎曰：

"周伯昌(行)仁义而善谋,太子发勇敢而不疑,中子旦恭俭而知时;若与之从,则不堪其殃,纵而赦之,身必危亡。冠虽弊必加于头,及未成,请图之。"屈商乃拘文王于羑里。于是散宜生乃以千金求天下之珍怪,得驺虞鸡斯之乘,玄玉百(工)〔珏〕,大贝百朋,玄豹黄罴青犴,白虎文皮千合,以献于纣,因费仲而通。纣见而说之,乃免其身,杀牛而赐之。文王归,乃为玉门,筑灵台,相女童,击钟鼓,以待纣之失也。纣闻之曰:"周伯昌改道易行,吾无忧矣。"乃为炮烙,剖比干,剔孕妇,杀谏者。文王乃遂其谋。故老子曰:"知其荣,守其辱,为天下谷。"

成王问政于尹佚曰:"吾何德之行,而民亲其上?"对曰:"使之〔以〕时而敬顺之。"王曰:"其度安在?"曰:"如临深渊,如履薄冰。"王曰:"惧哉,王人乎!"尹佚曰:"天地之间,四海之内,善之则吾畜也,不善则吾仇也。昔夏商之臣,反仇桀纣而臣汤武;宿沙之民,皆自攻其君而归神农;此世之所明知也,如何其无惧也?"故老子曰:"人之所畏,不可不畏也。"

跖之徒问跖曰:"盗亦有道乎?"跖曰:"奚适其(无)〔有〕道也!夫意而中藏者,圣也。入先者,勇也。出后者,义也。分均者,仁也。知可否者,智也。五者不备,而而能成大盗者,天下无之。"由此观之,盗贼之心,必托圣人之道而后可行。故老子曰:"绝圣弃智,民利百倍。"

楚将子发好求技道之士。楚有善为偷者,往见曰:"闻君求技道之士。臣,〔楚市〕偷也,愿以技赍一卒。"子发闻之,衣不给带,冠不暇正,出见而礼之。左右谏曰:"偷者,天下之盗也,何为(之礼)〔礼之〕?"君曰:"此非左右之所得与。"后无几何,齐兴兵伐楚,子发将师以当之。兵三却。楚贤良大夫皆尽其计而悉其诚,齐师愈强。于是市偷进请曰:"臣有薄技,愿为君行之。"子发曰:"诺。"不问其辞而遣之。偷则夜〔出〕解齐将军之帱帐而献之。子发因使人归之,曰:"卒有出薪者,得将军之帷,使归之于执事。”明(又)〔夕〕复往取其枕,子发又使归之。明日(又)〔夕〕复往取其簪,子发又使归之。齐师闻之大骇,将军与军吏谋曰:“今日不去,楚(君)〔军〕恐取吾头。”乃还师而去。故(曰)〔技〕无细而能〔无〕薄,在人君用之耳。故老子曰“不善人,善人之资”也。

颜回谓仲尼曰:“回益矣。”仲尼曰:“何谓也?”曰:“回忘礼乐矣。”仲尼曰:“可矣,犹未也。”异日复见,曰:“回益矣。”仲尼曰:“何谓也?”曰:“回忘仁义矣。”仲尼曰:“可矣,犹未也。”异日复见,曰:“回坐忘矣。”仲尼(遽)〔造〕然曰:“何谓坐忘?”颜回曰:“隳支体,黜聪明,离形去知,洞于化通,是谓坐忘。”仲尼曰:“洞则无善也,化则无常矣。而夫子荐贤,丘请从之后。”故老子曰:“载营魄抱一,能无离乎?专气至柔,能如婴儿乎?”

秦穆公兴师将以袭郑,蹇叔曰:“不可。臣闻袭国者,以车不过百里,以人不过三十里,为其谋未及发泄也,甲兵未及锐弊也,粮食未及乏绝也,人民未及罢病也。皆以其气之高与其力之盛至,是以犯敌能威,〔去之能速。〕今行数千里,又数绝诸侯之地以袭国,臣不知其可也。君重图之!”穆公不听。蹇叔送师,衰绖而哭之。师遂行,过周而东,郑贾人弦高矫郑伯之命,以十二牛劳秦师而宾之。三帅乃惧而谋曰:“吾行数千里以袭人,未至而人已知之,其备必先成,不可袭也。”还师而去。当此之时,晋文公适薨未葬,先轸言于襄公曰:“昔吾先君与穆公交,天下莫不闻,诸侯莫不知。今吾君薨未葬,而不吊吾丧,而不假道,是死吾君而弱吾孤也,请击之!”襄公许诺。先轸举兵而与秦师遇于殽,大破之,擒其三帅以归。穆公闻之,素服庙临以说于众。故老子曰:“知而不知,尚矣;不知而知,病也。”

齐王后死,王欲置后而未定,使群臣议。薛公欲中王之意,因献十珥而美其一。旦日因问美珥之所在,因劝立以为王后。齐王大说,遂(尊)重薛公。故人主之意欲见于外,则为人臣之所制。故老子曰:“塞其兑,闭其门,终身不勤。”

卢敖游乎北海,经乎太阴,入乎玄阙,至于蒙谷之上,见一士焉,深目而玄鬓,(泪注)〔渠颈〕而鸢肩,丰上而杀下,轩轩然方迎风而舞,顾见卢敖,慢然下其臂,遁逃乎碑〔下〕。卢敖就而视之,方倦龟壳而食蛤梨。卢敖与之语曰:“唯敖为背群离党,穷观于六合之外者,非敖而已乎?敖幼而好游,至长不渝,周行四极,唯北阴之未窥,今卒睹夫子于是,子殆可与敖为友乎?”若士者齤然而笑曰:“嘻!子中州之民,宁肯(而远)〔远而〕至此?此犹光乎日月而载列星,阴阳之所行,四时之所生,其比夫不名之地犹窔奥也。若我南游乎冈㝗之野,北息乎沉墨之乡,西穷窅冥之党,东开鸿濛之先,此其下无地而上无天,听焉无闻,视焉无眴,此其外犹有汰沃之汜。其余一举而千万里,吾犹未能之在。今子游始〔至〕于此,乃语穷观,岂不亦远哉!然子处矣,吾与汗漫期于九垓之(外)〔上〕,吾不可以久驻。”若士举臂而竦身,遂入云中。卢敖仰而视之,弗见,乃止驾,(柸治)〔心不怡〕,悖若有丧也,曰:“吾比夫子,犹黄鹄与壤虫也。终日行不离咫尺,而自以为远,岂不悲哉!”故庄子曰:“小年不及大年,小知不及大知,朝菌不知晦朔,蟪蛄不知春秋,此言明之有所不见也。”

季子治亶父三年,而巫马期绝衣短褐,易容貌往观化焉,见〔夜渔者,〕得鱼〔则〕释之,巫马期问焉,曰:“凡子所为鱼者,欲得也。今得而释之,何也?”渔者对曰:“季子不欲人取小鱼也,所得者小鱼,是以释之。”巫马期归,以报孔子曰:“季子之德至矣,使人暗行若有严刑在其侧者。季子何以至于此?”孔子曰:“丘尝问之以治言,曰:‘(诫)〔诚〕于此者刑于彼。’季子必行此术也。”故老子曰:“去彼取此。”

罔两问于景曰:“昭昭者神明也?”景曰:“非也。”罔两曰:“子何以知之?”景曰:“扶桑受谢,日照宇宙,昭昭之光,辉烛四海。阖户塞牖,则无由入矣。若神明,四通并流,无所不及,上际于天,下蟠于地,化育万物而不可为象,俯仰之间而抚四海之外,昭昭何足以明之?”故老子曰:“天下之至柔,驰骋天下之至坚。”

光耀问于无有曰:“子果有乎?其果无有乎?”无有弗应也。光耀不得问而(就)〔孰〕视其状貌,冥然忽然,视之不见其形,听之不闻其声,搏之不可得,望之不可极也。光耀曰:“贵矣哉!孰能至于此乎?予能有无矣,未能无无也。及其为无无,又何从至于此哉?”故老子曰:“无有入于无间,吾是以知无为之有益也。”

白公胜虑乱,罢朝而立,倒杖策,錣上贯颐,血流至地而弗知也。郑人闻之曰:“颐之忘,将何不忘哉?”此言精神之越于外,智虑之荡于内,则不能漏理其形也。是故神之所用者远,则所遗者近也。故老子曰:“不出户以知天下,不窥牖以见天道,其出弥远,其知弥少。”此之谓也。

秦皇帝得天下,恐不能守,发边戍,筑长城,修关梁,设障塞,具传车,置边吏,然刘氏夺之,若转闭锤。昔武王伐纣,破之牧野,乃封比干之墓,表商容之间,柴箕子之门,朝成汤之庙;发巨桥之粟,散鹿台之钱;破鼓折枹,弛弓绝弦;去舍露宿,以示平易;解剑带笏,以示无仇。于此天下歌谣而乐之,诸侯执币相朝,三十四世不夺。故老子曰:“善闭者无关键而不可开也,善结者无绳约而不可解也。”

尹需学御,三年而无得焉,私自苦痛,常寝想之,中夜梦受秋驾于师。明日往朝,师望(之)〔而〕谓之曰:“吾非爱道于子也,恐子不可予也。今日教子以秋驾。”尹需反走,北面再拜曰:“臣有天幸,今夕固梦受之。”故老子曰“致虚极,守静笃,万物并作,吾以观其复”也。

昔孙叔敖三得令尹,无喜志;三去令尹,无忧色。延陵季子,吴人愿(一)以为王而不肯。许由让天下而弗受。晏子与崔杼盟,临死地不变其仪。此皆有所远通也。精神通于死生,则物孰能惑之!荆有佽非,得宝剑于干队。还返度江,至于中流,阳侯之波,两蛟挟绕其船。佽非谓枻船者曰:“尝〔见〕有如此而得活者乎?”对曰:“未尝见也。”于是佽非(瞑目)勃然〔瞋目〕攘臂拔剑曰:“武士可以仁义之礼说也,不可劫而夺也。此江中之腐肉朽骨,弃剑而〔全〕己,余有奚爱焉?”赴江刺蛟,遂断其头。船中人尽活,风波毕除。荆爵为执圭。孔子闻之曰:“夫善(载)〔哉!不以〕腐肉朽骨弃剑者,佽非之谓乎?”故老子曰:“夫唯无以生为者,是贤于贵生焉。”

齐人淳于髡以从说魏王,魏王辩之,约车十乘,将使荆,辞而行。(人)〔又〕以为从未足也,复以衡说,其辞若然,魏王乃止其行而疏其身。失从(心)〔之〕志,而又不能成衡之事,是其所以固也。夫言有宗,事有本。失其宗本,技能虽多,不若其寡也。故周鼎著倕而使龁其指,先王以见大巧之不可〔为〕也。故慎子曰:“匠人知为门能以门,所以不知门也。”故必杜然后能门。

墨者有田鸠者,欲见秦惠王,约车申辕,留于秦,(周)〔三〕年不得见。客有言之楚王者,往见楚王。楚王甚悦之,予以节,使于秦。至,因见(予之将军之节)惠王(见)而说之。出舍,喟然而叹,告从者曰:“吾留秦三年不得见,不识道之可以从楚也。”物故有近之而远,远之而近者。故大人之行,不掩以绳,至所极而已矣。此(所谓)筦子〔所谓鸟〕(枭)飞而(维)〔準〕绳者。沣水之深千仞,而不受尘垢,投金铁(针)焉,则形见于外,非不深且清也,鱼鳖龙蛇莫之肯归也。是故石上不生五谷,秃山不游麋鹿,无所阴蔽(隐)也。

昔赵文子问于叔向曰:“晋六将军,其孰先亡乎?”对曰:“中行、知氏。”文子曰:“何乎?”对曰:“其为政也,以苛为察,以切为明,以刻下为忠,以计多为功。譬之犹廓革者也,廓之,大则大矣,裂之道也。”故老子曰:“其政闷闷,其民纯纯;其政察察,其民缺缺。”

景公谓太卜曰:“子之道何能?”对曰:“能动地。”晏子往见公,公曰:“寡人问太卜曰:‘子之道何能?’对曰:‘能动地。’地可动乎?”晏子默然不对,出见太卜曰:“昔吾见句星在房、心之间,地其动乎?”太卜曰:“然。”晏子出,太卜走往见公曰:“臣非能动地,地固将动也。”田子阳闻之曰:“晏子默然不对者,不欲太卜之死;往见太卜者,恐公之欺也。晏子可谓忠于上而惠于下矣。”故老子曰:“方而不割,廉而不刿。”

魏文侯觞诸大夫于曲阳,饮酒酣,文侯喟然叹曰:“吾独无豫让以为臣乎?”蹇重举白而进之,曰:“请浮君。”君曰:“何也?”对曰:“臣闻之:有命之父母不知孝子,有道之君不知忠臣。夫豫让之君亦何如哉!”文侯受觞而饮釂不献,曰:“无管仲、鲍叔以为臣,故有豫让之功。”故老子曰:“国家昏乱,有忠臣。”

孔子观桓公之庙,有器焉,谓之宥卮。孔子曰:“善哉!予得见此器。”顾曰:“弟子取水!”水至,灌之,其中则正,其盈则覆。孔子造然革容曰:“善哉持盈者乎!”子贡在侧曰:“请问持盈。”曰:“益而损之。”曰:“何谓益而损之?”曰:“夫物盛而衰,乐极则悲,日中而移,月盈而亏。”是故聪明睿智,守之以愚;多闻博辩,守之以陋;武力毅勇,守之以畏;富贵广大,守之以俭;德施天下,守之以让。此五者,先王所以守天下而弗失也。反此五者,未尝不危也。故老子曰:“服此道者不欲盈。夫唯不盈,故能弊而不新成。”

武王问太公曰:“寡人伐纣,天下是臣杀其主而下伐其上也。吾恐后世之用兵不休,斗争不已,为之奈何?”太公曰:“甚善,王之问也。夫未得兽者,唯恐其创之小也。已得之,唯恐伤肉之多也。王若欲久持之,则塞民于兑,道(全)〔令〕为无用之事、烦扰之教。彼皆乐其业,供其情,昭昭而道冥冥。于是乃去其(瞀)〔鍪〕而载之(木)〔鹬〕,解其剑而带之笏;为三年之丧,令类不蕃;高辞卑让,使民不争;酒肉以通之,竽瑟以娱之,鬼神以畏之;繁文滋礼以弇其质,厚葬久丧以亶其家;含珠鳞施纶组,以贫其财;深凿高垄,以尽其力。家贫族少,虑患者贫。以此移风,可以持天下弗失。”故老子曰“化而欲作,吾将镇之以无名之朴”也。

卷十三 氾论训

古者有鍪而绻领以王天下者矣。其德生而不(辱)〔杀〕,予而不夺。天下不非其服,同怀其德。当此之时,阴阳和平,风雨时节,万物蕃息。乌鹊之巢可俯而探也,禽兽可羁而从也。岂必褒衣博带句襟委章甫哉!

古者民泽处复穴,冬日则不胜霜雪雾露,夏日则不胜暑蛰蚊虻;圣人乃作为之筑土构木以为宫室,上栋下宇以蔽风雨、以避寒暑,而百姓安之。伯余之初作衣也,緂麻索缕,手经指挂,其成犹网罗;后世为之机杼胜复,以便其用,而民得以掩形御寒。古者剡耜而耕,摩蜃而耨,木钩而樵,抱甀而汲,民劳而利薄;后世为之耒耜櫌锄,斧柯而樵,桔皋而汲,民逸而利多焉。古者大川名谷冲绝道路,不通往来也,乃为窬木方版以为舟航,故地势有无得相委输。(乃)为(鞧)〔鞧〕踦而超千里,肩荷负儋之勤也,而作为之楺轮建舆,驾马服牛,民以致远而不劳。为鸷禽猛兽之害伤人,而无以禁御也,而作为之铸金锻铁,以为兵刃,猛兽不能为害。故民迫其难则求其便,困其患则造其备。人各以其(所)知去其所害,就其所利。常故不可循,器械不可因也,则先王之法度有移易者矣。

古之制,婚礼不称主人;舜不告而娶,非礼也。立子以长;文王舍伯邑考而用武王,非制也。礼三十而娶;文王十五而生武王,非法也。夏后氏殡于阼阶之上,殷人殡于两楹之间,周人殡于西阶之上,此礼之不同者也。有虞氏用瓦棺,夏后氏堲周,殷人用椁,周人墙置翣,此葬之不同者也。夏后氏祭于暗,殷人祭于阳,周人祭于日出以朝,此祭之不同者也。尧《大章》,舜《九韶》,禹《大夏》,汤《大濩》,

周《武象》,此乐之不同者也。故五帝异道而德覆天下,三王殊事而名施后世,此皆因时变而制礼乐者。譬犹师旷之施瑟柱也,所推移上下者,无寸尺之度,而靡不中音。故通于礼乐之情者能作(音)〔言〕,有本主于中而以知榘矱之所周者也。

鲁昭公有慈母而爱之。死,为之练冠,故有慈母之服。阳侯杀蓼侯而窃其夫人,故大飨废夫人之礼。先王之制,不宜则废之;末世之事,善则著之;是故礼乐未始有常也。故圣人制礼乐,而不制于礼乐。治国有常,而利民为本;政教有经,而令行为上。苟利于民,不必法古;苟周于事,不必循旧。夫夏商之衰也,不变法而亡。三代之起也,不相袭而王。故圣人法与时变,礼与俗化,衣服器械各便其用,法度制令各因其宜,故变古未可非,而循俗未足多也。

百川异源,而皆归于海;百家殊业,而皆务于治。王道缺而《诗》作;周室废、礼义坏而《春秋》作。《诗》《春秋》,学之美者也。皆衰世之造也。儒者循之以教导于世,岂若三代之盛哉!以《诗》《春秋》为古之道而贵之,又有未作《诗》《春秋》之时。夫道其缺也,不若道其全也。诵先王之(诗)书,不若闻(得)其言。闻(得)其言,不若得其所以言。得其所以言者,言弗能言也。故道可道者,非常道也。

周公事文王也,行无专制,事无由己;身若不胜衣,言若不出口;有奉持于文王,洞洞属属而将不能恐失之;可谓能子矣。武王崩,成王幼少。周公继文王之业,履天子之籍,听天下之政,平夷狄之乱,诛管、蔡之罪,负扆而朝诸侯,诛赏制断,无所顾问,威动天地,声慑四海,可谓能武矣。成王既壮,周公属籍致政,北面委质而臣事之,请而后为,复而后行,无擅恣之志,无伐矜之色,可谓能臣矣。故一人之身而三变者,所以应时矣,何况乎君数易(世)〔法〕,国数易君,人以其位达其好憎,以其威势供嗜欲,而欲以一行之礼,一定之法,应时偶变,其不能中权亦明矣。

故圣人所由曰道,所为曰事。道犹金石,一调不更;事犹琴瑟,每弦改调。故法制礼义者,治(人)之具也,而非所以为治也。故仁以为经,义以为纪,此万世不更者也。若乃人考其才而时省其用,虽日变可也。天下岂有常法哉!当于世事,得于人理,顺于天地,祥于鬼神,则可以正治矣。

古者人醇工庞,商朴女(重)〔童〕,是以政教易化,风俗易移也。今世德益衰,民俗益薄,欲以朴重之法,治既弊之民,是犹无镝衔(橛)策錣而御馯马也。昔者神农无制令而民从,唐虞有制令而无刑罚,夏后氏不负言,殷人誓,周人盟。逮至当今之世,忍诟而轻辱,贪得而寡羞,欲以神农之道治之,则其乱必矣。伯成子高辞为诸侯而耕,天下高之。今之时人辞官而隐处,为乡邑之下,岂可同哉!古之兵,弓剑而已矣,槽矛无击,修戟无刺。晚世之兵,隆冲以攻,渠幨以守,连弩以射,销车以斗。古之伐国不杀黄口,不获二毛,于古为义,于今为笑。古之所以为荣者,今之所以为辱也。古之所以为治者,今之所以为乱也。

夫神农、伏羲,不施赏罚而民不为非,然而立政者不能废法而治民;舜执干戚而服有苗,然而征伐者不能释甲兵而制强暴。由此观之,法度者,所以(论)〔谕〕民俗而节缓急也;器械者,因时变而制宜适也。

夫圣人作法而万(物)〔民〕制焉,贤者立礼而不肖者拘焉。制法之民,不可与远举;拘礼之人,不可使应变。耳不知清浊之分者,不可令调音;心不知治乱之源者,不可令制法。必有独闻之(耳)〔聪〕,独见之明,然后能擅道而行矣。

夫殷变夏,周变殷,春秋变周,三代之礼不同,何古之从?大人作而弟子循,知法治所由生,则应时而变;不知法治之源,虽循古终乱。今世之法籍与时变,礼义与俗易,为学者循先袭业,据籍守旧(教),以为非此不治,是犹持方枘而周员凿也,欲得宜适致固焉则难矣。今儒、墨者称三代文武而弗行,是言其所不行也;非今时之世而弗改，是行其所非也。称其所是，行其所非，是以尽日极虑而无益于治，劳形竭智而无补于主也。今夫图工好画鬼魅而憎图狗马者何也？鬼魅不世出，而狗马可日见也。夫存危治乱，非智不能，（道而）〔而道〕先称古，虽愚有余。故不用之法，圣王弗行；不验之言，圣王弗听。

天地之气，莫大于和。和者阴阳调、日夜分，（而生）〔故万〕物春分而生，秋分而成，生之与成，必得和之精。故圣人之道，宽而栗，严而温，柔而直，猛而仁。太刚则折，太柔则卷，圣人正在刚柔之间，乃得道之本。积阴则沉，积阳则飞，阴阳相接，乃能成和。

夫绳之为度也，可卷而（伸）〔怀〕也，引而伸之，可直而睎，故圣人以身体之。夫修而不横，短而不穷，直而不刚，久而不忘者，其唯绳乎？故恩推则懦，懦则不威；严推则猛，猛则不和；爱推则纵，纵则不令；刑推则虐，虐则无亲。昔者齐简公释其国家之柄而专任大臣，将相摄威擅势，私门成党，而公道不行。故使陈成（田）常鸱夷子皮得成其难，使吕氏绝祀而陈氏有国者，此柔懦所生也。郑子阳刚毅而好罚，其于罚也，执而无赦。舍人有折弓者，畏罪而恐诛，则因猘狗之惊以杀子阳，此刚猛之所致也。今不知道者，见柔懦者侵，则（矜）〔务〕为刚毅；见刚毅者亡，则（矜）〔务〕为柔懦；此（本无）〔无本〕主于中，而见闻舛驰于外者也，故终身而无所定趋。譬犹不知音者之歌也，浊之则郁而无转，清之则燋而不讴。及至韩娥、秦青、薛谈之讴，侯同、曼声之歌，愤于志，积于内，盈而发音，则莫不比于律而和于人心，何则？中有本主以定清浊，不受于外而自为仪表也。今夫盲者行于道，人谓之左则左，谓之右则右，遇君子则易道，遇小人则陷沟壑，何则？目无以接物也。故魏两用楼翟、吴起而亡西河，湣王专用淖齿而死于东庙，无术以御之也。文王两用吕望、召公奭而王，楚庄王专任孙叔敖而霸，有术以御之也。

夫弦歌鼓舞以为乐，盘旋揖让以修礼，厚葬久丧以送死，孔子之所立也，而墨子非之。兼爱尚贤，右鬼非命，墨子之所立也，而杨子非之。全性保真，不以物累形，杨子之所立也，而孟子非也。趋舍人异，各有晓心。故是非有处，得其处则无非，失其处则无是。丹穴、太蒙、反踵、空同、大夏、北户、奇肱、修股之民，是非各异，习俗相反。君臣上下夫妇父子，有以相使也。此之是，非彼之是也；此之非，非彼之非也；譬若斤斧椎凿之各有所施也。

禹之时以五音听治，悬钟鼓磬铎置鞀，以待四方之士，为号曰："教寡人以道者击鼓，谕寡人以义者击钟，告寡人以事者振铎，语寡人以忧者击磬，有狱讼者摇鞀。"当此之时，一馈而十起，一沐而三捉发，以劳天下之民，此而不能达善效忠者，则才不足也。秦之时，高为台榭，大为苑囿，远为驰道，铸金人，发適戍，入刍槁，头会箕赋，输于少府。丁壮丈夫，西至临洮狄道，东至会稽浮石，南至豫章桂林，北至飞狐阳原，道路死人以沟量。当此之时，忠谏者谓之不祥，而道仁义者谓之狂。逮至高皇帝，存亡继绝，举天下之大义，身自奋袂执锐，以为百姓请命于皇天。当此之时，天下雄俊豪英，暴露于野泽，前蒙矢石而后堕谿壑，出百死而给一生，以争天下之权，奋武厉诚，以决一旦之命。当此之时，丰衣博带而道儒墨者以为不肖。逮至暴乱已胜，海内大定，继文之业，立武之功，履天子之图籍，造刘氏之貌冠，总邹鲁之儒墨，通先圣之遗教，戴天子之旗，乘大路，建九游，撞大钟，击鸣鼓，奏咸池，扬干戚。当此之时，有立武者见疑。一世之间，而文武代为雌雄，有时而用也。今世之为武者则非文也，为文者则非武也。文武更相非，而不知时世之用也。此见隅曲之一指，而不知八极之广大也。故东面而望，不见西墙；南面而视，不睹北方。唯无所向者，则无所不通。

国之所以存者，道(德)〔得〕也。家之所以亡者，理塞也。尧无百户之郭，舜无置锥之地，以有天下。禹无十人之众，汤无七里之分，以王诸侯。文王处岐周之间也，地方不过百里，而立为天子者，有王道也。夏桀、殷纣之盛也,人迹所至,舟车所通,莫不为郡县,然而身死人手,而为天下笑者,有亡形也。故圣人见化以观其征,德有盛衰,风先萌焉。故得王道者,虽小必大;有亡形者,虽成必败。夫夏之将亡,太史令终古先奔于商,三年而桀乃亡。殷之将败也,太史令向艺先归文王,期年而纣乃亡。故圣人之见存亡之迹、成败之际也,非待鸣条之野、甲子之日也。今谓强者胜,则度地计众;富者利,则量粟称金。若此,则千乘之君无不霸王者,而万乘之国无(不)破亡者矣。存亡之迹,若此其易知也,愚夫蠢妇皆能论之。

赵襄子以晋阳之城霸,智伯以三晋之地擒,湣王以大齐亡,田单以即墨有功。故国之亡也,虽大不足恃;道之行也,虽小不可轻。由此观之,存在得道,而不在于大也;亡在失道,而不在于小也。《诗》云:"乃眷西顾,此惟与宅。"言去殷而迁于周也。故乱国之君,务广其地而不务仁义,务高其位而不务道德,是释其所以存而造其所以亡也。故桀囚于焦门而不能自非其所行,而悔不杀汤于夏台。纣居于宣室而不反其过,而悔不诛文王于羑里。二君处强大〔之〕势(位),修仁义之道,汤武救罪之不给,何谋之敢(当)〔畜〕? 若上乱三光之明,下失万民之心,虽微汤武,孰弗能夺也? 今不审其在己者,而反备之于人,天下非一汤武也,杀一人则必有继之者也。且汤武之所以处小弱而能以王者,以其有道也;桀、纣之所以处强大而见夺者,以其无道也。今不行人之所以王者,而反益己之所以夺,是趋亡之道也。

武王克殷,欲筑宫于五行之山,周公曰:"不可。夫五行之山,固塞险阻之地也,使我德能覆之,则天下纳其贡职者回也;使我有暴乱之行,则天下之伐我难矣。"此所以三十六世而不夺也,周公可谓能持满矣。

昔者《周书》有言曰:"上言者下用也,下言者上用也。上言者常也,下言者权也。此存亡之术也。"唯圣人为能知权。言而必信,期而必当,天下之高行也。直躬其父攘羊而子证之,尾生与妇人期而死之。直而证父,信而(溺)死〔女〕,虽有直信,孰能贵之?夫三军矫命,过之大者也。秦穆公兴兵袭郑,过周而东。郑贾人弦高将西贩牛,道遇秦师于周、郑之间,乃矫郑伯之命,犒以十二牛,宾秦师而却之,以存郑国。故事有所至,信反为过,诞反为功。何谓失礼而有大功?昔楚恭王战于阴陵,潘尪、养由基、黄衰微、公孙丙相与篡之,恭王惧而失体,黄衰微举足蹴其体,恭王乃觉,怒其失礼,奋体而起,四大夫载而行。昔苍吾绕娶妻而美以让兄,此所谓忠爱而不可行者也。是故圣人论事之(局)曲直,与之屈伸偃仰,无常仪表,时屈时伸。(卑)弱柔如蒲苇,非摄夺也。刚强猛毅,志厉青云,非(本)〔夸〕矜也,以乘时应变也。

夫君臣之接,屈膝卑拜,以相尊礼也。至其迫于患也,则举足蹴其体,天下莫能非也。是故忠之所在,礼不足以难之也。孝子之事亲,和颜卑体,奉带运履。至其溺也,则捽其发而拯,非敢骄侮,以救其死也。故溺则捽父,祝则名君,势不得不然也,此权之所设也。故孔子曰:“可以共学矣,而未可以适道也。可与适道,未可以立也。可以立,未可与权。”权者,圣人之所独见也。故忤而后合者,谓之知权;合而后舛者,谓之不知权。不知权者,善反丑也。故礼者实之华而伪之文也,方于卒迫穷遽之中也,则无所用矣。是故圣人以文交于世,而以实从事于宜,不结于一迹之涂,凝滞而不化,是故败事少而成事多,号令先于天下,而莫之能非矣。

猩猩知往而不知来,干鹊知来而不知往,此修短之分也。昔者苌弘,周室之执数者也。天地之气,日月之行,风雨之变,律历之数,无所不通,然而不能自知(车)〔铍〕裂而死。苏秦,匹夫徒步之人也,(鞮)〔靻〕蹻赢盖,经营万乘之主,服诺诸侯,然不自免于车裂之患。徐偃王被服慈惠,身行仁义,陆地之朝者三十二国,然而身死国亡,子孙无类。大夫种辅翼越王勾践而为之报怨雪耻,擒夫差之身,开地数千里,然而身伏属镂而死。此皆达于治乱之机,而未知全性之具者。故苌弘知天道而不知人事,苏秦知权谋而不知祸福,徐偃王知仁义而不知时,大夫种知忠而不知谋。

圣人则不然,论世而为之事,权事而为之谋,是以舒之天下而不窕,内之寻常而不塞。使天下荒乱,礼义绝,纲纪废,强弱相乘,力征相攘,臣主无差,贵贱无序,甲胄生虮虱,燕雀处帷幄,而兵不休息,而乃始服属臾之貌、恭俭之礼,则必灭抑而不能兴矣。天下安宁,政教和平,百姓肃睦,上下相亲,而乃始立气矜,奋勇力,则必不免于有司之法矣。是故圣人者,能阴能阳,能弱能强,随时而动静,因资而立功,物动而知其反,事萌而察其变,化则为之象,运则为之应,是以终身行而无所困。

故事有可行而不可言者,有可言而不可行者,有易为而难成者,有难成而易败者。所谓可行而不可言者,趋舍也;可言而不可行者,伪诈也;易为而难成者,事也;难成而易败者,名也。此四策者,圣人之所独见而留意也。诎寸而伸尺,圣人为之;小枉而大直,君子行之。周公有杀弟之累,齐桓有争国之名,然而周公以义补缺,桓公以功灭丑,而皆为贤。今以人之小过,掩其大美,则天下无圣王贤相矣。故目中有疵,不害于视,不可灼也。喉中有病,无害于息,不可凿也。河上之丘冢,不可胜数,犹之为易也。水激兴波,高下相临,差以寻常,犹之为平。昔者曹子为鲁将兵,三战不胜,亡地千里。使曹子计不顾后,足不旋踵,刎颈于陈中,则终身为破军擒将矣。然而曹子不羞其败,耻死而无功,柯之盟,揄三尺之刃,造桓公之胸,三战所亡,一朝而反之,勇闻于天下,功立于鲁国。管仲辅公子纠而不能遂,不可谓智;遁逃奔足,不死其难,不可谓勇;束缚桎梏,不讳其耻,不可谓贞。当此三行者,布衣弗友,人君弗臣。然而管仲免于累绁之中,立齐国之政,九合诸侯,一匡天下。使管仲出死捐躯,不顾后图,岂有此霸功哉?

今人君论其臣也,不计其大功,总其略行,而求其小善,则失贤之数也。故人有厚德无(问)〔间〕其小节,而有大誉无疵其小故。夫牛蹄之涔不能生鳣鲔,而蜂房不容鹄卵,小形不足以包大体也。夫人之情莫不有所短,诚其大略是也,虽有小过,不足以为累;若其大略非也,虽有闾里之行,未足大举。夫颜(喙)〔啄〕聚,梁父之大盗也,而为齐忠臣;段干木,晋国之大驵也,而为文侯师;孟卯妻其嫂,有五子焉,然而相魏,宁其危,解其患;景阳淫酒被发而御于妇人,威服诸侯。此四人者,皆有所短,然而功名不灭者,其略得也。季(襄)〔哀〕、陈仲子立节抗行,不入洿君之朝,不食乱世之食,遂饿而死。不能存亡接绝者何?小节伸而大略屈。故小谨者无成功,訾行者不容于众;体大者节疏,蹠距者举远。

自古及今,五帝三王未有能全其行者也。故《易》曰:"小过亨利贞。"言人莫不有过,而不欲其大也。

夫尧、舜、汤、武,世主之隆也;齐桓、晋文,五霸之豪英也。然尧有不慈之名,舜有卑父之谤,汤、武有放弑之事,五伯有暴乱之谋。是故君子不责备于一人。方正而不以割,廉直而不以切,博通而不以訾,文武而不以责。求于(一)人则任以人力,自修则以道德。责人以人力,易偿也;自修以道德,难为也。难为则行高矣,易偿则求澹矣。夫夏后氏之璜,不能无考;明月之珠,不能无颣;然而天下宝之者何也?其小恶不足妨大美也。今志人之所短而忘人之所修,而求得(其)贤乎天下,则难矣。

夫百里奚之饭牛,伊尹之负鼎,太公之鼓刀,宁戚之《商歌》,其美有存焉者矣。众人见其位之卑贱,事之洿辱,而不知其大略,以为不肖。及其为天子三公,而立为诸侯贤相,乃始信于异众也。夫发于鼎俎之间,出于屠酤之肆,解于累绁之中,兴于牛颔之下,洗之以汤沐,祓之以爟火,立之于本朝之上,倚之于三公之位,内不惭于国家,外不愧于诸侯,符势有以内合。故未有功而知其贤者,尧之知舜

〔也〕;功成事立而知其贤者,市人之知舜也。为是释度数而求之于朝肆草莽之中,其失人也必多矣。何则? 能效其求,而不知其所以取人也。

夫物之相类者,世主之所乱惑也;嫌疑肖象者,众人之所眩耀。故狠者类知而非知,愚者类仁而非仁,戆者类勇而非勇。使人之相去也,若玉之与石,(美)〔葵〕之与(恶)〔苋〕,则论人易矣。夫乱人者,芎䓖之与藁本也,蛇床之与蘼芜也,此皆相似者。故剑工惑剑之似莫邪者,唯欧冶能名其种;玉工眩玉之似碧卢者,唯猗顿不失其情;暗主乱于奸臣,小人之疑君子者,唯圣人能见微以知明。故蛇举首尺而修短可知也;象见其牙而大小可论也;薛烛庸子见若(狐)〔爪〕甲于剑,而利钝识矣;臾兒、易牙,淄渑之水合者,尝一哈水而甘苦知矣。故圣人之论贤也,见其一行而贤不肖分矣。孔子辞廪丘,终不盗刀钩;许由让天子,终不利封侯。故未尝灼而不敢握火者,见其有所烧也。未尝伤而不敢握刃者,见其有所害也。由此观之,见者可以论未发也,而观小节可以知大体矣。故论人之道,贵则观其所举,富则观其所施,穷则观其所不受,贱则观其所不为,贫则观其所不取。视其更难以知其勇,动以喜乐以观其守,委以财货以论其仁,振以恐惧以知其节,则人情备矣。

古之善赏者,费少而劝众;善罚者,刑省而奸禁;善予者,用约而为德;善取者,入多而无怨。赵襄子围于晋阳,罢围而赏有功五人,高赫为赏首。左右曰:"晋阳之难,赫无大功,今为赏首何也?"襄子曰:"晋阳之围,寡人社稷危,国家殆,群臣无不有骄侮之心,唯赫不失君臣之礼,故赏一人而天下(为忠)之〔为〕臣者,莫不终忠于其君,此赏少而劝(善者)众〔者〕也。"齐威王设大鼎于庭中,而数无盐令曰:"子之誉日闻吾耳,察子之事,田野芜,仓廪虚,囹圄实,子以奸事我者也。"乃烹之。齐以此三十二岁道路不拾遗。此刑省奸禁者也。秦穆公出游而车败,右服失(马),野人得之,穆公追而及之岐山之阳,野人方屠而食之。穆公曰:“夫食骏马之肉,而不还饮酒者,伤人。吾恐其伤汝等。”遍饮而去之。处一年,与晋惠公为韩之战。晋师围穆公之车,梁由靡扣穆公之骖,〔将〕获之。食马肉者三百余人皆出死为穆公战于车下,遂克晋,虏惠公以归。此用约而为德者也。齐桓公将欲征伐,甲兵不足,令有重罪者出犀甲一戟,有轻罪者赎以金分,讼而不胜者出一束箭。百姓皆说,乃矫箭为矢,铸金而为刃,以伐不义而征无道,遂霸天下,此入多而无怨者也。故圣人因民之所喜而劝善,因民之所恶而禁奸,故赏一人而天下誉之,罚一人而天下畏之。故至赏不费,至刑不滥。孔子诛少正卯,而鲁国之邪塞;子产诛邓析,而郑国之奸禁;以近喻远,以小知大也。故圣人守约而治广者,此之谓也。

天下莫易于为善,而莫难于为不善也。所谓为善者,静而无为也。所谓为不善者,躁而多欲也。适情辞余,无所诱惑,循性保真,无变于己。故曰为善易。越城郭。逾险塞,奸符节,盗管(金)〔玺〕,篡弑矫诬,非人之性也,故曰为不善难。今之所以犯囹圄之罪而陷于刑戮之患者,由嗜欲无厌,不循度量之故也。何以知其然?天下县官法曰:发墓者诛,窃盗者刑。此执政之所司也。夫法令(者)网其奸邪,勒率随其踪迹,无愚夫蠢妇皆知为奸之无脱也,犯禁之不得免也。然而不材子不胜其欲,蒙死亡之罪,而被刑戮之羞;(然而)立秋之后,司寇之徒继踵于门,而死市之人血流于路。何则?惑于财利之得而蔽于死亡之患也。(夫今)〔今夫〕陈卒设兵,两军相当,将施令曰:“斩首〔者〕拜爵,而屈挠者要斩!”然而队(阶)〔伯〕之卒皆不能前遂斩首之功,而后被要斩之罪,是去恐死而就必死也。故利害之反,祸福之接,不可不审也。

事或欲之,适足以失之;或避之,适足以就之。楚人有乘船而遇大风者,波至〔恐〕而自投于水。非不贪生而畏死也,惑于恐死而反忘生也。故人之嗜欲,亦犹此也。齐人有盗金者,当市繁之时,至掇而走，勒问其故曰："而盗金于市中，何也？"对曰："吾不见人，徒见金耳。"志所欲则忘其为矣。是故圣人审动静之变，而适受与之度，理好憎之情，和喜怒之节。夫动静得则患弗(过)〔遇〕也，受与适则罪弗累也，好憎理则忧弗近也，喜怒节则怨弗犯也。故达道之人，不苟得，不(让)〔攘〕福，其有弗弃，非其有弗索，常满而不溢，恒虚而易足。

今夫霤水足以溢壶榼，而江河不能实漏卮。故人心犹是也。自当以道术度量，食充虚，衣御寒，则足以养七尺之形矣。若无道术度量而以自俭约，则万乘之势不足以为尊，天下之富不足以为乐矣。孙叔敖三去令尹而无忧色，爵禄不能累也。荆佽非两蛟夹绕其船而志不动，怪物不能惊也。圣人心平志易，精神内守，物莫足以惑之。

夫醉者俯入城门，以为七尺之闺也；超江淮，以为寻常之沟也；酒浊其神也。怯者夜见立表，以为鬼也；见寝石，以为虎也；惧掩其气也。又况无天地之怪物乎？夫雌雄相接，阴阳相薄，羽者为雏鷇，毛者为驹犊，柔者为皮肉，坚者为齿角，人弗怪也。水生蜧蜃，山生金玉，人弗怪也。老槐生火，久血为燐，人弗怪也。山出枭阳，水生罔象，木生毕方，井生坟羊，人怪之，闻见鲜而识物浅也。天下之怪物，圣人之所独见；利害之反复，知者之所独明达也。

同异嫌疑者，世俗之所眩惑也。夫见不可布于海内，闻不可明于百姓。是故因鬼神机祥而为之立禁，总形推类而为之变象。何以知其然也？世俗言曰：飨大高者而彘为上牲，葬死人者裘不可以藏，相戏以刃者太祖軵其肘，枕户橉而卧者鬼神蹠其首；此皆不著于法令，而圣人之所不口传也。夫飨大高而彘为上牲者，非彘能贤于野兽麋鹿也，而神明独飨之，何也？以为彘者，家人所常畜而易得之物也，故因其便以尊之。裘不可以藏者，非能具绨绵曼帛温暖于身也。世以为裘者难得贵贾之物也，而(不)可传于后世，无益于死者，而足以养生，故因其资以詟之。相戏以刃，太祖軵其肘者，夫以刃相戏，必为过失，过失相伤，其患必大，无涉血之仇争忿斗而以小事自内于刑戮，愚者所不知忌也，故因太祖以累其心。枕户橉而卧，鬼神履其首者，使鬼神能玄化，则不待户牖(之)〔而〕行。若循虚而出入，则亦无能履也。夫户牖者，风气之所从往来，而风气者，阴阳相捔者也，离者必病，故托鬼神以伸诫之也。凡此之属，皆不可胜著于书策竹帛而藏于官府者也，故以机祥明之，为愚者之不知其害，乃借鬼神之威以声其教，所由来者远矣。而愚者以为机祥，而狠者以为非，唯有道者能通其志。

今世之祭井灶门户箕帚臼杵者，非以其神为能飨之也，恃赖其德烦苦之无已也。是故以时见其德，所以不忘其功也。触石而出，肤寸而合，不崇朝而雨天下者，唯太山。赤地三年而不绝流，泽及百里而润草木者，唯江河也。是以天子秩而祭之。故马免人于难者，其死也，葬之〔以帷为衾〕。牛〔有德于人者，〕其死也，葬〔之〕以大车〔之箱〕为荐。牛马有功犹不可忘，又况人乎？此圣人所以重仁袭恩。故炎帝(于)〔作〕火，死而为灶；禹劳天下，死而为社；后稷作稼穑，死而为稷；羿除天下之害，死而为宗布。此鬼神之所以立。

北楚有任侠者，其子孙数谏而止之，不听也。县有贼，大搜其庐，事果发觉，夜惊而走，追道及之，其所施德者皆为之战，得免而遂反，语其子曰："汝数止吾为侠，今有难，果赖而免身，而谏我不可用也。"知所以免于难，而不知所以无难。论事如此，岂不惑哉？

宋人有嫁子者，告其子曰："嫁未必成也。有如出，不可不私藏。私藏而富，其于以复嫁易。"其子听父之计，窃而藏之。若公知其盗也，逐而去之。其父不自非也，而反得其计。知为出藏财而不知藏财所以出也。为论如此，岂不勃哉！

今夫僦载者，救一车之任，极一牛之力，为轴之折也，有如辕轴其上以为造，不知轴辕之趣轴折也。楚王之佩玦而逐菟，为走而破其玦也，因佩两玦以为之豫，两玦相触，破乃逾疾。乱国之治，有似于此。

夫鸱目大而视不若鼠，蚈足众而走不若蛇，物固有大不若小，众不若少者。及至夫强之弱，弱之强，危之安，存之亡也，非圣人孰能观之？大小尊卑未足以论也，唯道之在者为贵。何以明之？天子处于郊亭，则九卿趋，大夫走，坐者伏，倚者齐。当此之时，明堂太庙，悬冠解剑，缓带而寝。非郊亭大而庙堂狭小也，至尊居之也。天道之贵也，非特天子之为尊也，所在而众仰之。夫蛰虫鹊巢皆向天一者，至和在焉尔。帝者诚能包禀道，合至和，则禽兽草木莫不被其泽矣，而况兆民乎！

卷十四　诠言训

洞同天地,浑沌为朴,未造而成物,谓之太一。同出于一,所为各异,有鸟有鱼有兽,谓之分物。方以类别,物以群分,性命不同,皆形于有。隔而不通,分而为万(物),莫能(及)〔反〕宗。故动而谓之生,死而谓之穷。皆为物矣,非不物而物物者也,物物者亡乎万物之中。

稽古太初,人生于无,形于有。有形而制于物,能反其所生。若未有形,谓之真人。真人者,未始分于太一者也。

圣人不为名尸,不为谋府,不为事任,不为智主;藏无形,行无迹,游无朕;不为福先,不为祸始;保于虚无,动于不得已。

欲福者或为祸,欲利者或离害。故无为而宁者,失其所以宁则危;无事而治者,失其所以治则乱。星列于天而明,故人指之;义列于德而见,故人视之。人之所指,动则有章;人之所视,行则有迹。动有章则(词)〔诃〕,行有迹则议。故圣人掩明于不形,藏迹于无为。

王子庆忌死于剑,羿死于桃棓,子路菹于卫,苏秦死于(口)〔齐〕。

人莫不贵其所有而贱其所短,然而皆溺其所贵而极其所贱:所贵者有形,所贱者无朕也。故虎豹之强来射,猿狖之捷来措。人能贵其所贱,贱其所贵,可与言至论矣。

自信者,不可以诽誉迁也;知足者,不可以势利诱也。故通性之情者,不务性之所无以为;通命之情者,不忧命之所无奈何。通于道者,物莫(不)足滑其(调)〔和〕。

詹何曰:“未尝闻身治而国乱者也,未尝闻身乱而国治者也。矩不正不可以为方,规不正不可以为员。身者事之规矩也,未闻枉己而能正人者也。”

原天命,治心术,理好憎,适情性,则治道通矣。原天命,则不惑祸福;治心术,则不妄喜怒;理好憎,则不贪无用;适情性,则欲不过节。不惑祸福则动静循理,不妄喜怒则赏罚不阿,不贪无用则不以欲(用)害性,欲不过节则养性知足。凡此四者,弗求于外,弗假于人,反己而得矣。

天下不可以智为也,不可以慧识也,不可以事治也,不可以仁附也,不可以强胜也。五者皆人才也,德不盛不能成一焉。德立则五无殆,五见则德无位矣。故得道则愚者有余,失道则智者不足。

渡水而无游数,虽强必沉;有游数,虽羸必遂;又况托于舟航之上乎?

为治之本,务在于安民;安民之本,在于足用;足用之本,在于勿夺时;勿夺时之本,在于省事;省事之本,在于节欲;节欲之本,在于反性;反性之本,在于去载。去载则虚,虚则平。平者道之素也,虚者道之舍也。

能有天下者,必不失其国;能有其国者,必不丧其家;能治其家者,必不遗其身;能修其身者,必不忘其心;能原其心者,必不亏其性;能全其性者,必不惑于道。故广成子曰:“慎守而内,周闭而外,多知为败。毋视毋听,抱神以静,形将自正。”不得之己而能知彼者,未之有也。故《易》曰:“括囊无咎无誉。”

能成霸王者,必得胜者也。能胜敌者,必强者也。能强者,必用人力者也。能用人力者,必得人心〔者〕也。能得人心者,必自得者也。能自得者,必柔弱也。强胜不若己者,至于与同则格;柔胜出于己者,其力不可度。故能以众不胜成大胜者,唯圣人能之。

善游者不学刺舟而便用之;劲筋者不学骑马而便居之;轻天下者身不累于物,故能处之。泰王亶父处邠,狄人攻之,事之以皮币珠玉而不听,乃谢耆老而徙岐周,百姓携幼扶老而从之,遂成国焉。推此意,四世而有天下,不亦宜乎?

无以天下为者,必能治天下者。霜雪雨露,生杀万物,天无为焉,犹之贵天也。厌文搔法,治官理民者,有司也,君无事焉,犹尊君也。辟地垦草者后稷也,决河濬江者禹也,听狱制中者皋陶也,有圣名者尧也。故得道以御者,身虽无能,必使能者为己用;不得其道,伎艺虽多,未有益也。

方船济乎江,有虚船从一方来,触而覆之。虽有忮心,必无怨色。有一人在其中,一谓张之,一谓歙之,再三呼而不应,必以丑声随其后:向不怒而今怒,向虚而今实也。人能虚己以游于世,孰能訾之!

释道而任智者必危,弃数而用才者必困。有以欲多而亡者,未有以无欲而危者也。有以欲治而乱者,未有以守常而失者也。故智不足〔以〕免患,愚不足以至于失宁,守其分,循其理,失之不忧,得之不喜。故成者非所为也,得者非所求也;入者有受而无取,出者有授而无予;因春而生,因秋而杀,所生者弗德,所杀者非怨,则几于道也。

圣人不为可非之行,不憎人之非己也;修足誉之德,不求人之誉己也;不能使祸不至,信己之不迎也;不能使福必来,信己之不攘也。祸之至也,非其求所生,故穷而不忧;福之至也,非其求所成,故通而弗矜。知祸福之制不在于己也,故闲居而乐,无为而治。圣人守其所以有,不求其所未得。求其所无,则所有者亡矣;修其所有,则所欲者至。故用兵者先为不可胜,以待敌之可胜也;治国者先为不可夺,以待敌之可夺也。舜修之历山而海内从化,文王修之岐周而天下移风。使舜趋天下之利而忘修己之道,身犹弗能保,何尺地之有?故治未固于不乱,而事为治者必危;行未固于无非,而急求名者必剉也。福莫大无祸,利莫美不丧。动之为物,不(损)〔益〕则(益)

〔损〕,不成则毁,不利则病,皆险也,道之者危。故秦胜乎戎而败乎殽,楚胜乎诸夏而败乎柏莒。故道不可以劝(而)就利者,而可以宁避害者。故常无祸不常有福,常无罪不常有功。

圣人无思虑,无设储;来者弗迎,去者弗将;人虽东西南北,独立中央。故处众枉之中不失其直,天下皆流,独不离其坛域。故不为(善)〔好〕,不避丑,遵天之道;不为始,不专己,循天之理;不豫谋,不弃时,与天为期;不求得,不辞福,从天之则。不求所无,不失所得;内无(旁)〔奇〕祸,外无(旁)〔奇〕福;祸福不生,安有人贼?

为善则观,为不善则议;观则生(贵)〔责〕,议则生患。故道术不可以进而求名,而可以退而修身;不可以得利,而可以离害。故圣人不以行求名,不以智见誉;法修自然,己无所与。

虑不胜数,行不胜德,事不胜道。为者有不成,求者有不得。人有穷而道无不通,与道争则凶。故《诗》曰:“弗识弗知,顺帝之则。”有智而无为,与无智者同道;有能而无事,与无能者同德。其智也,告之者至,然后觉其动也;〔其能也,〕使之者至,然后觉其为也。有智若无智,有能若无能,道理为正也。故功盖天下不施其美,泽及后世不有其名,道理通而人伪灭也。

名与道不两明。人(受)〔爱〕名,则道不用;道胜人,则名息矣。道与(人)〔名〕竞长。章(人)〔名〕者,息道者也;(人)〔名〕章道息,则危不远矣。故世有盛名,则衰之日至矣。

欲尸名者,必为善;欲为善者,必生事;事生则释公而就私,(货)〔背〕数而任己。欲见誉于为善,而立名于为(质)〔贤〕,则治不修故,而事不须时。治不修故则多责,事不须时则无功。责多功鲜,无以塞之,则妄发而邀当,妄为而要中,功之成也不足以更责,事之败也(不)足以弊身。故重为善若重为非,而几于道矣。

天下非无信士也,临货分财,必探筹而定分,以为有心者之于平,不若无心者也。天下非无廉士也,然而守重宝者,必关户而(全)

〔玺〕封,以为有欲者之于廉,不若无欲者也。

人举其疵则怨人,鉴见其丑则善鉴。人能接物而不与己焉,则免于累矣。

公孙龙粲于辞而贸名,邓析巧辩而乱法,苏秦善说而亡(国)〔身〕。由其道则善无章,修其理则巧无名。故以巧斗力者,始于阳,常卒于阴;以慧治国者,始于治,常卒于乱。使水流下,孰弗能治?激而上之,非巧不能。故文胜则质掩,邪巧则正塞(之)也。

德可以自修而不可以使人暴,道可以自治而不可以使人乱。虽有圣贤之宝,不遇暴乱之世,可以全身,而未可以霸王也。汤武之王也,遇桀纣之暴也。桀纣非以汤武之贤暴也,汤武遭桀纣之暴而王也。故虽贤王必待遇;遇者,能遭于时而得之也,非智能所求而成也。

君子修行而使善无名,布施而使仁无章。故士行善而不知善之所由来,民澹利而不知利之所由出,故无为而自治。善有章则士争名,利有本则民争功。二争者生,虽有贤者弗能治。故圣人掩迹于为善,而息名于为仁也。

外交而为援,事大而为安,不若内治而待时。凡事人者,非以宝币,必以卑辞。事以玉帛,则货殚而欲不餍;卑体婉辞,则谕说而交不结;约束誓盟,则约定而反无日。虽割国之锱锤以事人,而无自恃之道,不足以为全。若诚(外释)〔释外〕交之策而慎修其境内之事,尽其地力以多其积,厉其民死以牢其城,上下一心,君臣同志,与之守社稷,斅死而民弗离,则为名者不伐无罪,而为利者不攻难胜,此必全之道也。

民有道所同道,有法所同守,为义之不能相固,威之不能相必也。故立君以一民,君执一则治,无常则乱。君道者,非所以为也,所以无为也。何谓无为?智者不以位为事,勇者不以位为暴,仁者不以位为(患)〔惠〕,可谓无为矣。夫无为则得于一也。一也者,万物之本也，无敌之道也。凡人之性，少则猖狂，壮则暴强，老则好利，一人之身既数变矣，又况君数易法，国数易君？人以其位通其好憎，下之径衢不可胜理。故君失一则乱，甚于无君之时，故《诗》曰："不愆不忘，率由旧章。"此之谓也。

君好智则倍时而任己，弃数而用虑，天下之物博而智浅，以浅澹博，未有能者也。独任其智，失必多矣。故好智，穷术也。好勇则轻敌而简备，自负而辞助。一人之力以御强敌，不杖众多而专用身才，必不堪也。故好勇，危术也。好与则无定分，上之分不定则下之望无止。若多赋敛，实府库，则与民为仇。少取多与，数未之有也。故好与，来怨之道也。仁智勇力，人之美才也，而莫足以治天下。由此观之，贤能之不足任也而道术之可(修)〔循〕，明矣。

圣人胜心，众人胜欲。君子行正气，小人行邪气。内便于性，外合于义，循理而动，不系于物者，正气也。重于滋味，淫于声色，发于喜怒，不顾后患者，邪气也。邪与正相伤，欲与性相害，不可两立，一置一废，故圣人损欲而从(事于)性。目好色，耳好声，口好味，接而说之，不知利害，嗜欲也。食之不宁于体，听之不合于道，视之不便于性，三(官)〔关〕交争，以义为制者，心也。割痤疽，非不痛也；饮毒药，非不苦也；然而为之者，便于身也。渴而饮水，非不快也，饥而大(飧)〔餐〕，非不澹也；然而弗为者，害于性也。此四者，耳目鼻口不知所取去，心为之制，各得其所。由是观之，欲之不可胜，明矣。凡治身养性，节寝处，适饮食，和喜怒，便动静，使在己者得，而邪气(因而)〔自〕不生，岂若忧瘕疵之与痤疽之发，而预备之哉？夫函牛之鼎沸而蝇蚋弗敢入，昆山之玉瑱而尘垢弗能污也。圣人无去之心而心无丑，无取之美而美不失。故祭祀思亲不求福，飨宾修敬不思德，唯弗求者能有之。

处尊位者，以有公道而无私说，故称尊焉，不称贤也。有大地者，以有常术而无钤谋，故称平焉，不称智也。内无暴事以离怨于百姓,外无贤行以见忌于诸侯,上下之(礼)〔体〕袭而不离,而为论者莫然不见所观焉,此所谓藏无形者。非藏无形,孰能形?

三代之所道者,因也。故禹决江河,因水也。后稷播种树谷,因地也。汤武平暴乱,因时也。故天下可得而不可取也,霸王可受而不可求也。

(在)〔任〕智则人与之讼,(在)〔任〕力则人与之争。未有使人无智者,有使人不能用其智于己者也;未有使人无力者,有使人不能施其力于己者也。此两者常在久见,故君贤不见,诸侯不备;不肖不见,则百姓不怨。百姓不怨,则民用可得;诸侯弗备,则天下之时可承。事所与众同也,功所与时成也,圣人无焉。故老子曰:"虎无所措其爪,兕无所措其角。"盖谓此也。

鼓不(灭)〔藏〕于声,故能有声。镜不没于形,故能有形。金石有声,弗叩弗鸣。管箫有音,弗吹(无)〔弗〕声。圣人内藏,不为物(先)倡。事来而制,物至而应。饰其外者伤其内,扶其情者害其神,见其文者蔽其质。无须臾忘〔其〕为(质)〔贤〕者必困于性,百步之中不忘其〔为〕容者必累其形。故羽翼美者伤骨骸,枝叶美者害根(茎)〔荄〕。能两美者,天下无之也。

天有明,不忧民之晦也,百姓穿户凿牖,自取照焉。地有财,不忧民之贫也,百姓伐木芟草,自取富焉。至德道者若丘山,嵬然不动,行者以为期也;直己而足物,不为人赣,用之者亦不受其德;故宁而能久。天地无予也,故无夺也。日月无德也,故无怨也。喜德者必多怨,喜予者必善夺。唯灭迹于无为,而随天地自然者,唯能胜理,而为受名。名兴则道行,道行则人无位矣。故誉生则毁随之,善见则(怨)〔恶〕从之。

利则为害始,福则为祸先,唯不求利者为无害,唯不求福者为无祸。侯而求霸者,必失其侯;霸而求王者,必丧其霸。故国以全为常,霸王其寄也;身以生为常,富贵其寄也。能不以天下伤其国,而不以国害其身者，为可以托天下也。

不知道者，释其所已有而求其所未得也。苦心愁虑，以行曲故；福至则喜，祸至则怖；神劳于谋，智遽于事；祸福萌生，终身不悔；己之所生，乃反愁人；不喜则忧，中未尝平；持无所监，谓之狂生。

人主好仁，则无功者赏，有罪者释；好刑，则有功者废，无罪者诛；及无好者，诛而无怨，施而不德，放准循绳，身无与事，若天若地，何不覆载？故合而舍之者君也，制而诛之者法也。民已受诛，（怨）无所（灭）〔怨憾〕谓之道。道胜则人无事矣。

圣人无屈奇之服，无瑰异之行，服不视，行不观，言不议，通而不华，穷而不慑，荣而不显，隐而不穷，异而不见怪，容而与众同，无以名之，此之谓大通。

升降揖让，趋翔周（游）〔旋〕，不得已而为也。非性所有于身，情无符检，行所不得已之事而不解构耳，岂加故为哉？故不得已而歌者，不事为悲；不得已而舞者，不矜为丽；歌舞而（不）事为悲丽者，皆无有根心者。

善博者不欲牟，不恐不胜，平心定意，（捉）〔投〕得其齐，行由其理，虽不必胜，得筹必多。何则？胜在于数，不在于欲。驰者不贪最先，不恐独后，缓急调乎手，御心调乎马，虽不能必先载，马力必尽矣。何则？先在于数，而不在于欲也。是故灭欲则数胜，弃智则道立矣。

贾多端则贫，工多技则穷，心不一也。故木之大者害其条，水之大者害其深；有智而无术，虽钻之不（通）〔达〕；有百技而无一道，虽得之弗能守。故《诗》曰："淑人君子，其仪一也；其仪一也，心如结也。"君子其结于一乎？

舜弹五弦之琴而歌《南风》之诗，以治天下；周公殽臑不收于前，钟鼓不解于县，以辅成王而海内平。匹夫百亩一守，不遑启处，无所移之也。以一人兼听天下，日有余而治不足，使人为之也。

处尊位者如尸,守官者如祝宰。尸虽能,剥狗烧彘弗为也,弗能无亏;俎豆之列次,黍稷之先后,虽知弗教也,弗能〔无〕害也。不能祝者,不可以为祝,无害于为尸。不能御者,不可以为仆,无害于为佐。故位愈尊而身愈佚,身愈大而事愈少。譬如张琴,小弦虽急,大弦必缓。

无为者,道之体也;执后者,道之容也。无为制有为,术也;执后之制先,数也。放于术则强,审于数则宁。今与人卞氏之璧,未受者,先也;求而致之,虽怨不逆者,后也。三人同舍,二人相争,争者各自以为直,不能相听,一人虽愚,必从旁而决之,非以智〔也〕,〔以〕不争也。两人相斗,一羸在侧,助一人则胜,救一人则免,斗者虽强,必制一羸,非以勇也,以不斗也。由此观之,后之制先,静之胜躁,数也。倍道弃数,以求苟遇;变常易故,以知要遮;过则自非,中则以为候;暗行缪改,终身不寤:此之谓狂。有祸则诎,有福则羸,有过则悔,有功则矜,遂不知反:此谓狂人。

员之中规,方之中矩,行成兽,止成文,可以将少,而不可以将众。蓼菜成行,瓶瓯有堤,量粟而舂,数米而炊,可以治家,而不可以治国。涤杯而食,洗爵而饮,浣而后馈,可以养家老,而不可以飨三军。

非易不可以治大,非简不可以合众。大乐必易,大礼必简。易故能天,简故能地。大乐无怨,大礼不责。四海之内,莫不系统,故能帝也。

心有忧者,筐床衽席,弗能安也;菰饭刍牛,弗能甘也;琴瑟鸣竽,弗能乐也。患解忧除,然后食甘寝宁,居安游乐。由是观之,生有以乐也,死有以哀也。今务益性之所不能乐,而以害性之所以乐,故虽富有天下,贵为天子,而不免为哀之人。凡人之性,乐恬而憎悯,乐佚而憎劳。心常无欲,可谓恬矣。形常无事,可谓佚矣。游心于恬,舍形于佚,以俟天命;自乐于内,无急于外,虽天下之大,不足以易其一概。日月廋而无溉于志,故虽贱如贵,虽贫如富。

大道无形,大仁无亲,大辩无声,大廉不嗛,大勇不矜。五者无弃,而几向方矣。

军多令则乱,酒多约则辩。乱则降北,辩则相贼。故始于都者,常(大)〔卒〕于鄙;始于乐者,常(大)〔卒〕于悲。其作始简者,其终(本)〔卒〕必调。今有美酒嘉肴以相飨,卑体婉辞以接之,欲以合欢,争盈爵之间,反生斗。斗而相伤,三族结怨,反其所憎,此酒之败也。

诗之失,僻;乐之失,刺;礼之失,责。

徵音非无羽声也,羽音非无徵声也。五音莫不有声,而以徵羽定名者,以胜者也。故仁义智勇,圣人之所备有也,然而皆立一名者,言其大者也。

阳气起于东北,尽于西南;阴气起于西南,尽于东北。阴阳之始,皆调适相似,日长其类,以侵相远,或热焦沙,或寒凝水,故圣人谨慎其所积。

水出于山,而入于海;稼生于野,而藏于廪。见所始,则知终矣。

席之先雚蕈,樽之上玄酒,俎之先生鱼,豆之先泰羹,此皆不快于耳目,不适于口腹,而先王贵之:先本而后末。

圣人之接物,千变万轸,必有不化而应化者。夫寒之与暖相反,大寒地坼水凝,火弗为衰其(暑)〔热〕;大(热)〔暑〕铄石流金,火弗为益其烈。寒暑之变,无损益于己,质有(之)〔定〕也。

圣人常后而不先,常应而不唱;不进而求,不退而让。随时三年,时去我先;去时三年,时在我后;无去无就,中立其所。

天道无亲,唯德是与。有道者不失时与人,无道者失于时而取人。直己而待命,时之至不可迎而反也;要遮而求合,时之去不可追而援也。故不曰我无以为,而天下远;不曰我不欲,而天下不至。

古之存己者,乐德而忘贱,故名不动志;乐道而忘贫,故利不动心。名利充天下,不足以概志。故廉而能乐,静而能澹,故其身治者,可与言道矣。自身以上至于荒芒,(尔)〔亦〕远矣;自死而天下无穷,(尔)〔亦〕滔矣。以数杂之寿,忧天下之乱,犹忧河水之少,泣而益之也。龟三千岁,浮游不过三日,以浮游而为龟忧养生之具,人必笑之矣。故不忧天下之乱而乐其身之治者,可与言道矣。

君子为善,不能使福必来;不为非,而不能使祸无至。福之至也,非其所求,故不伐其功;祸之来也,非其所生,故不悔其行。内修极而横祸至者,皆天也,非人也。故中心常恬漠,〔不〕累(积)其德;狗吠而不惊,自信其情。故知道者不惑,知命者不忧。

万乘之主卒,葬其骸于广野之中,祀其鬼神于明堂之上,神贵于形也。故神制则形从,形胜则神穷,聪明虽用,必反诸神,谓之太冲。

卷十五　兵略训

古之用兵者，非利土壤之广而贪金玉之略，将以存亡继绝，平天下之乱，而除万民之害也。凡有血气之虫，含牙(带)〔戴〕角，前爪后距，有角者触，有齿者噬，有毒者螫，有蹄者趹，喜而相戏，怒而相害，天之性也。人有衣食之情，而物弗能足也，故群居杂处，分不均、求不澹则争，争则强胁弱而勇侵怯。人无筋骨之强、爪牙之利，故割革而为甲，铄铁而为刃。贪昧饕餮之人，残贼天下，万人搔动，莫宁其所。有圣人勃然而起，乃讨强暴，平乱世，夷险除秽，以浊为清，以危为宁，故不得不中绝，兵之所由来者远矣。黄帝尝与炎帝战矣，颛顼尝与共工争矣。故黄帝战于涿鹿之野，尧战于丹水之浦，舜伐有苗，启攻有扈，自五帝而弗能偃也，又况衰世乎！

夫兵者，所以禁暴讨乱也。炎帝为火灾，故黄帝擒之。共工为水害，故颛顼诛之。教之以道、导之以德而不听，则临之以威武；临之威武而不从，则制之以兵革。故圣人之用兵也，若栉发耨苗，所去者少，而所利者多。杀无罪之民而养无义之君，害莫大焉；殚天下之财而澹一人之欲，祸莫深焉。使夏桀、殷纣有害于民而立被其患，不至于为炮烙；晋厉、宋康行一不义而身死国亡，不至于侵夺为暴。此四君者，皆有小过而莫之讨也，故至于攘天下，害百姓，肆一人之邪而长海内之祸，此(大)〔天〕伦之所不取也。所为立君者，以禁暴讨乱也。今乘万民之力，而反为残贼，是为虎傅翼，曷为弗除！

夫畜池鱼者必去猵獭，养禽兽者必去豺狼，又况治人乎！故霸王之兵，以论虑之，以策图之，以义扶之，非以亡存也，故以存亡也。故闻敌国之君有加虐于民者，则举兵而临其境，责之以不义，刺之以过行。兵至其郊,乃令军(师)〔帅〕曰:毋伐树木,毋抉坟墓,毋爇五谷,毋焚积聚,毋捕民虏,毋收六畜。乃发号施令曰:其国之君,傲天侮鬼,决狱不辜,杀戮无罪,此天之所以诛也,民之所以仇也;兵之来也,以废不义而复有德也,有逆天之道,(帅)〔卫〕民之贼者,身死族灭;以家听者禄以家,以里听者赏以里,以乡听者封以乡,以县听者侯以县!克国不及其民,废其君而易其政,尊其秀士而显其贤良,振其孤寡,恤其贫穷,出其囹圄,赏其有功。百姓开门而待之,淅米而储之,唯恐其不来也。此汤武之所以致王,而齐桓之所以成霸也。故君为无道,民之思兵也,若旱而望雨,渴而求饮,夫有谁与交兵接刃乎?故义兵之至也,至于不战而止。

晚世之兵,君虽无道,莫不设渠堑傅堞而守。攻者非以禁暴除害也,欲以侵地广壤也。是故至于伏尸流血,相支以日,而霸王之功不世出者,自为之故也。夫为地战者,不能成其王;为身战者,不能立其功。举事以为人者,众助之;举事以自为者,众去之。众之所助,虽弱必强;众之所去,虽大必亡。

兵失道而弱,得道而强;将失道而拙,得道而工;国得道而存,失道而亡。所谓道者,体圆而法方,背阴而抱阳,左柔而右刚,履幽而戴明。变化无常,得一之原,以应无方,是谓神明。夫圆者天也,方者地也。天圆而无端,故不(可)得(而)观〔其形〕;地方而无垠,故莫能窥其门。天化育而无形象,地生长而无计量,浑浑沉沉,孰知其藏?凡物有朕,唯道无朕;所以无朕者,以其无常形势也。轮转而无穷,象日月之运行,若春秋有代谢,若日月有昼夜,终而复始,明而复晦,莫能得其纪。

制刑而无刑,故功可成。物物而不物,故胜而不屈。刑,兵之极也;至于无刑,可谓极之〔极〕矣。是故大兵无创,与鬼神通;五兵不厉,天下莫之敢当;建鼓不出库,诸侯莫不慴悽沮胆其处。故庙战者帝,神化者王。所谓庙战者,法天道也;神化者,法四时也。修政于境内,而远方慕其德,制胜于未战,而诸侯服其威,内政治也。

古得道者静而法天地,动而顺日月,喜怒而合四时,叫呼而比雷霆,音气不戾八风,诎伸不获五度。下至介鳞,上及毛羽,条修叶贯;万物百族,由本至末,莫不有序。是故入小而不逼,处大而不窕,浸乎金石,润乎草木;宇中六合,振豪之末,莫不顺比。道之浸洽滒淖,纤微无所不在,是以胜权多也。

夫射,仪度不得则格的不中;骥,一节不用而千里不至。夫战而不胜者,非鼓之日也,素行无刑久矣。故得道之兵,车不发轫,骑不被鞍,鼓不振尘,旗不解卷,甲不离矢,刃不尝血,朝不易位,贾不去肆,农不离野,招义而责之,大国必朝,小城必下:因民之欲,乘民之力,而为之去残除贼也。故同利相死,同情相成,同欲相(助)〔趋〕。顺道而动,天下为向;因民而虑,天下为斗。猎者逐禽,车驰人趍,各尽其力,无刑罚之威而相为斥阃要遮者,同所利也。同舟而济于江,卒遇风波,百族之子捷捽招杼船,若左右手,不以相德,其忧同也。故明王之用兵也,为天下除害,而与万民共享其利,民之为用,犹子之为父,弟之为兄。威之所加,若崩山决塘,敌孰敢当!故善用兵者,用其自为用也;不能用兵者,用其为己用也。用其自为用,则天下莫不可用也;用其为己用,所得者鲜矣。

兵有三(诋)〔柢〕。治国家,理境内,行仁义,布德惠,立正法,塞邪隧,群臣亲附,百姓和辑,上下一心,君臣同力,诸侯服其威而四方怀其德,修政庙堂之上而折冲千里之外,拱揖指扮而天下响应,此用兵之上也。地广民众,主贤将忠,国富兵强,约束信,号令明,两军相当,鼓錞相望,未至(兵交)〔交兵〕接刃,而敌人奔亡,此用兵之次也。知土地之宜,习险隘之利,明奇正之变,察行陈解(赎)〔续〕之数,(维枹绾)〔绾枹〕而鼓之,白刃合,流矢接,涉血属肠,舆死扶伤,流血千里,暴骸盈场,乃以决胜,此用兵之下也。今夫天下皆知事治其末,而莫知务修其本,释其根而树其枝也。

夫兵之所以佐胜者众，而所以必胜者寡。甲坚兵利，车固马良，畜积给足，士卒殷轸，此军之大资也，而胜亡焉。明于星辰日月之运、刑德奇赅之数、背向左右之便，此战之助也，而全亡焉。良将之所以必胜者，恒有不原之智、不道之道，难以众同也。夫论除谨，动静时，吏卒辨，兵甲治，〔此司马之官也。〕正行伍，连什伯，明鼓旗，此尉之官也。前后知险易，见敌知难易，发斥不忘遗，此候之官也。隧路亟，行辎治，赋丈均，处军辑，井灶通，此司空之官也。收藏于后，迁舍不离，无淫舆，无遗辎，此舆之官也。凡此五官之于将也，犹身之有股肱手足也。必择其人技能其才，使官胜其任，人能其事，告之以政，申之以令，使之若虎豹之有爪牙，飞鸟之有六翮，莫不为用：然皆佐胜之具也，非所以必胜也。兵之胜败，本在于政，政胜其民，下附其上，则兵强矣。民胜其政，下畔其上，则兵弱矣。故德义足以怀天下之民，事业足以当天下之急，选举足以得贤士之心，谋虑足以知强弱之势，此必胜之本也。

地广人众，不足以为强；坚甲利兵，不足以为胜；高城深池，不足以为固；严令繁刑，不足以为威。为存政者，虽小必存；为亡政者，虽大必亡。昔者楚人地：南卷沅湘，北绕颍泗，西包巴蜀，东裹郯邳；颍汝以为洫，江汉以为池；垣之以邓林，绵之以方城；山高寻云〔霓〕，谿〔深〕肆无景；地利形便，卒民勇敢；蛟革犀兕，以为甲胄；修铩短纵，齐为前行；积弩陪后，错车卫旁；疾如(锥)〔镞〕矢，合如雷电，解如风雨。然而兵殆于垂沙，众破于柏举。楚国之强，(大)〔支〕地计众，中分天下，然怀王北畏孟尝君，背社稷之守而委身强秦，兵挫地削，身死不还。二世皇帝，势为天子，富有天下，人迹所至，舟楫所通，莫不为郡县。然纵耳目之欲，穷侈靡之变，不顾百姓之饥寒穷匮也，兴万乘之驾而作阿房之宫，发闾左之戍，收太半之赋，百姓之随逮肆刑、挽辂首路死者，一旦不知千万之数；天下敖然若焦热，倾然若苦烈，上下不相宁，吏民不相憀。戍卒陈胜兴于大泽，攘臂袒右，称为大楚,而天下响应。当此之时,非有牢甲利兵劲弩强冲也,伐棘枣而为矜,周锥凿而为刃,剡揥筡,奋儋鑺,以当修戟强弩,攻城略地,莫不降下。天下为之麋沸蚁动,云彻席卷,方数千里。势位至贱而器械甚不利,然一人唱而天下应之者,积怨在于民也。

武王伐纣,东面而迎岁,至汜而水,至共头而坠,彗星出而授殷人其柄;当战之时,十日乱于上,风雨击于中;然而前无蹈难之赏,而后无遁北之刑,白刃不毕拔,而天下得矣。是故善守者无与御,而善战者无与斗;明于禁舍开塞之道,乘时势,因民欲,而取天下。

故善为政者积其德,善用兵者畜其怒;德积而民可用,怒畜而威可立也。故文之所(以)加者浅,则势之所(胜)〔服〕者小;德之所施者博,而威之所制者广。威之所制者广,则我强而敌弱矣。故善用兵者,先弱敌而后战者也,故费不半而功自倍也。汤之地方七十里而王者,修德也;智伯有千里之地而亡者,穷武也。故千乘之国行文德者王,万乘之国好用兵者亡。故全兵先胜而后战,败兵先战而后求胜。德均则众者胜寡,力敌则智者胜愚,智侔则有数者禽无数。凡用兵者,必先自庙战:主孰贤?将孰能?民孰附?国孰治?蓄积孰多?士卒孰精?甲兵孰利?器备孰便?故运筹于庙堂之上,而决胜乎千里之外矣。

夫有形埒者,天下讼见之;有篇籍者,世人传学之:此皆以形相胜者也,善(形)者弗法也。所贵道者,贵其无形也。无形则不可(制)〔劫〕迫也,不可(度量)〔量度〕也,不可巧计也,不可规虑也。智见者,人为之谋;形见者,人为之功;众见者,人为之伏;器见者,人为之备。动作周还,倨句诎伸,可巧诈者,皆非善者也。善者之动也,神出而鬼行,星耀而玄(逐)〔运〕;进退诎伸,不见朕垠;鸾举麟振,凤飞龙腾;发如(秋)〔猋〕风,疾如骇(龙)〔电〕;(当)以生击死,以盛乘衰,以疾掩迟,以饱制饥;若以水灭火,若以汤沃雪,何往而不遂?何之而不(用)达?在中虚神,在外漠志,运于无形,出于不意;

与飘飘往，与忽忽来，莫知其所之；与条出，与间入，莫知其所集；卒如雷霆，疾如风雨，若从地出，若从天下，独出独入，莫能应圉；疾如镞矢，何可胜偶，一晦一明，孰知其端绪？未见其发，固已至矣。故善用兵者，见敌之虚，乘而勿假也，追而勿舍也，迫而勿去也；击其犹犹，陵其与与；疾雷不及塞耳，疾霆不暇掩目；善用兵若声之与响，若镗之与鞈，眯不给抚，呼不给吸。当此之时，仰不见天，俯不见地，手不麾戈，兵不尽拔，击之若雷，薄之若风，炎之若火，凌之若波。敌之静不知其所守，动不知其所为。故鼓鸣旗麾，当者莫不废滞崩阤，天下孰敢厉威抗节而当其前者？故凌人者胜，待人者败，为人杓者死。

兵静则固，专一则威，分决则勇，心疑则北，力分则弱。故能分人之兵，疑人之心，则锱铢有余；不能分人之兵，疑人之心，则数倍不足。故纣之卒，百万之心；武王之卒三千人，皆专而一。故千人同心，则得千人力；万人异心，则无一人之用。将卒吏民，动静如身，乃可以应敌合战。故计定而发，分决而动；将无疑谋，卒无二心；动无堕容，口无虚言，事无尝试；应敌必敏，发动必亟。故将以民为体，而民以将为心；心诚则支体亲刃，心疑则支体挠北。心不专一，则体不节动；将不诚(心)〔必〕，则卒不勇敢。故良将之卒，若虎之牙，若兕之角，若鸟之羽，若蚈之足，可以行，可以举，可以噬，可以触，强而不相败，众而不相害，一心以使之也。故民诚从其令，虽少无畏；民不从令，虽众为寡。故下不亲上，其心不用；卒不畏将，其形不战。守有必固而攻有必胜，不待交兵接刃而存亡之机固以形矣。

兵有三势，有二权。有气势，有地势，有因势。将充勇而轻敌，卒果敢而乐战，三军之众，百万之师，志厉青云，气如飘风，声如雷霆，诚积逾而威加敌人，此谓气势。硖路津关，大山名塞，龙蛇蟠，(却)〔簦〕笠居，羊肠道，(发)〔鱼〕笱门，一人守隘而千人弗敢过也，此谓地势。因其劳倦怠乱饥渴冻暍，推其摇摇，挤其揭揭，此谓因势。善用间谍，审错规虑，设蔚施伏，隐匿其形，出于不意，敌人之兵无所适备,此谓知权。陈卒正,前行选,进退俱,什伍(搏)〔抟〕,前后不相撚,左右不相干,受刃者少,伤敌者众,此谓事权。权势必形,吏卒专精,选良用才,官得其人,计定谋决,明于死生,举错得失,莫不振惊,故攻不待冲隆云梯而城拔,战不至交兵接刃而敌破,明于必胜之(攻)〔数〕也。故兵不必胜,不苟接刃;攻不必取,不为苟发。故胜定而后战,(铃)〔钤〕县而后动;故众聚而不虚散,兵出而不徒归。唯无一动,动则凌天振地,抗泰山,荡四海,鬼神移徙,鸟兽惊骇。如此则野无校兵、国无守城矣。

静以合躁,治以(持)〔待〕乱。无形而制有形,无为而应变,虽未能得胜于敌,敌不可得胜之道也。敌先我动,则是见其形也;彼躁我静,则是罢其力也。形见则胜可制也,力罢则威可立也。视其所为,因与之化;观其邪正,以制其命;饵之以所欲,以罢其足;彼若有间,急填其隙;极其变而束之,尽其节而仆之。敌若反静,为之出奇,彼不吾应,独尽其调;若动而应,有见所为,彼持后节,与之推移;彼有所积,必有所亏,精若转左,陷其右陂;敌溃而走,后必可移,敌迫而不动,名之曰奄迟。击之如雷霆,斩之若草木,耀之若火电,欲疾以遬;人不及步铏,车不及转毂,兵如植木,弩如羊角。人虽众多,势莫敢格。诸有象者,莫不可胜也;诸有形者,莫不可应也。是以圣人藏形于无,而游心于虚。风雨可障蔽,而寒暑不可(开)〔关〕闭,以其无形故也。夫能滑淖精微,贯金石,穷至远,放乎九天之上,蟠乎黄卢之下,唯无形者也。

善用兵者,当击其乱,不攻其治。(是)不袭堂堂之寇,不击填填之旗。容未可见,以数相持,彼有死形,因而制之。敌人执数,动则就阴,以虚应实,必为之禽。虎豹不动,不入陷阱;麋鹿不动,不离罝罘;飞鸟不动,不絓网罗;鱼鳖不动,不擐(蜃)〔唇〕喙。物未有不以动而制者也。是故圣人贵静,静则能应躁,后则能应先,数则能胜疏,(博)〔搏〕则能禽缺。

故良将之用卒也，同其心，一其力；勇者不得独进，怯者不得独退；止如丘山，发如风雨；所凌必破，靡不毁沮；动如一体，莫之应圉。是故伤敌者众，而手战者寡矣。夫五指之更弹，不若捲手之一挃；万人之更进，不如百人之俱至也。今夫虎豹便捷，熊罴多力，然而人食其肉而席其革者，不能通其知而壹其力也。夫水势胜火，章华之台烧，以升勺沃而救之，虽涸井而竭池，无奈之何也。举壶榼盆盎而以灌之，其灭可立而待也。今人之与人，非有水火之胜也，而欲以少耦众，不能成其功亦明矣。兵家或言曰：少可以耦众。此言所将，非言所战也。或将众而用寡者，势不齐也；将寡而用众者，用力谐也。若乃人尽其才，悉用其力，以少胜众者，自古及今未尝闻也。神莫贵于天，势莫便于地，动莫急于时，用莫利于人。凡此四者，兵之干植也。然必待道而后行可一用也。夫地利胜天时，巧举胜地利，势胜人，故任天者可迷也，任地者可束也，任时者可迫也，任人者可惑也。夫仁勇信廉，人之美才也，然勇者可诱也，仁者可夺也，信者易欺也，廉者易谋也，将众者有一见焉，则为人禽矣。由此观之，则兵以道理制胜，而不以人才之贤，亦自明矣。是故为麋鹿者则可以罝罘设也，为鱼鳖者则可以网罟取也，为鸿鹄者则可以矰缴加也。唯无形者无可奈也。是故圣人藏于无原，故其情不可得而观；运于无形，故其陈不可得而经。无法无仪，来而为之宜；无名无状，变而为之象。深哉睭睭，远哉悠悠；且冬且夏，且春且秋；上穷至高之末，下测至深之底；变化消息，无所凝滞；建心乎窈冥之野，而藏志乎九旋之渊：虽有明目，孰能窥其情?

兵之所隐议者天道也，所图画者地形也，所明言者人事也，所以决胜者钤势也。故上将之用兵也，上得天道，下得地利，中得人心，乃行之以机，发之以势，是以无破军败兵。乃至中将，上不知天道，下不知地利，专用人与势，虽未必能万全，胜钤必多矣。下将之用兵也，博闻而自乱，多知而自疑，居则恐惧，发则犹豫，是以动为人禽矣。

今使两人接刃,巧拙不异,而勇士必胜者何也?其行之诚也。夫以巨斧击桐薪,不待利时良日而后破之;加巨斧于桐薪之上,而无人力之奉,虽顺招摇、挟刑德而弗能破者,以其无势也。故水激则悍,矢激则远。夫栝淇卫箘簵,载以银锡,虽有薄缟之幨,腐荷之(矰)〔櫓〕,然犹不能独(射)〔穿〕也。假之筋角之力,弓弩之势,则贯兕甲而径于革盾矣。夫风之疾,至于飞屋折木;虚(举)〔舆〕之下大(迟)〔逵〕自上高丘,人之有所推也。是故善用兵者,势如决积水于千仞之堤,若转员石于万丈之谿。天下见吾兵之必用也,则孰敢与我战者!故百人之必死也,贤于万人之必北也,况以三军之众,赴水火而不还踵乎?虽誂合刃于天下,谁敢在于上者!

所谓天数者,左青龙,右白虎,前朱雀,后玄武。所谓地利者,后生而前死,左牡而右牝。所谓人事者,庆赏信而刑罚必。

动静时,举错疾,此世传之所以为仪表者固也,然而非所以生。仪表者,因时而变化者也,是故处(于)堂上之阴而知日月之次序,见瓶中之水而知天下之寒暑。

夫物之所以相形者微,唯圣人达其至。故鼓不与于五音,而为五音主;水不与于五味,而为五味调;将军不与于五官之事,而为五官督。故能调五音者,不与五音者也;能调五味者,不与五味者也;能治五官之事者,不可揆度者也。是故将军之心,滔滔如春,旷旷如夏,湫漻如秋,典凝如冬,因形而与之化,随时而与之移。

夫景不为曲物直,响不为清音浊,观彼之所以来,各以其胜应之。是故扶义而动,推理而行,掩节而断割,因资而成功。使彼知吾所出,而不知吾所入;知吾所举,而不知吾所集。始如狐狸,彼故轻来;合如兕虎,敌故奔走。夫飞鸟之挚也俯其首,猛兽之攫也匿其爪,虎豹不外其(爪)〔牙〕而噬〔犬〕不见〔其〕齿。故用兵之道,示之以柔而迎之以刚,示之以弱而乘之以强,为之以歙而应之以张,将欲西而示之以东；先忤而后合，前冥而后明，若鬼之无迹，若水之无创。故所乡非所之也，所见非所谋也，举措动静莫能识也。若雷之击，不可为备；所用不复，故胜可百全；与玄明通，莫知其门，是谓至神。

兵之所以强者民也，民之所以必死者义也，义之所以能行者威也。是故合之以文，齐之以武，是谓必取；威（仪）〔义〕并行，是谓至强。夫人之所乐者生也，而所憎者死也。然而高城深池，矢石若雨，平原广泽，白刃交接，而卒争先合者，彼非轻死而乐伤也，为其赏信而罚明也。

是故上视下如子，则下视上如父；上视下如弟，则下视上如兄。上视下如子，则必王四海；下视上如父，则必正天下。上（亲）〔视〕下如弟，则不难为之死；下视上如兄，则不难为之亡。是故父子兄弟之寇不可与斗者，积恩先施也。故四马不调，造父不能以致远；弓矢不调，羿不能以必中；君臣乖心，则孙子不能以应敌。是故内修其政，以积其德；外塞其丑，以服其威；察其劳佚，以知其饱饥。故战日有期，视死若归。故将必与卒同甘苦、（俟）〔并〕饥寒，故其死可得而尽也。故古之善将者，必以其身先之。暑不张盖，寒不被裘，所以程寒暑也。险隘不乘，（上）〔丘〕陵必下，所以齐劳佚也。军食熟然后敢食，军井通然后敢饮，所以同饥渴也。合战必立矢（射）〔石〕之所及，〔所〕以共安危也。故良将之用兵也，常以积德击积怨，以积爱击积憎，何故而不胜？

主之所求于民者二：求民为之劳也，欲民为之死也。民之所望于主者三：饥者能食之，劳者能息之，有功者能德之。民以偿其二（积）〔责〕，而上失其三望，国虽大，人虽众，兵犹且弱也。若苦者必得其乐，劳者必得其利，斩首之功必全，死事之后必赏：四者既信于民矣，主虽射云中之鸟而钓深渊之鱼，弹琴瑟，声钟竽，敦六博，投高壶，兵犹且强，令犹且行也。是故上足仰则下可用也，德足慕则威可立也。

将者,必有三隧、四义、五行、十守。所谓三隧者:上知天道,下习地形,中察人情。所谓四义者:便国不负兵,为主不顾身,见难不畏死,决疑不辟罪。所谓五行者:柔而不可卷也,刚而不可折也,仁而不可犯也,信而不可欺也,勇而不可陵也。所谓十守者:神清而不可浊也,谋远而不可(慕)〔篡〕也,操固而不可迁也,知明而不可蔽也,不贪于货,不淫于物,不嚂于辩,不推于方,不可喜也,不可怒也。是谓至(于)〔精〕,窈窈冥冥,孰知其情!发必中(铨)〔钤〕,言必合数;动必顺时,解必中(揍)〔腠〕;通动静之机,明开塞之节;审举措之利害,若合符节;疾如旷弩,势如发矢;一龙一蛇,动无常体;莫见其所中,莫知其所穷;攻则不可守,守则不可攻。

盖闻善用兵者,必先修诸己而后求诸人,先为不可胜而后求胜。修己于人,求胜于敌。己未能治也。而攻人之乱,是犹以火救火,以水应水也,何所能制?今使陶人化而为埴,则不能成盆盎;工女化而为丝,则不能织文锦;同莫足以相治也,故以异为奇。两爵相与斗,未有死者也,鹯鹰至则为之解,以其异类也。故静为躁奇,治为乱奇,饱为饥奇,佚为劳奇。奇正之相应,若水火金木之代为雌雄也。善用兵者,持五杀以应,故能全其胜;拙者处五死以贪,故动而为人擒。

兵贵谋之不测也,形之隐匿也,出于不意、不可以设备也。谋见则穷,形见则制。故善用兵者,上隐之天,下隐之地,中隐之人。隐之天者无不制也。何谓隐之天?大寒甚暑,疾风暴雨,大雾冥晦,因此而为变者也。何谓隐之地?山陵丘阜,林丛险阻,可以伏匿而不见形者也。何谓隐之人?蔽之于前,望之于后,出奇行陈之间,发如雷霆,疾如风雨,搴巨旗,止鸣鼓,而出入无形,莫知其端绪者也。

故前后正齐,四方如绳,出入解续,不相越凌,翼轻边利,或前或后,离合散聚,不失行伍,此善修行陈者也。明于奇(正)赅阴阳,刑德五行,望气候星,龟策机祥,此善为天道者也。设规虑,施蔚伏,见用水火,出珍怪,鼓噪军,所以营其耳也。曳梢肆柴,扬尘起竭,所以营其目者,此善为诈佯者也,錞钺牢重,固植而难恐,势利不能诱,死亡不能动,此善为充干者也。剽疾轻悍,勇敢轻敌,疾若灭没,此善用轻出奇者也。相地形,处次舍,治壁垒,审烟斥,居高陵,舍出处,此善为地形者也。因其饥渴冻暍、劳倦怠乱、恐惧窘步,乘之以选卒,击之以宵夜,此善因时应变者也。易则用车,险则用骑,涉水(多)〔用〕弓,隘则用弩,昼则多旌,夜则多火,晦冥多鼓,此善为设施者也。凡此八者,不可一无也,然而非兵之贵者也。

夫将者,必独见独知。独见者,见人所不见也;独知者,知人所不知也。见人所不见谓之明,知人所不知谓之神。神明者,先胜者也。先胜者,守不可攻,战不可胜,攻不可守,虚实是也。上下有隙,将吏不相得,所持不直,卒心积不服,所谓虚也。主明将良,上下同心,气意俱起,所谓实也。若以水投火,所当者陷,所薄者移,牢柔不相通,而胜〔败〕相奇者,虚实之谓也。故善战者不在少,善守者不在小,胜在得威,败在失气。

夫实则斗,虚则走,盛则强,衰则北。吴王夫差地方二千里,带甲七十万,南与越战,栖之会稽;北与齐战,破之艾陵;西遇晋公,擒之黄池;此用民气之实也。其后骄溢纵欲,拒谏喜谀,憢悍遂过,不可正喻,大臣怨怼,百姓不附,越王选卒三千人,擒之于隧,因制其虚也。夫气之有虚实也,若明之必晦也。故胜兵者非常实也,败兵者非常虚也。善者能实其民气以待人之虚也,不能者虚其民气以待人之实也。故虚实之气,兵之贵者也。

凡国有难,君自宫召将,诏之曰:社稷之命,在将军(即)〔身〕,今国有难,愿请子将而应之。将军受命,乃令祝史太卜斋宿三日,之太庙,钻灵龟,卜吉日以受鼓旗。君入庙门,西面而立。将入庙门,趋至堂下,北面而立。主亲操钺持头,授将军其柄曰:"从此上至天者,将军制之。"复操斧持头授将军其柄曰:"从此下至渊者,将军制之。"

将已受斧钺,答曰:“国不可从外治也,军不可从中御也。二心不可以事君,疑志不可以应敌。臣既以受制于前矣,鼓旗斧钺之威,臣无还请,愿君亦(以)〔无〕垂一言之命于臣也。君若不许,臣不敢将。君若许之,臣辞而行。”乃爪鬋,设明衣也,凿凶门而出;乘将军车,载旌旗斧钺,累若不胜;其临敌决战,不顾必死,无有二心。是故无天于上,无地于下,无敌于前,无主于后;进不求名,退不避罪,唯民是保,利合于主:国之(实)〔宝〕也,上将之道也。如此,则智者为之虑,勇者为之斗。气厉青云,疾如驰骛。是故兵未交接,而敌人恐惧。若战胜敌奔,毕受功赏,吏迁官,益爵禄,割地而为调,决于封外,卒论断于军中。顾反于国,放旗以入斧钺,报毕于君曰:“军无后治。”乃缟素辟舍,请罪于君。君曰:“赦之。”退斋服,大胜三年反舍,中胜二年,下胜期年。兵之所加者,必无道国也,故能战胜而不报,取地而不反。民不疾疫,将不夭死,五谷丰昌,风雨时节。战胜于外,福生于内,是故名必成而后无余害矣。

卷十六 说山训

魄问于魂曰:“道何以为体?”曰:“以无有为体。”魄曰:“无有有形乎?”魂曰:“无有。”〔魄曰:“无有〕何得而闻也?”魂曰:“吾直有所遇之耳。视之无形,听之无声,谓之幽冥。幽冥者,所以喻道而非道也。”魄曰:“吾(闻)得之矣:乃内视而自反也。”魂曰:“凡得道者,形不可得而见,名不可得而扬。今汝已有形名矣,何道之所能乎?”魄曰:“言者独何为者?”〔魂曰:〕“吾将反吾宗矣。”魄反顾魂,忽然不见,反而自存,亦以沦于无形矣。

人不小(学)〔觉〕,不大迷;不小慧,不大愚。

人莫鉴于沫雨,而鉴于澄水者,以其休止不荡也。

詹公之钓,千岁之鲤不能避,曾子攀柩车,引輴者为之止也,老母行歌而动申喜,精之至也。瓠巴鼓瑟而淫鱼出听;伯牙鼓琴,驷马仰(秣)〔沫〕;介子歌龙蛇而文君垂泣。故玉在山而草木润;渊生珠而岸不枯;蚓无筋骨之强,爪牙之利,上食晞堁,下饮黄泉,用心一也。

清之为明,杯水见眸子;浊之为暗,河水不见太山。

视日者眩,听雷者(聋)〔聩〕。

人无为则治,有为则伤;无为而治者载无也,为者不能(有)〔无为〕也。不能无为者,不能有为也。人无言而神,有言(者)则伤;无言而神者载无〔也〕,有言则伤其神。之神者,鼻之所以息,耳之所以听,终以其无用者为用矣。物莫不因其所有而用其所无。以为不信,视籁与竽。

念虑者不得卧;止念虑,则“有”为其所止矣。两者俱忘,则至德纯矣。

圣人终身言治，所用者非其言也，用所以言也。歌者有诗，然使人善之者非其诗也。鹦鹉能言，而不可使长〔言〕。是何则？得其所言，而不得其所以言。故循迹者非能生迹者也。

神蛇能断而复续，而不能使人勿断也。神龟能见梦元王，而不能自出渔者之笼。

四方皆道之门户牖向也，在所从窥之。故钓可以教骑，骑可以教御，御可以教刺舟。

越人学远射，参天而发，适在五步之内，不易仪也。世已变矣，而守其故，譬犹越人之射也。

月望，日夺其光，阴不可以乘阳也。日出，星不见，不能与之争光也。故末不可以强于本，指不可以大于臂。下轻上重，其覆必易。一渊不两鲛，〔一栖不两雄。一则定，两则争。〕

水定则清正，动则失平，故惟不动，则所以无不动也。

江河所以能长百谷者，能下之也。夫惟能下之，是以能上之。

天下莫相憎于胶漆，而莫相爱于冰炭。胶漆相贼，冰炭相息也。

墙之坏，愈其立也；冰之泮，愈其凝也：以其反宗。

泰山之容，巍巍然高，去之千里，不见埵堁，远之故也。

秋毫之末，沦于不测。是故小不可以为内者，大不可以为外矣。

兰生幽谷，不为莫服而不芳；舟在江海，不为莫乘而不浮；君子行义，不为莫知而止休。

夫玉润泽而有光，其声舒扬，涣乎其有似也；无内无外，不匿瑕秽；近之而濡，望之而隧。

夫照镜见眸子，微察秋毫，明照晦冥。故和氏之璧，随侯之珠，出于山渊之精。君子服之，顺祥以安宁。侯王宝之，为天下正。

陈成子恒之劫子渊捷也；子罕之辞其所不欲而得其所欲；孔子之见黏蝉者；白公胜之倒杖策也；卫姬之请罪于桓公；子见子夏曰何

肥也;魏文侯(见之)〔之见〕反被裘而负刍也;兒说之为宋王解闭结也:此皆微眇可以观论者。

人有嫁其子而教之曰:“尔行矣,慎无为善。”曰:“不为善,将为不善耶?”应之曰:“善且由弗为,况不善乎!”此全其天器者。

拘囹圄者,以日为修;当死市者,以日为短。日之修短有度也,有所在而短,有所在而修也,则中不平也。故以不平为平者,其平不平也。

嫁女于病消〔渴〕者,夫死则〔言女妨〕,后难复处也。故沮舍之下,不可以坐;倚墙之傍,不可以立。

执狱牢者无病,罪当死者肥泽,刑者多寿,心无累也。良医者常治无病之病,故无病。圣人者常治无患之患,故无患也。

夫至巧不用(剑)〔钩绳〕,善闭者不用关楗。淳于髡之告失火者,此其类。

以清入浊,必困辱;以浊入清,必覆倾。君子之于善也,犹采薪者见一芥掇之,见青葱则拔之。

天二气则成虹,地二气则泄藏,人二气则成病。阴阳不能且冬且夏。月不知昼,日不知夜。

善射者发不失的;善于射矣,而不善所射。善钓者无所失;善于钓矣,而不善所钓。故有所善,则不善矣。

钟之与磬也,近之则钟音充,远之则磬音章。物固有近不若远,远不若近者。

今曰稻生于水,而不能生于湍濑之流;紫芝生于山,而不能生于盘石之上;慈石能引铁,及其于铜,则不行也。

水广者鱼大,山高者木修。广其地而薄其德,譬犹陶人为器也,揲挻其土而不益厚,破乃愈疾。

圣人不先风吹,不先雷毁,不得已而动,故无累。

月盛衰于上,则蠃蛖应于下,同气相动,不可以为远。

执弹而招鸟，挥棁而呼狗，欲致之，顾反走。故鱼不可以无饵钓也，兽不可以虚（气）〔器〕召也。

剥牛皮鞟以为鼓，正三军之众，然为牛计者，不若服于轭也。狐白之裘，天子被之而坐庙堂，然为狐计者，不若走于泽。

亡羊而得牛，则莫不利失也。断指而免头，则莫不利为也。故人之情，于利之中则争取大焉，于害之中则争取小焉。

将军不敢骑白马，亡者不敢夜揭炬，保者不敢畜噬狗。

鸡知将旦，鹤知夜半，而不免于鼎俎。

山有猛兽，林木为之不斩；园有螫虫，藜藿为之不采。

为儒而踞里闾，为墨而朝吹竽，欲灭迹而走雪中，拯溺者而欲无濡，是非所行而行所非。

今夫暗饮者非尝不遗饮也，使之自以平，则虽愚无失矣。是故不同于和而可以成事者，天下无之矣。

求美则不得美，不求美则美矣。求丑则不得丑，求不丑则有丑矣。不求美又不求丑，则无美无丑矣，是谓玄同。

申徒狄负石自沉于渊，而溺者不可以为抗；弦高诞而存郑，诞（者）不可以为常：事有一应而不可循行。

人有多言者，犹百舌之声；人有少言者，犹不脂之户也。

六畜生多耳目者不详，谶书著之。

百人抗浮，不若一人挈而趋：物固有众而不若少者。引车者二，（六而）〔而六〕后之：事固有相待而成者。两人俱溺，不能相拯，一人处陆则可矣，故同不可相治，必待异而后成。

（千年之松）下有茯苓，上有兔丝；上有丛蓍，下有伏龟：圣人从外知内、以见知隐也。

喜武非侠也。喜文非儒也。好方非医也。好马非驺也。知音非瞽也。知味非庖也：此有一概而未得主名也。

被甲者非为十步之内也。百步之外，则争深浅，深则达五藏，浅则至肤而止矣。死生相去，不可为道里。

楚王亡其猨(而)〔于〕林，木为之残。宋君亡其珠〔于〕池，(中)鱼为之殚。故泽失火而林忧。

上求材，臣残木；上求鱼，臣干谷；上求楫而下致船；上言若丝，下言若纶；上有一善，下有二誉；上有三衰，下有九杀。

大夫种知所以强越，而不知所以存身；苌弘知周之所〔以〕存，而不知身〔之〕所以亡：知远而不知近。

畏马之辟也，不敢骑；惧车之覆也，不敢乘；是以虚祸距公利也。

不孝弟者或詈父母。生子者所不能任其必孝也，然犹养而长之。

范氏之败，有窃其钟负而走者，铃然有声，惧人闻之，遽掩其耳。憎人闻之可也，自掩其耳悖矣。

升之不能大于石也，升在石之中。夜之不能修(其)〔于〕岁也，夜在岁之中。仁义之不能大于道德也，仁义在道德之包。

先针而后缕，可以成帷；先缕而后针，不可以成衣。针成幕，幕成城。事之成败，必由小生，言有渐也。

染者先青而后黑则可，先黑而后青则不可。工人下漆而上丹则可，下丹而上漆则不可。万事由此，所先后上下，不可不审。

水浊而鱼崄，形劳则神乱。故国有贤(君)〔臣〕，折冲(万)〔千〕里。

因媒而嫁，而不因媒而成。因人而交，不因人而亲。

行合趋同，千里相从，行不合趋不同，对门不通。

海水虽大，不受胔芥。日月不应非其气，君子不容非其类也。

人不爱倕之手，而爱己之指；不爱江汉之珠，而爱己之钩。

以束薪为鬼，以火烟为气。以束薪为鬼，朅而走；以火烟为气，杀豚烹狗。先事如此，不如其后。

巧者善度，知者善豫。

羿死桃部不给射。庆忌死剑锋不给搏。

灭非者，户告之曰我实不与；我谀乱，谤乃愈起。止言以言，止事以事，譬犹扬堁而弭尘，抱薪而救火。流言雪污，譬犹以涅拭素也。

矢之于十步贯兕甲，于三百步不能入鲁缟。骐骥一日千里，其出致释驾而僵。

大家攻小家则为暴，大国并小国则为贤。

小马，(非)大马之类也。小知，非大知之类也。

被羊裘而赁，固其事也；貂裘而负笼，甚可怪也。

以洁白为污辱，譬犹沐浴而抒溷，薰燧而负彘。

治疽不择善恶(丑)肉而并割之，农夫不察苗莠而并耘之，岂不虚哉。

坏塘以取龟，发屋而求狸，掘室而求鼠，割唇而治龋：桀、跖之徒，君子不与。杀戎马而求狐狸，援两鳖而失灵龟，断右臂而争一毛，折镆邪而争锥刀：用智如此，岂足高乎？

宁百刺以针，无一刺以刀。宁一引重，无久持轻。宁一月饥，无一旬饿。万人之蹪，愈于一人之隧。

有誉人之力俭者，春至旦，不中员呈，犹谪之，察之，乃其母也。故小人之誉，人反为损。

东家母死，其子哭之不哀。西家子见之，归谓其母曰："社何爱速死，吾必悲哭社。"夫欲其母之死者，虽死亦不能悲哭矣。谓学不暇者，虽暇亦不能学矣。

见窾木浮而知为舟，见飞蓬转而知为车，见鸟迹而知著书：以类取之。

以非义为义，以非礼为礼，譬犹倮走而追狂人，盗财而予乞者，窃简而写法律，蹲踞而诵诗书。

割而舍之，镆邪不断肉。执而不释，马氂截玉。圣人无止，无以岁贤昔、日愈昨也。

马之似鹿者千金，天下无千金之鹿。玉待礛诸而成器，有千金之璧，而无锱锤之礛诸。

受光于隙，照一隅；受光于牖，照北壁；受光于户，照室中无遗物；况受光于宇宙乎？天下莫不藉明于其前矣。由此观之，所受者小，则所见者浅；所受者大，则所照者博。

江出岷山，河出昆仑，济出王屋，颍出少室，汉出嶓冢，分流舛驰，注于东海，所行则异，所归则一。

通于学者，若车轴转毂之中，不运于己，与之致千里，终而复始，转无穷之源。不通于学者，若迷惑，告之以东西南北，所居聆聆。背而不得，不知凡要。

寒不能生寒，热不能生热，不寒不热，能生寒热。故有形出于无形，未有天地能生天地者也，至深微广大矣。

雨之集无能沾，待其止而能有濡；矢之发无能贯，待其止而能有穿：唯止能止众止。因高而为台，就下而为池，各就其势，不敢更为。

圣人用物，若用朱丝约刍狗，若为土龙以求雨。刍狗，待之而求福；土龙，待之而得食。

鲁人身善制冠，妻善织履，往徙于越而大困穷。以其所修而游不用之乡，譬若树荷山上而畜火井中，操钓上山，揭斧入渊，欲得所求，难也。方车而蹠越，乘桴而入胡，欲无穷，不可得也。

楚王有白猿。王自射之，则搏矢而熙。使养由基射之，始调弓矫矢，未发而猿拥柱号矣。有先中中者也。

咼氏之璧，夏后之璜，揖让而进之以合欢，夜以投人则为怨：时与不时。

画西施之面，美而不可说；规孟贲之目，大而不可畏：君形者亡焉。

人有昆弟相分者无量，而众称义焉。夫惟无量，故不可得而量也。

登高使人欲望,临深使人欲窥,处使然也。射者使人端,钓者使人恭,事使然也。

曰杀罢牛可以赎良马之死,莫之为也。杀牛,必亡之数。以必亡赎不必死,未能行之者矣。

季孙氏劫公家,孔子说之,先顺其所为而后与之入政,曰:举枉与直,如何而不得?举直与枉,勿与遂往。此所谓同污而异涂者。

众曲不容直,众枉不容正。故人众则食狼,狼众则食人。

欲为邪者,必相明正;欲为曲者,必相达直。公道不立私,欲得容者,自古及今未尝闻也。此以善托其丑。

众议成林,无翼而飞,三人成市虎,一里能挠椎。

夫游没者不求沐浴,已自足其中矣。故食草之兽,不疾易薮;水居之虫,不疾易水。行小变而不失常。

信有非(礼而)〔而礼有〕失(礼):尾生死其梁柱之下,此信之非也;孔氏不丧出母,此礼之失者。

曾子立孝,不过胜母之闾。墨子非乐,不入朝歌之邑。曾子立廉,不饮盗泉。所谓养志者也。

纣为象箸而箕子唏,鲁以偶人葬而孔子叹。故圣人见霜而知冰。

有鸟将来,张罗而待之。得鸟者,罗之一目也。今为一目之罗,则无时得鸟矣。今被甲者,以备矢之至,若使人必知所集,则悬一札而已矣。事或不可前规,物或不可〔豫〕虑,卒然不戒而至,故圣人畜道以待时。

髡屯犁牛,既犐以㹇,决鼻而羁,生子而牺,尸祝齐戒,以沉诸河。河伯岂羞其所从出,辞而不享哉?

得万人之兵,不如闻一言之当。得隋侯之珠,不若得事之所由。得咼氏之璧,不若得事之所适。

撰良马者，非以逐狐狸，将以射麋鹿；砥利剑者，非以斩缟衣，将以断兕犀。故高山仰止，景行行止。向者其人，见弹而求鸮炙，见卵而求(晨)〔辰〕夜，见麖而求成布，虽其理哉，亦不病暮。

象解其牙，不憎人之利之也，死而弃其招箦，不怨人取之。人能以所不利利人则可。

狂者东走，逐者亦东走，东走则同，所以东走则异。溺者入水，拯之者亦入水，入水则同，所以入水者则异。故圣人同死生，愚人亦同死生。圣人之同死生，通于分理，愚人之同死生，不知利害所在。

徐偃王以仁义亡国；国亡者非必仁义。比干以忠靡其体；被诛者非必忠也。故寒颤，惧者亦颤，此同名而异实。

明月之珠，出于蚌蜃。周之简圭，生于垢石。大蔡神龟，出于沟壑。

万乘之主，冠锱锤之冠，履百金之车。牛皮为贱，正三军之众。

欲学歌讴者，必先徵羽乐风；欲美和者，(必先)始于阳阿采菱。此皆学其所不学，而欲至其所欲学者。

耀蝉者务在明其火；钓鱼者务在芳其饵。明其火者，所以耀而致之也；芳其饵者，所以诱而利之也。

欲致鱼者先通水，欲致鸟者先树木。水积而鱼聚，木茂而鸟集。好弋者先具缴与矰，好鱼者先具罟与罛，未有无其具而得其利。

遗人马而解其羁，遗人车而税其轪。所爱者少，而所亡者多。故里人谚曰：烹牛而不盐，败所为也。

桀有得事，尧有遗道，嫫母有所美，西施有所丑。故亡国之法有可随者，治国之俗有可非者。

琬琰之玉，在洿泥之中，虽廉者弗释；弊箄甑瓾，在裀茵之上，虽贪者不搏。美之所在，虽污辱世不能贱；恶之所在，虽高隆世不能贵。

春贷秋赋，民皆欣；春赋秋贷，众皆怨。得失同，喜怒为别，其时异也。

为鱼德者，非挈而入渊；为猿赐者，非负而缘木：纵之其所而已。

貂裘而杂，不若狐裘而粹，故人莫恶于无常行。

有相马而失马者，然良马犹在相之中。

今人(放)〔于〕烧，或操火往益之，或接水往救之，两者皆未有功，而怨德相去亦远矣。

郢人有买屋栋者，求大三围之木，而人予车毂。跪而度之，巨虽可而修不足。

蘧伯玉以德化，公孙鞅以刑罪，所极一也。病者寝席，医之用针石，巫之用糈藉，所救钧也。

狸头愈鼠，鸡头已瘘，虻散积血，斲木愈龋，此类之推者也。膏之杀鳖，鹊矢中蝟，烂灰生绳，漆见蟹而不干，此类之不推者也。推与不推，若非而是，若是而非，孰能通其微？

天下无粹白狐，而有粹白之裘，掇之众白也。善学者，若齐王之食鸡，必食其蹠数十而后足。

刀便剃毛，至伐大木，非斧不克。物固有以克适成不逮者。

视方寸于牛，不知其大于羊，总视其体，乃知其(大)相去之远。

孕妇见兔而子缺唇，见麋而子四目。

小马大目，不可谓大马；大马之目眇，可谓之眇马。物固有似然而似不然者。故决指而身死，或断臂而顾活，类不可必推。

厉利剑者必以柔砥，击钟磬者必以濡木，毂强必以弱辐。两坚不能相和，两强不能相服，故梧桐断角，马氂截玉。

媒但者非学谩(也)〔他〕，但成而生不信；立慬者非学斗争(也)，慬立而生不让。故君子不入狱，为其伤恩也；不入市，为其侳廉也。积不可不慎者也。

走不以手，缚手，走不能疾；飞不以尾，屈尾，飞不能远。物之用者，必待不用者。故使之见者，乃不见者也；使鼓鸣者，乃不鸣者也。

尝一脔肉,知一镬之味;悬羽与炭,而知燥湿之气:以小明大。见一叶落,而知岁之将暮;睹瓶中之冰,而知天下之寒:以近论远。

三人比肩,不能外出户。(一)〔二〕人相随,可以通天下。

足蹍地而为迹,暴行而为影,此易而难。

庄王诛里史,孙叔敖(制)〔刷〕冠浣衣。文公弃荏席,后黴黑,咎犯辞归。故桑叶落而长年悲也。

〔错〕鼎(错)日用而不足贵,周鼎不爨而不可贱:物固有以不用而为有用者。地平则水不流,重钧则衡不倾,物之尤必有所感:物固有以不用为大用者。

先倮而浴则可,以浴而倮则不可。先祭而后飨则可,先飨而后祭则不可。物之先后,各有所宜也。

祭之日而言狗生,取妇夕而言衰麻,置酒之日而言上冢,渡江河而言阳侯之波。

或曰知其且赦也,而多杀人。或曰知其且赦也,而多活人。其望赦同,所利害异。故或吹火而然,或吹火而灭。所以吹者异也。

烹牛以飨其里,而骂其东家母,德不报而身见殆。

文王污膺,鲍申伛背,以成楚国之治;裨谌出郭而知,以成子产之事。

朱儒问(径)天高于修人,修人曰:“不知。”曰:“子虽不知,犹近之于我。”故凡问事必于近者。

寇难至,躄者告盲者,盲者负而走,两人皆活,得其所能也。故使盲者语,使躄者走,失其所也。

郢人有鬻其母,为请于买者曰:“此母老矣,幸善食之而勿苦。”此行大不义而欲为小义者。

介虫之动以固,贞虫之动以毒螫,熊罴之动以攫搏,兕牛之动以牴触:物莫措其所修而用其短也。

治国者若槈田,去害苗者而已。今沐者堕发而犹为之不止,以所去者少,所利者多。

砥石不利而可以利金,檠不正而可以正弓。物固有不正而可以正,不利而可以利。

力贵齐,知贵捷。

得之同,速为上;胜之同,迟为下。所以贵镆邪者,以其应物而断割也;劙靡勿释,牛车绝辚。

为孔子之穷于陈、蔡而废六艺,则惑;为医之不能自治其病,病而不就药则勃矣。

卷十七　说林训

以一世之度制治天下，譬犹客之乘舟，中流遗其剑，遽契其舟桅，暮薄而求之，其不知物类亦甚矣。夫随一隅之迹，而不知因天地以游，惑莫大焉。虽时有所合，然而不足贵也。譬若旱岁之土龙，疾疫之刍狗，是时为帝者也。

曹(氏)之裂布，蛷者贵之，然非夏后氏之璜。

无古无今，无始无终，未有天地而生天地，至深微广大矣。

足(以)〔所〕蹍者浅矣，然待所不蹍而后行。智所知者褊矣，然待所不知而后明。

游者以足蹶，以手抻，不得其数，愈蹶愈败，及其能游者，非手足者矣。

鸟飞反乡，兔走归窟，狐死首丘，寒将翔水：各哀其所生。

毋贻盲者镜，毋予躄者履，毋赏越人章甫：非其用也。

椎固有柄，不能自椓。目见百步之外，不能自见其眦。

狗彘不择甂瓯而食，偷肥其体，而顾近其死。凤皇高翔千仞之上，故莫之能致。

月照天下，蚀于詹诸。腾蛇游雾，而殆于蝍蛆。乌力胜日，而服于鵻(礼)〔朼〕：能有修短也。

莫寿于殇子，而彭祖为夭矣。

短绠不可以汲深，器小不可以盛大，非其任也。

怒出于不怒，为出于不为。

视于无形，则得其所见矣。听于无声，则得其所闻矣。

至味不慊，至言不文，至乐不笑，至音不叫，大匠不斫，大豆不具,大勇不斗,得道而德从之矣。譬若黄钟之比宫、太蔟之比商,无更调焉。

以瓦铥者全,以金铥者跋,以玉铥者发,是故所重者在外,则内为之掘。

逐兽者目不见太山,嗜欲在外,则明所蔽矣。

听有音之音者聋,听无音之音者聪,不聋不聪,与神明通。

卜者操龟,筮者端策,以问于数,安所问之哉?

舞者举节,坐者不期而抃皆如一,所极同也。

日出旸谷,入于虞渊,莫知其动,须臾之间,俛人之颈。

人莫欲学御龙,而皆欲学御马,莫欲学治鬼,而皆欲学治人,急所用也。

解门以为薪,塞井以为臼,人之从事,或时相似。

水火相憎,鏏在其间,五味以和。骨肉相爱,谗贼间之,而父子相危。

夫所以养而害所养,譬犹削足而适履,杀头而便冠。

昌羊去蚤虱而来蛉穷:除小害而致大贼,欲小快而害大利。

墙之坏也,不若无也,然逾屋之覆。

璧瑗成器,礛诸之功,镆邪断割,砥砺之力。

狡兔得而猎犬烹,高鸟尽而强弩藏。

虻与骥致千里而不飞,无糗粮之资而不饥。

失火而遇雨,失火则不幸,遇雨则幸也。故祸中有福也。

鬻棺者欲民之疾(病)〔疫〕也;畜粟者欲岁之荒饥也。

水静则平,平则清,清则见物之形弗能匿也,故可以为正。

川竭而谷虚,丘夷而渊塞,唇竭而齿寒。

河水之深,其壤在山。

钧之缟也,一端以为冠,一端以为絉,冠则戴(致)〔攱〕之,絉则蹍履之。

知己者不可诱以物，明于死生者不可却以危。故善游者不可惧以涉。

亲莫亲如骨肉，节族之属连也。心失其制，乃反自害，况疏远乎？

圣人之于道，犹葵之与日也，虽不能与终始哉，其乡之诚也。

宫池涔则溢，旱则涸。江水之原，渊泉不能竭。

盖非橑，不能蔽日；轮非辐，不能追疾。然而橑、辐未足恃也。

金胜木者，非以一刃残林也。土胜水者，非以一墣塞江也。

躄者见虎而不走，非勇，势不便也。

倾者易覆也。倚者易辨也。幾易助也。湿易雨也。

设鼠者机动，钓鱼者泛(杭)〔抏〕，任动者车鸣也。

刍狗能立而不能行，蛇床似麋芜而不能芳。

谓许由无德，乌获无力，莫不丑于色：人莫不奋于其所不足。

以兔之走，使(犬)〔大〕〕如马，则逮日归风。及其为马，则又不能走矣。

冬有雷电，夏有霜雪，然而寒暑之势不易：小变不足以妨大节。

黄帝生阴阳，上骈生耳目，桑林生臂手，此女娲所以七十化也。

终日之言，必有圣之事；百发之中，必有羿、逢蒙之巧；然而世不与也，其守节非也。

牛蹄彘颅亦骨也，而世弗灼，必问吉凶于龟者，以其历岁久矣。

近敖仓者，不为之多饭；临江河者，不为之多饮：期满腹而已。

兰(芝)〔芷〕以芳，未尝见霜；鼓造辟兵，寿尽五月之望。

舌之与齿，孰先砻也？錞之与刃，孰先弊也？绳之与矢，孰先直也？

今鳝之与蛇，蚕之与蠋，状相类而爱憎异。

晋以垂棘之璧得虞、虢，骊戎以美女亡晋国。

聋者不歌，无以自乐；盲者不观，无以接物。

观射者遗其艺,观书者忘其爱;意有所在,则忘其所守。

古之所为不可更,则推车至今无蝉匷。

使(但)〔倡〕吹竽,使氐厌窍,虽中节而不可听,无其君形者也。

与死者同病,难为良医;与亡国同道,难与为谋。

为客治饭而自〔食〕藜藿,名尊于实也。

乳狗之噬虎也,伏鸡之搏狸也,恩之所加,不量其力。

使景曲者形也,使响浊者声也。情泄者中易测,华不时者不可食也。

蹠越者或以舟,或以车,虽异路,所极一也。

佳人不同体,美人不同面,而皆说于目。梨、橘、枣、栗不同味,而皆调于口。

人有盗而富者,富者未必盗。有廉而贫者,贫者未必廉。

蔐苗类絮,而不可为絮;麖不类布,而可以为布。

出林者不得直道,行险者不得履绳。

羿之所以射远中微者,非弓矢也。造父之所以追速致远者,非辔衔也。

海内其所出,故能大。轮复其所过,故能远。

羊肉不慕蚁,蚁慕于羊肉,羊肉羶也。醯〔酸〕不慕蚋,蚋慕于醯,〔醯〕酸〔也〕。

尝一脔肉而知一镬之味,悬羽与炭而知燥湿之气,以小见大,以近喻远。

十顷之陂可以灌四十顷,而一顷之陂〔不〕可以灌四顷,大小之衰然〔也〕。

明月之光,可以远望而不可以细书;甚雾之朝,可以细书而不可以(远)望寻常之外。

画者谨毛而失貌,射者仪小而遗大。

治鼠穴而坏里闾,溃小疱而发痤疽,若珠之有颣,玉之有瑕,置之而全,去之而亏。

榛巢者处林茂,安也。窟穴者托埵防,便也。

王子庆忌足蹑麋鹿,手搏兕虎,置之冥室之中不能搏龟鳖,势不便也。

汤放其主而有荣名,崔杼弑其君而被大谤,所为之则同,其所以为之则异。

吕望使老者奋,项托使婴儿矜:以类相慕。

使叶落者风摇之,使水浊者鱼挠之。

虎豹之文来射,猿狖之捷来(乍)〔籍〕。

行一棋不足以见智,弹一弦不足以见悲。

三寸之管而无当,天下弗能满;十石而有塞,百斗而足矣。

以篙测江,篙终而以水为测,惑矣。

渔者走渊,木者走山,所急者存也。朝之市则走,夕过市则步,所求者亡也。

豹裘而杂,不若狐裘之粹。白璧有考,不得为宝,言至纯之难也。

(战)兵死之鬼憎神巫,盗贼之辈丑吠狗。

无乡之社,易为黍肉;无国之稷,易为求福。

鳖无耳而目不可以瞥,精于明也。瞽无目而耳不可以塞,精于聪也。

遗腹子不思其父,无貌于心也;不梦见像,无形于目也。

蝮蛇不可以为足,虎豹不可使缘木。

马不食脂,桑扈不啄粟,非廉也。秦通崤塞而魏筑城也。

饥马在厩,寂然无声,投刍其旁,争心乃生。

引弓而射,非弦不能发矢。弦之为射,百分之一也。

道德可常,权不可常,故遁关不可复,亡犴不可再。

环可以喻员,不必以轮;绦可以为繶,不必以紃。

日月不并出，狐不二雄，神龙不匹，猛兽不群，鸷鸟不双。

循绳而斫则不过，悬衡而量则不差，植表而望则不惑。

损年则嫌于弟，益年则疑于兄，不如循其理，若其当。

人不见龙之飞举而能高者，风雨奉之。

蠹众则木折，隙大则墙坏。

悬垂之类，有时而隧，枝格之属，有时而弛。

当冻而不死者，不失其适；当暑而不暍者，不亡其适。未尝〔不〕适，亡其适。

汤沐具而虮虱相吊，大厦成而燕雀相贺，忧乐别也。

柳下惠见饴曰："可以养老。"盗跖见饴曰："可以黏牡。"见物同而用之异。

蚕食而不饮，(二)〔三〕十二日而化。蝉饮而不食，三十日而脱。蜉蝣不食不饮，三日而死。

人食礜石而死，蚕食之而不饥；鱼食巴菽而死，鼠食之而肥。类不可必推。

瓦以火成，不可以得火；竹以水生，不可以得水。

扬堁而欲弭尘，被裘而以翣翼，岂若适衣而已哉！

槁竹有火，弗钻不燃；土中有水，弗掘(无泉)〔不出〕。

蚝、象之病，人之宝也。人之病，将有谁宝之者乎？

为酒人之利而不酤，则(竭)〔渴〕；为车人之利而不僦，则不达。握火投人，反先之热。

邻之母死往哭之，妻死而不泣，有所劫以然也。

西方之倮国，鸟兽弗辟，与为一也。

一膊炭熯，掇之则烂指；万石俱熯，去之十步而不死，同气异积也。大勇小勇，有似于此。

今有六尺之席，卧而越之，下材弗难；植而逾之，上材弗易。势施异也。

百梅足以为百人酸，一梅不足以为一人和。

有以（饭）〔噎〕死者，而禁天下之食；有以车为败者，而禁天下之乘；则悖矣。

钓者静之，罛者扣舟，罩者抑之，罣者举之：为之异，得鱼一也。

见象牙乃知其大于牛，见虎尾乃知其大于狸，一节见而百节知也。

小国不斗于大国之间，两鹿不斗于伏兕之旁。

佐祭者得尝，救斗者得伤。荫不祥之木，为雷电所扑。

或谓冢，或谓陇；或谓笠，或谓簦。〔名异实同也。〕头虱与空木之瑟，名同实异也。

日月欲明，而浮云盖之，兰芝欲修，而秋风败之。

虎有子不能搏攫者，辄杀之，为堕武也。

龟纽之玺，贤者以为佩；土壤布在田，能者以为富。予（拯）溺者金玉，不若寻常之缠索。

视书上有酒者下必有肉，上有年者下必有月：以类而取之。

蒙尘而眯，固其理也，为其不出户而堁之（，非其道）也。

屠者（羹藿）〔藿羹〕，（为）车者步行，陶（者）〔人〕用缺盆，匠人处狭庐：为者不必用，用者弗肯为。

毂立三十辐，各尽其力，不得相害。使一辐独入，众辐皆弃，岂能致千里哉！

夜行者掩目而前其手，涉水者解其马载之舟：事有所宜，而有所不施。

橘柚有乡，萑苇有丛。兽同足者相从游，鸟同翼者相从翔。

田中之潦，流入于海。附耳之言，闻于千里也。

苏秦步，曰“何（故）〔步〕？”趍，曰“何趍？”驰，〔曰“何驰？”〕有为则议，多事固苛。

皮将弗睹，毛将何顾？畏首畏尾，身凡有几？

欲观九州之土,足无千里之行;心无政教之原,而欲为万民之上则难。

的的者获,提提者射,故大白若辱,大德若不足。

未尝稼穑粟满仓,未尝桑蚕丝满囊,得之不以道,用之必横。

海不受流胔,太山不上小人,旁光不升俎,駠驳不入牲。

中夏用篓快之,至冬而不知去:褰衣涉水,至(陵)〔陆〕而不知下;未可以应变。

有山无林,有谷无风,有石无金。

满堂之坐,视钩各异,于环带一也。

献公之贤,欺于骊姬;叔孙之智,欺于竖牛;故郑詹入鲁,《春秋》曰:“佞人来!佞人来!”

君子有酒,鄙人鼓缶,虽不见好,亦不见丑。

人性便丝衣帛;或射之,则被铠甲:为其所不便,以得所便。

辐之入毂,各值其凿,不得相通,犹人臣各守其职,不得相干。

尝被甲而免射者,被而入水;尝抱壶而度水者,抱而蒙火:可谓不知类矣。

君子之居民上,若以腐索御奔马;若蹍薄冰,蛟在其下;若入林而遇乳虎。

善用人者,若蚈之足,众而不相害;若唇之与齿,坚柔相摩而不相败。

清醠之美,始于耒耜;黼黻之美,在于杼轴。

布之新,不如纻;纻之弊,不如布。或善为新,或(恶)〔善〕为故。

靥酺在颊则好,在颡则丑。绣以为裳则宜,以为冠则(讥)〔议〕。

马齿非牛蹄,檀根非椅枝,故见其一本而万物知。

石生而坚,兰生而芳,少(自)〔有〕其质,长而愈明。

扶之与提,谢之与让,(故)〔得〕之与(先)〔失〕,诺之与已也,(之与矣)相去千里。

污准而粉其颡;腐鼠在坛,烧薰于宫;入水而憎濡,怀臭而求芳:虽善者弗能为工。

再生者不获,华大早者不胥时落。

毋曰不幸,甑终不堕井。抽簪招燐,有何为惊?

使人无度河,可;中河使无度,不可。

见虎一文,不知其武;见骥一毛,不知善走。

水虿为蟌,孑孑为蚊,兔啮为蟹。

物之所为出于不意,弗知者惊,知者不怪。

铜英青,金英黄,玉英白;黂烛捔,膏烛泽也。以微知明,以外知内。

象肉之味,不知于口;鬼神之貌,不著于目;捕景之说,不形于心。

冬冰可折,夏木可结,时难得而易失。

木方茂盛,终日采而不知;秋风下霜,一夕而殚。

病热而强之餐,救暍而饮之寒,救经而引其索,拯溺而授之石:欲救之,反为恶。

虽欲谨,亡马不发户辚;虽欲豫,就酒不怀蓐。

孟贲探鼠穴,鼠无时死,必噬其指,失其势也。

山云蒸,柱础润,伏苓掘,兔丝死。

一家失熛,百家皆烧;谗夫阴谋,百姓暴骸。

粟得水(湿)而热,甑得火而液,水中有火,火中有水。

疾雷破石,阴阳相薄,〔自然之势。〕

汤沐之于河,有益不多;流潦注海,虽不能益,犹愈于已。

一目之罗,不可以得鸟;无饵之钓,不可以得鱼;遇士无礼,不可以得贤。

兔丝无根而生,蛇无足而行,鱼无耳而听,蝉无口而鸣,有然之者也。

鹤寿千岁以极其游;蜉蝣朝生而暮死而尽其乐。

纣醢梅伯,文王与诸侯构之。桀辜谏者,汤使人哭之。狂马不触木,猘狗不自投于河,虽聋虫而不自陷,又况人乎!

爱熊而食之盐,爱獭而饮之酒,虽欲养之,非其道。

心所说,毁舟为杕;心所欲,毁钟为铎。

管子以小辱成大荣,苏秦以百诞成一诚。

质的张而弓矢集,林木茂而斧斤入,非或召之,形势所致者也。

待利而后拯溺,人亦必(以)利溺人矣。

舟能沉能浮,愚者不加足。

骐骥驱之不进,引之不止,人君不以取道里。

刺我行者,欲与我交;訾我货者,欲与我市。

以水和水不可食,一弦之瑟不可听。

骏马以抑死,直士以正穷,贤者摈于朝,美女摈于宫。

行者思于道,而居者梦于床;慈母吟于(巷)〔燕〕,適子怀于荆。

赤肉悬则乌鹊集,鹰隼鸷则众鸟散:物之散聚,交感以然。

食其食者不毁其器,食其实者不折其枝。塞其源者竭,背其本者枯。

交画不畅,连环不解,其解之(不以)〔以不〕解。

临河而羡鱼,不如归家织网。

明月之珠,蚌之病而我之利;虎爪象牙,禽兽之利而我之害。

易道良马,使人欲驰;饮酒而乐,使人欲歌。

是而行之,故谓之断;非而行之,必谓之乱。

矢疾不过二里也,步之迟,百舍不休,千里可致。

圣人处于阴,众人处于阳;圣人行于水,众人行于霜。

异音者不可听以一律,异形者不可合于一体。

农夫劳而君子养焉,愚者言而智者择焉。

舍茂林而集于枯,不弋鹄而弋乌,难与有图。

寅丘无壑，泉原不溥。寻常之壑，灌千顷之泽。

见之明白，处之如玉石；见之暗晦，必留其谋。

以天下之大托于一人之才，譬若悬千钧之重于木之一枝。

负子而登墙，谓之不祥，为其一人陨而两人伤。

善举事者，若乘舟而悲歌，一人唱而千人和。

不能耕而欲黍粱，不能织而喜采裳：无事而求其功，难矣。

有荣华者，必有憔悴；有罗纨者，必有麻蒯。

鸟有沸波者，河伯为之不潮，畏其诚也。故一夫出死，千乘不轻。

蝮蛇螫人，傅以和堇则愈：物故有重而害反为利者。

圣人之处乱世，若夏暴而待暮；桑榆之间，逾易忍也。

水虽平，必有波；衡虽正，必有差；尺寸虽齐，必有诡。

非规矩不能定方圆，非准绳不能正曲直，用规矩准绳者，亦有规矩准绳焉。

舟覆乃见善游，马奔乃见良御。

嚼而无味者，弗能内于喉；视而无形者，不能思于心。

兕虎在于后，随侯之珠在于前，弗及掇者，先避患而后就利。

逐鹿者不顾兔，决千金之货者不争铢两之价。

弓先调而后求劲，马先驯而后求良，人先信而后求能。

陶人弃索，车人掇之，屠者弃销，而(鍜)〔锻〕者拾之：所缓急异也。

百星之明，不如一月之光；十牖之开，不如一户之明。

矢之于十步，贯兕甲；及其极，不能入鲁缟。

太山之高，背而弗见；秋毫之末，视之可察。

山生金，反自刻；木生蠹，反自食；人生事，反自贼。

巧冶不能铸木，巧工不能斫金者，形性然也。

白玉不琢，美珠不文，质有余也。故跬步不休，跛鳖千里，累积不辍，可成丘阜。城成于土，木直于下，非有事焉，所缘使然。

凡用人之道，若以燧取火，疏之则弗得，数之则弗中，正在疏数之间。

从朝视夕者移，从枉准直者亏。圣人之偶物也，若以镜视形，曲得其情。

杨子见逵路而哭之，为其可以南，可以北；墨子见练丝而泣之，为其可以黄，可以黑。

趍舍之相合，犹金石之一调，相去千岁，合一音也。

鸟不干防者，虽近弗射；其当道，虽远弗释。

酤酒而酸，买肉而臭，然酤酒买肉不离屠沽之家：故求物必于近之者。

以诈应诈，以谲应谲，若披蓑而救火，毁渎而止水，乃愈益多。

西施毛嫱，状貌不可同，世称其好，美钧也。尧、舜、禹、汤，法籍殊类，得民心一也。

圣人者，随时而举事，因资而立功，涔则具擢对，旱则修土龙。

临淄之女织纨而思，行者为之悖戾。室有美貌，缯为之纂绎。

徵羽之操，不入鄙人之耳，抮和（切适）〔适切〕，举坐而善。

过府而负手者，希不有盗心。故侮人之鬼者，过社而摇其枝。

晋阳处父伐楚以救江，故解捽者不在于捌格，在于批（伉）〔抌〕。

木大者根擢，山高者基扶，蹠巨者志远，体大者节疏。

狂者伤人，莫之怨也；婴儿詈老，莫之疾也：贼心（㠶）〔亡也〕。

尾生之信，不如随牛之诞，而又况一不信者乎？

忧父之疾者子，治之者医，进献者祝，治祭者庖。

卷十八　人间训

清净恬愉,人之性也;仪表规矩,事之制也。知人之性,其自养不勃;知事之制,其举错不惑。

发一端,散无竟,〔总一筦,〕周八极,(总一筦)谓之心。见本而知末,观指而睹归,执一而应万,握要而治详,谓之术。

居知所为,行知所之,事知所秉,动知所由,谓之道。道者置之前而不轾,错之后而不轩,内之寻常而不塞,布之天下而不窕。是故使人高贤称誉己者,心之力也。使人卑下诽谤己者,心之罪也。

夫言出于口者,不可止于人;行发于迩者,不可禁于远。

事者难成而易败也,名者难立而易废也。千里之堤,以蝼蚁之穴漏;百寻之屋,以突隙之(烟)〔熛〕焚。《尧戒》曰:"战战慄慄,日慎一日,人莫蹪于山而蹪于(蛭)〔垤〕。"是故人皆轻小害、易微事以多悔。患至而后忧之,是犹病者已惓而索良医也,虽有扁鹊、俞跗之巧,犹不能生也。

夫祸之来也,人自生之;福之来也,人自成之。祸与福同门,利与害为邻,非神圣人,莫之能分。

凡人之举事,莫不先以其知,规虑揣度,而后敢以定谋,其或利或害,此愚智之所以异也。晓自然以为智,知存亡之枢机、祸福之门户,举而用之,陷溺于难者,不可胜计也。使知所为是者,事必可行,则天下无不达之涂矣。是故知虑者,祸福之门户也。动静者,利害之枢机也。百事之变化,国家之治乱,待而后成。(是故不溺于难者成)是故不可不慎也。

天下有三危:少德而多宠,一危也;才下而位高,二危也;身无大功而受厚禄,三危也。故物或损之而益,或益之而损。

何以知其然也?昔者楚庄王既胜晋于河雍之间,归而封孙叔敖。辞而不受,病(疽将)〔且〕死,谓其子曰:“吾则死(矣),王必封汝,汝必让肥饶之地,而受沙石之间。有寝丘者,其地确石而名丑,(荆)〔吴〕人鬼,越人(禨)〔鬿〕,人莫之利也。”孙叔敖死,王果封其子以肥饶之地。其子辞而不受,请有寝之丘。楚国之(俗)〔法〕,功臣二世而(爵)〔夺〕禄,惟孙叔敖独存,此所谓损之而益也。何谓益之而损?昔晋厉公南伐楚,东伐齐,西伐秦,北伐燕,兵(横)行天下而无所绻,威服四方而无所诎,遂合诸侯于嘉陵,气充志骄,淫侈无度,暴虐万民,内无辅拂之臣,外无诸侯之助,戮杀大臣,亲近导谀。明年,出游匠骊氏,栾书、中行偃劫而幽之,诸侯莫之救,百姓莫之哀,三月而死。夫战胜攻取,地广而名尊,此天下之所愿也。然而终于身死国亡,此所谓益之而损者也。夫孙叔敖之请有寝之丘,沙石之地,所以累世不夺也;晋厉公之合诸侯于嘉陵,所以身死于匠骊氏也。

众人皆知利利而病病也。唯圣人知病之为利,知利之为病也。夫再实之木根必伤,掘藏之家必有殃,以言大利而反为害也。张武教智伯夺韩魏之地而禽于晋阳,申叔时教庄王封陈氏之后而霸天下。孔子读《易》至《损》《益》,未尝不(愤)〔喟〕然而叹曰:“益损者,其王者之事欤!”事或欲(以)利之,适足以害之,或欲害之,乃反以利之。利害之反,祸福之门户,不可不察也。

阳虎为乱于鲁,鲁君令人闭城门而捕之,得者有重赏,失者有重罪。围三匝,而阳虎将举剑而伯颐。门者止之曰:“(天下探之不穷)我将出子。”阳虎因赴围而逐,扬剑提戈而走,门者出之,顾反取其出之者以戈推之,攘袪薄腋。出之者怨之曰:“我非故与子(反)〔友〕也,为之蒙死被罪而乃反伤我,宜矣其有此难也。”鲁君闻阳虎失,大怒。问所出之门,使有司拘之,以为伤者〔战斗者也,不伤者为纵之者。伤者〕受大赏,而不伤者被重罪。此所谓害之而反利〔之〕者也。

何谓欲利之而反害之?楚恭王与晋人战于鄢陵,战酣,恭王伤而休,司马子反渴而求饮,竖阳谷奉酒而进之。子反之为人也,嗜酒而甘之,不能绝于口,遂醉而卧。恭王欲复战,使人召司马,子反辞以心痛。王驾而往视之,入幄中而闻酒臭。恭王大怒曰:"今日之战,不穀亲伤,所恃者司马也,而司马又若此,是亡楚国之社稷而不(率)〔恤〕吾众也。不穀无与复战矣。"于是罢师而去之,斩司马子反〔以〕为僇。故竖阳谷之进酒也,非欲祸子反也,诚爱而欲快之也,而适足以杀之。此所谓欲利之而反害之者也。

夫病(湿)〔温〕而强之(食)〔餐〕,病暍而饮之寒,此众人之所以为养也,而良医之所以为病也。悦于目,悦于心,愚者之所利也,然而有道者之所辟也。故圣人先忤而后合,众人先合而后忤。

有功者,人臣之所务也;有罪者,人臣之所辟也。或有功而见疑,或有罪而益信,何也?则有功者离恩义,有罪者不敢失仁心也。

魏将乐羊攻中山,其子执在城中,城中县其子以示乐羊。乐羊曰:"君臣之义,不得以子为私。"攻之愈急。中山因烹其子,而遗之鼎羹与其首。乐羊循而泣之,曰:"是吾子已。"为使者跪而啜三杯。使者归报,中山曰:"是伏约死节者也,不可忍也。"遂降之。为魏文侯大开地有功。自此之后,日以不信。此所谓有功而见疑者也。

何谓有罪而益信?孟孙猎而得麑,使秦西巴持归烹之。麑母随之而啼。秦西巴弗忍,纵而予之。孟孙归,求麑安在,秦西巴对曰:"其母随而啼,臣诚弗忍,窃纵而予之。"孟孙怒,逐秦西巴。居一年,取以为子傅。左右曰:"秦西巴有罪于君,今以为子傅何也?"孟孙曰:"夫一麑而不忍,又何况于人乎?"此谓有罪而益信者也。

故趋舍不可不审也,此公孙鞅之所以抵罪于秦而不得入魏也:功非不大也,然而累足无所践者,不义之故也。

事或夺之而反与之,或与之而反取之。智伯求地于魏宣子,宣子(弗欲)〔欲弗〕与之,任登曰:“智伯之强,威行于天下。求地而弗与,是为诸侯先受祸也。不若与之。”宣子曰:“求地不已,为之奈何?”任登曰:“与之使喜,必将复求地于诸侯,诸侯必植耳。与天下同心而图之,(一心)所得者非直吾所亡也。”魏宣子裂地而授之。又求地于韩康子,韩康子不敢不予,诸侯皆恐。又求地于赵襄子,襄子弗与。于是智伯乃从韩、魏围襄子于晋阳。三国通谋,擒智伯而三分其国。此所谓夺人而反为人所夺者也。

何谓与之而反取之?晋献公欲假道于虞以伐虢,遗虞垂棘之璧与屈产之乘。虞公惑于璧与马而欲与之道,宫之奇谏曰:“不可。夫虞之与虢,若车之有(轮)〔辅〕;(轮)〔辅〕依于车,车亦依(轮)〔辅〕。虞之与虢,相恃(而)〔之〕势也。若假之道,虢朝亡而虞夕从之矣。”虞公弗听,遂假之道。荀息伐虢,遂克之;还反伐虞,又拔之。此所谓与之而反取者也。

圣王布德施惠,非求其报于百姓也;郊望禘尝,非求福于鬼神也。

山致其高而云〔雨〕起焉,水致其深而蛟龙生焉,君子致其道而福禄归焉。

夫有阴德者必有阳报,有(阴)〔隐〕行者必有昭名。古者沟防不修,水为民害;禹凿龙门,辟伊阙,平治水土,使民得陆处。百姓不亲,五品不慎;契教以君臣之义,父子之亲,夫妻之辨,长幼之序。田野不修,民食不足;后稷乃教之辟地垦草,粪土种谷,令百姓家给人足。故三后之后,无不王者,有阴德也。周室衰,礼义废,孔子以三代之道,教导于世,其后继嗣至今不绝者,有隐行也。秦王赵政兼吞天下而亡,智伯侵地而灭,商鞅支解,李斯车裂。三代种德而王,齐桓继绝而霸。故树黍者〔无〕不获稷,树(怨)〔恩〕者无〔不〕报德。

昔者宋人〔有〕好善者,三世不解,家无故而黑牛生白犊,以问先生。先生曰:“此吉祥〔也〕,以飨鬼神。”居一年,其父无故而盲,牛又复生白犊,其父又复使其子以问先生。其子曰:“前听先生言而失明,今又复问之,奈何?”其父曰:“圣人之言先忤而后合。其事未究,固试往复问之。”其子又复问先生,先生曰:“此吉祥也,复以飨鬼神。”归,致命其父。其父曰:“行先生之言也。”居一年,其子又无故而盲。其后楚攻宋,围其城。当此之时,易子而食,析骸而炊,丁壮者死,老病童儿皆上城,牢守而不下。楚王大怒,城已破,诸城守者皆屠之。此独以父子盲之故,得无乘城。军罢围解,则父子俱视。夫祸福之转而相生,其变难见也。

近塞上之人有善术者,马无故亡而入胡,人皆吊之。其父曰:“此何遽不〔能〕为福乎?”居数月,其马将胡骏马而归,人皆贺之。其父曰:“此何遽不能为祸乎?”家富良马,其子好骑,堕而折其髀。人皆吊之,其父曰:“此何遽不〔能〕为福乎?”居一年,胡人大入塞,丁壮者(引)〔控〕弦而战。(近)塞〔上〕之人死者十九,此独以跛之故,父子相保。故福为之祸,祸为之福,化不可极,深不可测也。

或直于辞而不(害)〔周〕于事者,或亏于耳(以)忤于心而合于实者。高阳魋将为室,问匠人,匠人对曰:“未可也。木尚生,加涂其上,必将挠。以生材任重涂,今虽成,后必败。”高阳魋曰:“不然。夫木枯则益劲,涂干则益轻。以劲材任轻涂,今虽恶,后必善。”匠人穷于辞,无以对,受令而为室。其始成,竘然善也,而后果败。此所谓直于辞而不(可用)〔周于事〕者也。何谓亏于耳忤于心而合于实?靖郭君将城薛,宾客多止之,弗听。靖郭君谓谒者曰:“无为宾通言。”齐人有请见者,曰:“臣请道三言而已。过三言,请烹。”靖郭君闻而见之。宾趋而进,再拜而兴,因称曰:“海大鱼。”则反走。靖郭君止之曰:“愿闻其说。”宾曰:“臣不敢以死为熙。”靖郭君曰:“先生不远道而至此,为寡人称之。”宾曰:“海大鱼,网弗能止也,钓弗能牵也。荡而失水,则蝼蚁皆得志焉。今夫齐,君之(渊)〔海〕也。君失齐,则薛能自存乎?”靖郭君曰:“善。”乃止不城薛,此所谓亏于耳忤于心而得事实者也。

夫以“无城薛”止城薛，其于以行说，乃不若“海大鱼”。故物或远之而近，或近之而远；或说听计当而身疏，或言不用计不行而益亲。何以明之？三国伐齐，围平陆。括子以报于牛子曰：“三国之地不接于我，逾邻国而围平陆，利不足贪也，然则求名于我也，请以齐侯往。”牛子以为善。括子出，无害子入。牛子以括子言告无害子。无害子曰：“异乎臣之所闻。”牛子曰：“国危而不安，患结而不解，何谓贵智？”无害子曰：“臣闻(之有)裂壤土以安社稷者，闻杀身破家以存其国者，不闻出其君以为封疆者。”牛子不听无害子之言而用括子之计，三国之兵罢而平陆之地存。自此之后，括子日以疏，无害子日以进。故谋患而患解，图国而国存，括子之智得矣。无害子之虑无中于策，谋无益于国，然而心(调)〔周〕于君，有义行也。

今人待冠而饰首，待履而行地。冠履之于人也，寒不能暖，风不能障，暴不能蔽也。然而冠冠履履者，其所自托者然也。

夫咎犯战胜城濮，而雍季无尺寸之功，然而雍季先赏而咎犯后存者，其言有贵者也，故义者天下之所(赏)〔贵〕也。百言百当，不如择趋而审行也。或无功而先举，或有功而后赏。何以明之？昔晋文公将与楚战城濮，问于咎犯曰：“为〔之〕奈何？”咎犯曰：“仁义之事，(君子)不厌忠信；战陈之事，不厌诈伪。君其诈之而已矣。”辞咎犯，问雍季。雍季对曰：“焚林而猎，愈多得兽，后必无兽。以诈伪遇人，虽愈利，后无复。君其正之而已矣。”于是不听雍季之计，而用咎犯之谋，与楚人战，大破之。还归赏有功者，先雍季而后咎犯。左右曰：“城濮之战，咎犯之谋也。君行赏先雍季，何也？”文公曰：“咎犯之言，一时之权也。雍季之言，万世之利也。吾岂可以先一时之权而后万世之利也哉！”

智伯率韩、魏二国伐赵，围晋阳，决晋水而灌之。城(下)〔中〕缘木而处，悬釜而炊。襄子谓张孟谈曰：“城中力已尽，粮食匮(乏)，

〔武〕大夫病，为之奈何？”张孟谈曰：“亡不能存，危不能安，无为贵智（士）。臣请试潜行，见韩、魏之君而约之。”乃见韩、魏之君，说之曰：“臣闻之：唇亡而齿寒。今智伯率二君而伐赵，赵将亡矣。赵亡，则〔二〕君为之次矣。及今而不图之，祸将及二君。”二君曰：“智伯之为人也，（粗）〔怚〕中而少亲。我谋而泄，事必败，为之奈何？”张孟谈曰：“言出〔二〕君之口，入臣之耳，人孰知之者乎？且同情相成，同利相死，〔二〕君其图之！”二君乃与张孟谈（阴谋）〔谋，阴〕与之期。张孟谈乃报襄子。至（其）〔期〕日之夜，赵氏杀其守堤之吏，决水灌智伯〔军〕。智伯军救水而乱，韩、魏翼而击之，襄子将卒犯其前，大败智伯军，杀其身而三分其国。襄子乃赏有功者，而高赫为赏首。群臣请曰：“晋阳之存，张孟谈之功也，而赫为赏首，何也？”襄子曰：“晋阳之围也，寡人国家危、社稷殆，群臣无不有骄侮之心者，唯赫不失君臣之礼，吾是以先之。”由此观之，义者人之大本也，虽有战胜存亡之功，不如行义之隆。故（君）〔老〕子曰：美言可以市尊，美行可以加人。

或有罪而可赏也，或有功而可罪也。西门豹治邺，廪无积粟，府无储钱，库无甲兵，官无计会。人数言其过于文侯，文侯身行其县，果若人言。文侯曰：“翟璜任子治邺而大乱，子能〔变〕道则可，不能，将加诛于子。”西门豹曰：“臣闻王主富民，霸主富武，亡国富库。今（王）〔君〕欲为霸王者也，臣故蓄积于民。君以为不然，臣请升城鼓之。甲兵粟米，可立具也。”于是乃升城而鼓之。一鼓民被甲括矢、操兵弩而出，再鼓（负）〔服〕辇〔载〕粟而至。文侯曰：“罢之。”西门豹曰：“与民约信，非一日之积也，一举而欺之，后不可复用也。燕常侵魏八城，臣请北击之以复侵地。”遂举兵击燕，复地而后反。此有罪而可赏者也。解扁为东封，上计而入三倍，有司请赏之。文侯曰：“吾土地非益广也，人民非益众也，入何以三倍？”对曰：“以冬伐木而积之，于春浮之河而鬻之。”文侯曰：“民春以力耕，（暑）〔夏〕以强耘，秋以收敛，冬间无事，〔又〕以伐林而积之，负轭而浮之河，是用民不得休息也，民以敝矣。虽有三倍之入，将焉用之？”此有功而可罪者也。

贤主不苟得，忠臣不苟利。何以明之？中行穆伯攻鼓，弗能下。馈闻伦曰：“鼓之啬夫，闻伦知之。请无罢武大夫，而鼓可得也。”穆伯弗应。左右曰：“不折一戟，不伤一卒，而鼓可得也，君奚为弗使？”穆伯曰：“闻伦为人，佞而不仁。若使闻伦下之，吾可以勿赏乎？若赏之，是赏佞人。佞人得志，是使晋国之武舍仁而(后)〔从〕佞，虽得鼓，将何所用之？”攻城者，欲以广地也。得地不取者，见其本而知其末也。

秦穆公使孟盟举兵袭郑，过周以东。郑之贾人弦高、蹇他相与谋曰：“师行数千里，数绝诸侯之地，其势必袭郑。凡袭国者，以为无备也。今示以知其情，必不敢进。”乃矫郑伯之命，以十二牛劳之。三率相与谋曰：“凡袭人者，以为弗知。今已知之矣，守备必固，进必无功。”乃还师而反。晋先轸举兵击之，大破之殽。郑伯乃以存国之功赏弦高，弦高辞之曰：“诞而得赏，则郑国之信废矣。为国而无信，是俗败也。赏一人而败国俗，仁者弗为也。以不信得厚赏，义者弗为也。”遂以其属徙东夷，终身不反。故仁者不以欲伤生，知者不以利害义。

圣人之思修，愚人之思叕。

忠臣者务崇君之德，谄臣者务广君之地。何以明之？陈夏征舒弑其君，楚庄王伐之，陈人听令。庄王以讨有罪，遣卒戍陈，大夫毕贺。申叔时使于齐。(反)〔及〕还而不贺。庄王曰：“陈为无道，寡人起九军以讨之，征暴乱，诛罪人，群臣皆贺，而子独不贺，何也？”申叔时曰：“牵牛蹊人之田，田主杀其人而夺之牛，罪则有之，罚亦重矣。今君王以陈为无道，兴兵而(攻)〔政之〕，(因)以诛罪人，遣人戍陈。诸侯闻之，以王为非诛罪人也，贪陈国也。盖闻君子不弃义以取利。”王曰：“善。”乃罢陈之戍，立陈之后。诸侯闻之，皆朝于楚，此务崇君之德者也。张武为智伯谋曰：“晋六将军，中行文子最弱，而上下离心，可伐以广地。”于是伐范、中行，灭之矣。又教智伯求地于韩、魏、赵。韩、魏裂地而授之，赵氏不与，乃率韩、魏而伐赵，围晋阳三年。三国阴谋同计以击智氏，遂灭之。此务为君广地者也。夫为君崇德者霸，为君广地者灭，故千乘之国，行文德者王，汤武是也。万乘之国，好广地者亡，智伯是也。

非其事者勿仞也，非其名者勿就也，(无故有显名者勿处也)无功而富贵者勿居也。夫就人之名者废，仞人之事者败，无功而大利者后将为害。譬犹缘高木而望四方也，虽愉乐哉，然而疾风至，未尝不恐也。患及身，然后忧之，六骥追之弗能及也。是故忠臣之事君也，计功而受赏，不为苟得；(积)〔量〕力而受官，不贪爵禄；其所能者受之勿辞也，其所不能者与之勿喜也。辞所能则匿，欲所不能则惑，辞所不能而受所能，则得无损堕之势，而无不胜之任矣。

昔者智伯骄，伐范、中行而克之，又劫韩、魏之君而割其地，尚以为未足，遂兴兵伐赵。韩、魏反之，军败晋阳之下，身死高梁之东，头为饮器，国分为三，为天下笑，此不知足之祸也。老子曰：“知足不辱，知止不殆，可以修久。”此之谓也。

或誉人而适足以败之，或毁人而乃反以成之，何以知其然也？费无忌复于荆平王曰：“晋之所以霸者，近诸夏也。而荆之所以不能与之争者，以其僻远也。楚王若欲从诸侯，不若大城城父，而令太子建守焉，以来北方。王自收其南。是得天下也。”楚王悦之。因命太子建守城父，命伍子奢傅之。居一年，伍子奢游人于王侧，言太子甚仁且勇，能得民心。王以告费无忌，无忌曰：“臣固闻之；太子内抚百姓，外约诸侯，齐、晋又辅之，将以害楚，其事已构矣。”王曰：“为我太子，又尚何求？”曰：“以秦女之事怨王。”王因杀太子建而诛伍子奢，此所谓见誉而为祸者也。

何谓毁人而反利之？唐子短陈骈子于齐威王，威王欲杀之，陈骈子与其属出亡奔薛。孟尝君闻之，使人以车迎之，至而养以刍豢黍粱，五味之膳日三至，冬日被裘罽，夏日服絺纻，出则乘牢车，驾良马。孟尝君问之曰："夫子生于齐、长于齐，夫子亦何思于齐？"对曰："臣思夫唐子者。"孟尝君曰："唐子者非短子者耶？"曰："是也。"孟尝君曰："子何为思之？"对曰："臣之处于齐也，粝粢之饭，藜藿之羹，冬日则寒冻，夏日则暑伤。自唐子之短臣也，以身归君，食刍豢，饭黍(粢)〔粱〕，服轻暖，乘牢良。臣故思之。"此谓毁人而反利之者也。是故毁誉之言，不可不审也。

或贪生而反死，或轻死而得生，或徐行而反疾。何以知其然也？鲁人有为父报仇于齐者，刳其腹而见其心，坐而正冠，起而更衣，徐行而出门，上车而步马，颜色不变。其御欲驱，抚而止之曰："今日为父报仇，以出死，非为生也。今事已成矣，又何去之！"追者曰："此有节行之人，不可杀也。"解围而去之。使(被)〔彼〕衣不暇带，冠不及正，蒲伏而走，上车而驰，必不能自免于(千)〔十〕步之中矣。今坐而正冠，起而更衣，徐行而出门，上车而步马，颜色不变，此众人所以为死也，而乃反以得活。此所谓徐而驰，迟于步也。夫走者，人之所以为疾也；步者，人之所以为迟也。今(反乃)〔乃反〕以人之所〔以〕为迟者(反)为疾，明于分也。有知徐之为疾，迟之为速者，则几于道矣。故黄帝亡其玄珠，使离朱、(捷)〔攫〕剟索之，而弗能得之也，于是使忽怳，而后能得之。

圣人敬小慎微，动不失时；百射重戒，祸乃不滋；计福勿及，虑祸过之。

同日被霜，蔽者不伤。愚者有备，与知者同功。

夫爝火在缥烟之中也，一指所能息也；唐漏若鼷穴，一墣之所能塞也。及至火之燔孟诸而炎云(台)〔梦〕，水决九江而渐荆州，虽起三军之众，弗能救也。

夫积爱成福，积怨成祸。若痈疽之必溃也，所浼者多矣。

诸御鞅复于简公曰："陈成常、宰予二子者，甚相憎也。臣恐其构难而危国也。君不如去一人。"简公不听。居无几何，陈成常果（攻）〔杀〕宰予于庭中，而弑简公于朝。此不知敬小之所生也。

鲁季氏与郈氏斗鸡，郈氏介其鸡，而季氏为之金距。季氏之鸡不胜，季平子怒，因侵郈氏之宫而筑之。郈昭伯怒，伤之鲁昭公曰："（祷）〔禘〕于襄公之庙，舞者二人而已，其余尽舞于季氏。季氏之无道无上久矣，弗诛，必危社稷。"公以告子家驹，子家驹曰："季氏之得众，三家为一，其德厚，其威强，君胡得之？"昭公弗听，使郈昭伯将卒以攻之。仲孙氏、叔孙氏相与谋曰："无季氏，死亡无日矣。"遂兴兵以救之。郈昭伯不胜而死，鲁昭公出奔齐。故祸之所从生者，始于鸡（定）〔足〕，及其大也，至于亡社稷。

故蔡女荡舟，齐师（大）侵楚。两人构怨，廷杀宰予。简公遇杀，身死无后，陈氏代之，齐乃无吕。两家斗鸡，季氏金距，郈（公）〔氏〕作难，（鲁）昭公出走。故师之所处，生以棘楚。祸生而不蚤灭，若火之得燥，水之得湿，浸而益大。痈疽发于指，其痛遍于体。故蠹啄剖（梁柱）〔柱梁〕，蚊虻走牛羊，此之谓也。

人皆务于救患之备，而莫能知使患无生。夫使患无生，易于救患，而莫能加务焉，则未可与言术也。晋公子重耳过曹，曹君欲见其骈胁，使之袒而捕鱼。厘负羁止之曰："公子非常〔人〕也。从者三人，皆霸王之佐也。遇之无礼，必为国忧。"君弗听，重耳反国，起师而伐曹，遂灭之。身死人手，社稷为墟，祸生于袒而捕鱼。齐、楚欲救曹，不能存也。听厘负羁之言，则无亡患矣。今不务使患无生；患生而救之，虽有圣知，弗能为谋耳。

患祸之所由来者，万端无方。是故圣人深居以避辱，静安以待时。小人不知祸福之门户，妄动而絓罗网，虽曲为之备，何足以全其身？譬犹失火而凿池，被裘而用箑也。且塘有万穴，塞其一，鱼何遽无由出？室有百户，闭其一，盗何遽无从入？夫墙之坏也于隙；剑之折，必有啮；圣人见之(密)〔蚤〕，故万物莫能伤也。太宰子朱侍饭于令尹子国，令尹子国啜羹而热，(投)〔援〕卮浆而沃之。明日，太宰子朱辞官而归。其仆曰："楚太宰未易得也，辞官去之何也？"子朱曰："令尹轻行而简礼，其辱人不难。"明年，伏郎尹而笞之三百。夫〔上〕仕者先避〔患而后就利，先远辱而后求名。太宰子朱〕之见终始微矣。

夫鸿鹄之未孚于卵也，一指篾之，则靡而无形矣。及至其筋骨之已就而羽翮之既成也，则奋翼挥䎃，凌乎浮云，背负青天，膺摩赤霄，翱翔乎忽荒之上，析惕乎虹蜺之间，虽有劲弩利矰微缴，蒲且子之巧，亦弗能加也。江水之始出于岷山也，可搴衣而越也，及至乎下洞庭，骛石城，经丹徒，起波涛，舟杭一日不能济也。是故圣人者常从事于无形之外，而不留思尽虑于成事之内。是故患祸弗能伤也。

人或问孔子曰："颜回何如人也？"曰："仁人也，丘弗如也。""子贡何如人也？"曰："辩人也，丘弗如也。""子路何如人也？"曰："勇人也，丘弗如也。"宾曰："三人皆贤夫子，而为夫子役，何也？"夫子曰："丘能仁且忍，辩且讷，勇且怯，以三子之能易丘一道，丘弗为也。"孔子知所施之也。

秦牛缺径于山中而遇盗，夺之车马，解其橐笥，拖其衣被。盗还反顾之，无惧色忧志，欢然有以自得也。盗遂问之曰："吾夺子财货，劫子以刀，而志不动，何也？"秦牛缺曰："车马所以载身也。衣被所以掩形也，圣人不以所养害其养。"盗相视而笑曰："夫不以欲伤生，不以利累形者，世之圣人也，以此而见王者，必且以我为事也。"还反杀之。此能以知知矣，而未能以知不知也；能勇于敢，而未能勇于不敢也。凡有道者，应卒而不乏，遭难而能免，故天下贵之。今知所以自行也，而未知所以为人行也，其所论未之究者也。人能由昭昭于冥冥，则几于道矣。《诗》曰："人亦有言，无哲不愚。"此之谓也。

事或为之，适足以败之；或备之，适足以致之。何以知其然也？秦皇挟录图，见其传曰："亡秦者胡也。"因发卒五十万，使蒙公、杨翁子将筑修城，西属流沙，北击辽水，东结朝鲜。中国内郡輓车而饷之。又利越之犀角象齿翡翠珠玑，乃使尉屠睢发卒五十万为五军：一军塞镡城之岭，一军守九疑之塞，一军处番禺之都，一军守南野之界，一军结余干之水，三年不解甲弛弩；使监禄（无以）转饷，又以卒凿渠而通粮道，以与越人战，杀西呕君译吁宋。而越人皆入丛薄中，与禽兽处，莫肯为秦虏；相置桀骏以为将，而夜攻秦人，大破之，杀尉屠睢，伏尸流血数十万，乃发適戍以备之。当此之时，男子不得修农亩，妇人不得剡麻考缕，羸弱服格于道，大夫箕会于衢，病者不得养，死者不得葬。于是陈胜起于大泽，奋臂大呼，天下席卷而至于戏。刘项兴义，兵随而定，若折槁振落，遂失天下。祸在备胡而利越也：欲知筑修城以备亡，不知筑修城之所以亡也。发適戍以备越，而不知难之从中发也。夫〔乌〕鹊先识岁之多风也，去高木而巢扶枝，大人过之则探㲉，婴儿过之则挑其卵，知备远难而忘近患。故秦之设备也，乌鹊之智也。

或争利而反强之，或听从而反止之。何以知其然也？鲁哀公欲西益宅，史争之，以为西益宅不祥。哀公作色而怒，左右数谏不听，乃以问其傅宰折睢曰："吾欲益宅而史以为不祥，子以为何如？"宰折睢曰："天下有三不祥，西益宅不与焉。"哀公大悦而喜，顷复问曰："何谓三不祥？"对曰："不行礼义，一不祥也；嗜欲无止，二不祥也；不听强谏，三不祥也。"哀公默然深念，（愤）〔隤〕然自反，遂不西益宅。夫史以争为可以止之，而不知不争而反取之也。智者离路而得道，愚者守道而失路。夫兒说之巧，于闭结无不解，非能闭结而尽解之也，不解不可解也。至乎以弗解解之者，可与及言论矣。

或明礼义、推道体而不行，或解构妄言而反当。何以明之？孔子行游，马失，食农夫之稼。野人怒，取马而系之。〔使〕子贡往说之,(卑)〔毕〕辞而不能得也。孔子曰:“夫以人之所不能听说人,譬以大牢享野兽,以《九韶》乐飞鸟也。予之罪也,非彼人之过也。”乃使马圉往说之,至见野人曰:“子耕于东海,至于西海,吾马之失,安得不食子之苗?”野人大喜,解马而与之。说若此其无方也而反行,事有所至而巧不若拙。故圣人量凿而正枘。夫歌《采菱》,发《阳阿》,鄙人听之,不若(此)《延路》(阳局)〔以和〕。非歌者拙也,听者异也。故交画不畅,连环不解,物之不通者,圣人不争也。

仁者,百姓之所慕也。义者,众庶之所高也。为人之所慕,行人之所高,此严父之所以教子,而忠臣之所以事君也。然世或用之而身死国亡者,不(同)〔周〕于时也。昔徐偃王好行仁义,陆地之朝者三十二国。王孙厉谓楚庄王曰:“王不伐徐,必反朝徐。”王曰:“偃王有道之君也,好行仁义,不可伐。”王孙厉曰:“臣闻之:大之与小,强之与弱也,犹石之投卵,虎之啖豚,又何疑焉!且夫为文而不能达其德,为武而不能任其力,乱莫大焉。”楚王曰:“善。”乃举兵而伐徐,遂灭之。知仁义而不知世变者也。申菽杜茝,美人之所怀服也,及渐之于滫,则不能保其芳矣。古者五帝贵德,三王用义,五霸任力,今取帝王之道而施之五霸之世,是由乘骥逐人于榛薄而蓑笠盘旋也。

今霜降而树谷,冰泮而求获,欲其食则难矣。故《易》曰“潜龙勿用”者,言时之不可以行也。故“君子终日乾乾,夕惕若厉,无咎”。“终日乾乾”,以阳动也;“夕惕若厉”,以阴息也。因日以动,因夜以息,唯有道者能行之。夫徐偃王为义而灭,燕子哙行仁而亡,哀公好儒而削,代君为墨而残。灭亡削残,暴乱之所致也,而四君独以仁义儒墨而亡者,遭时之务异也。非仁义儒墨不行,非其世而用之,则为之擒矣。

夫戟者所以攻城也,镜者所以照形也。宫人得戟,则以刈葵;盲者得镜,则以盖卮;不知所施之也。故善鄙(不)同,诽誉在俗;趋舍(不)同,逆顺在君。

狂谲不受禄而诛,段干木辞相而显,所行同也,而利害异者,时使然也。故圣人虽有其志,不遇其世,仅足以容身,何功名之可致也!

知天之所为,知人之所行,则有以(任)〔径〕于世矣。知天而不知人,则无以与俗交;知人而不知天,则无以与道游。单豹倍世离俗,岩居谷饮,不衣丝麻,不食五谷,行年七十,犹有童子之颜色,卒而遇饥虎,杀而食之。张毅好恭,过宫室廊庙必趋,见门闾聚众必下,厮徒马圉,皆与伉礼,然不终其寿,内热而死。豹养其内而虎食其外,毅修其外而疾攻其内。故直意适情,则坚强贼之;以身役物,则阴阳食之。此皆载务而(戏)〔亏〕乎其调者也。得道之士,外化而内不化。外化所以入人也,内不化所以全其身也。故内有一定之操,而外能诎伸嬴缩卷舒,与物推移,故万举而不陷。所以贵圣人者,以其能龙变也。今卷卷然守一节,推一行,虽以毁碎灭沉犹且弗易者,此察于小好而塞于大道也。

赵宣孟活饥人于委桑之下,而天下称仁焉。荆佽非犯河中之难,不失其守,而天下称勇焉。是故见小行则可以论大体矣。田子方见老马于道,喟然有志焉,以问其御曰:“此何马也?”其御曰:“此故公家畜也,老罢而不为用,出而鬻之。”田子方曰:“少而贪其力,老而弃其身,仁者弗为也。”束帛以赎之。罢武闻之,知所归心矣。齐庄公出猎,有一虫举足将搏其轮,问其御曰:“此何虫也?”对曰:“此所谓螳螂者也。其为虫也,知进而不知却,不量力而轻敌。”庄公曰:“此为人而必为天下勇武矣。”回车而避之。勇武闻之,知所尽死矣。故田子方隐一老马而魏国载之,齐庄公避一螳螂而勇武归之。汤教祝网者而四十国朝。文王葬死人之骸而九夷(归之)〔顺〕。武王荫暍人于樾下,左拥而右扇之,而天下怀(其德)。越王勾践一决狱不辜,援龙渊而切其股,血流至足,以自罚也,而战(武)士必(其)死。故圣人行之于小,则可以覆大矣;审之于近,则可以怀远矣。

孙叔敖决期思之水而灌雩娄之野,庄王知其可以为令尹也;子发辩击剧而劳佚齐,楚国知其可以为兵主也。此皆形于小微,而通于大理者也。

圣人之举事,不加忧焉,察其所以而已矣。今万人调钟,不能比之律,诚得知者,一人而足矣。说者之论,亦犹此也。诚得其数,则无所用多矣。夫车之所以能转千里者,以其要在三寸之辖。夫劝人而弗能使也,禁人而弗能止。其所由者非理也。昔者卫君朝于吴。吴王囚之,欲流之于海,说者冠盖相望而弗能止也。鲁君闻之,撤钟鼓之县,缟素而朝。仲尼入见,曰:"君胡为有忧色?"鲁君曰:"诸侯无亲,以诸侯为亲;大夫无党,以大夫为党。今卫君朝于吴(王),吴王囚之,而欲流之于海,孰意卫君之仁义而遭此难也。吾欲免之而不能,为奈何?"仲尼曰:"若欲免之,则请子贡行。"鲁君召子贡,授之将军之印。子贡辞曰:"贵无益于解患,在所由之道。"敛躬而行,至于吴,见太宰嚭。太宰嚭甚悦之,欲荐之于王。子贡曰:"子不能行说于王,奈何吾因子也。"太宰嚭曰:"子焉知嚭之不能也?"子贡曰:"卫君之来也,卫国之半曰:不若朝于晋。其半曰:不若朝于吴。然卫君以为吴可以归骸骨也,故束身以受命。今子受卫君而囚之,又欲流之于海,是赏言朝于晋者而罚言朝于吴也。且卫君之来也,诸侯皆以为蓍龟兆,今朝于吴而不利,则皆移心于晋矣。子之欲成霸王之业,不亦难乎?"太宰嚭入,复之于王。王报出令于百官曰:"比十日而卫君之礼不具者,死。"子贡可谓知所以说矣。

鲁哀公为室而大,公宣子谏曰:"室大,众与人处则哗,少与人处则悲,愿公之适。"公曰:"寡人闻命矣。"筑室不辍。公宣子复见曰:"国小而室大,百姓闻之,必怨吾君;诸侯闻之,必轻吾国。"鲁君曰:"闻命矣。"筑室不辍。公宣子复见曰:"左昭而右穆,为大室以临二先君之庙,得无害于(子)〔孝〕乎?"公乃令罢役,除版而去之。鲁君之欲为室,诚矣。公宣子止之,必矣。然三说而一听者,其二者非其道也。夫临河而钓,日入而不能得一鲦鱼者,非江河鱼不食也,所以饵之者非其欲也。及至良工执竿投而擐唇吻者,能以其所欲而钓者也。夫物无不可奈何,有人无奈何。铅之与丹,异类殊色,而可以为丹者,得其数也。故繁称文辞无益于说,审其所由而已矣。

物类之相摩近而异门户者,众而难识也。故或类之而非,或不类之而是;或若然而不然者,或(不若)〔若不〕然而然者。谚曰:鸢堕腐鼠而虞氏以亡。何谓也?曰:虞氏,梁之大富人也,家充盈殷富,金钱无量,财货无赀,升高楼,临大路,设乐陈酒,积博其上。游侠相随而行。楼下博上者,射朋张中,反两而笑。飞鸢失堕其腐鼠而中游侠,游侠相与言曰:"虞氏富乐之日久矣,而常有轻易人之志,吾不敢侵犯,而乃辱我以腐鼠。如此不报,无以立(务)〔矜〕于天下。请与公僇力一志,悉率徒属,而必以灭其家。"〔其夜,乃攻虞氏,大灭其家。〕此所谓类之而非者也。

何谓非类而是?屈建告石乞曰:"白公胜将为乱。"石乞曰:"不然。白公胜卑身下士,不敢骄贤,其家无筦籥之信、关楗之固,大斗斛以出,轻斤两以内,而乃论之以不宜也?"屈建曰:"此乃所以反也。"居三年,白公胜果为乱,杀令尹子椒、司马子期。此所谓弗类而是者也。

何谓若然而不然?子发为上蔡令,民有罪当刑,狱断论定,决于令(尹)前。子发喟然有凄怆之心,罪人已刑而不忘其恩。此其后子发(盘)〔服〕罪威王而出奔,刑者遂袭恩者,恩者逃之于城下之庐,追者至。踹足而怒曰:"子发(视)〔亲〕决吾罪而被吾刑,怨之憯于骨髓,使我得其肉而食之,其知厌乎?"追者以为然,而不索其内,果活子发。此所谓若然而不然者。

何谓不然而若然者?昔越王勾践卑下吴王夫差,请身为臣,妻为妾,奉四时之祭祀而入春秋之贡职,委社稷,效民力,(隐)居为〔隐〕蔽而战为锋行,礼甚卑,辞甚服,其离叛之心远矣。然而甲卒三千人,以擒夫差于姑胥。此四策者,不可不审也。夫事之所以难知者,以其窜端匿迹,立私于公,倚邪于正,而以胜惑人之心者也。若使人之所怀于内者,与所见于外者若合符节,则天下无亡国败家矣。夫狐之(捕)〔搏〕雉也,必先卑体(弥耳)〔弭毛〕以待其来也。雉见而信之,故可得而擒也。使狐瞋目植睹,见必杀之势,雉亦知惊惮远飞以避其怒矣。夫人伪之相欺也,非直禽兽之诈计也。物类相似若然而不可从外论者,众而难识矣。是故不可不察也。

卷十九　修务训

或曰：无为者，寂然无声，漠然不动，引之不来，推之不往；如此者，乃得道之像。吾以为不然。

尝试问之矣：若夫神农、尧、舜、禹、汤，可谓圣人乎？有论者必不能废。以五圣观之，则莫得无为，明矣。古者民茹草饮水，采树木之实，食蠃蛖之肉，时多疾病毒伤之害，于是神农乃始教民播种五谷，相土地〔之〕宜、燥湿肥垸高下，尝百草之滋味，水泉之甘苦，令民知所辟就。当此之时，一日而遇七十毒。尧立，孝慈仁爱，使民如子弟，西教沃民，东至黑齿，北抚幽都，南道交趾，放讙兜于崇山，窜三苗于三危，流共工于幽州，殛鲧于羽山。舜作室筑墙茨屋，辟地树谷，令民皆知去岩穴，各有家室，南征三苗，道死苍梧。禹沐（浴）淫雨，栉扶风，决江疏河，凿龙门，辟伊阙，修彭蠡之防，乘"四载"，随山刊木，平治水土，定千八百国。汤夙兴夜寐以致聪明，轻赋薄敛以宽民氓，布德施惠以振困穷，吊死问疾以养孤孀，百姓亲附，政令流行，乃整兵鸣条，困夏南巢，谯以其过，放之历山。此五圣者，天下之盛主，劳形尽虑，为民兴利除害而不懈，奉一爵酒，不知于色，挈一石之尊，则白汗交流，又况赢天下之忧而（任）海内之事者乎？其重于尊亦远也。且夫圣人者，不耻身之贱，而愧道之不行，不忧命之短，而忧百姓之穷。是故禹（之）为水，以身解于阳盱之河，汤〔苦〕旱，以身祷于桑山之林。圣人忧民，如此其明也，而称以无为，岂不悖哉！

且古之立帝王者，非以奉养其欲也；圣人践位者，非以逸乐其身也。为天下强掩弱，众暴寡，诈欺愚，勇侵怯，怀知而不以相教，积财而不以相分，故立天子以齐一之。为一人聪明而不足以遍照海内，故立三公九卿以辅翼之。绝国殊俗僻远幽闲之处,不能被德承泽,故立诸侯以教诲之。是以地无不任,时无不应,官无隐事,国无遗利,所以衣寒食饥,养老弱而息劳倦也。若以布衣徒步之人观之,则伊尹负鼎而干汤,吕望鼓刀而入周,百里奚转鬻,管仲束缚,孔子无黔突,墨子无暖席。是以圣人不高山,不广河,蒙耻辱以干世主,非以贪禄慕位,欲事起天下〔之〕利而除万民之害。盖闻传书曰:神农憔悴,尧瘦臞,舜霉黑,禹胼胝。由此观之,则圣人之忧劳百姓甚矣。故自天子以下至于庶人,四肢不动,思虑不用,事治求赡者,未之闻也。

夫地势水东流,人必事焉,然后水潦得谷行;禾稼春生,人必加功焉,故五谷得遂长。听其自流,待其自生,则鲧、禹之功不立,而后稷之智不用。若吾所谓无为者,私志不得入公道,嗜欲不得枉正术,循理而举事,因资而立〔功〕,(权)〔推〕自然之势,而曲故不得容者,事成而身弗伐,功立而名弗有;非谓其感而不应,(攻)〔迫〕而不动者,若夫以火熯井,以淮灌山,此用己而背自然,故谓之有为。若夫水之用舟,沙之用鸠,泥之用輴,山之用蔂,夏渎而冬陂,因高为(田)〔山〕,因下为池,此非吾所谓为之。

圣人之从事也,殊体而合于理,其所由异路而同归,其存危定倾若一志,不忘于欲利人也。何以明之?昔者楚欲攻宋,墨子闻而悼之,自鲁趍而〔往〕,十日十夜,足重茧而不休息,裂(衣)裳裹足,至于郢,见楚王,曰:“臣闻大王举兵将攻宋,计必得宋而后攻之乎?亡其苦众劳民,顿民剉锐,负天下以不义之名,而不得咫尺之地,犹且攻之乎?”王曰:“必不得宋,又且为不义,曷为攻之?”墨子曰:“臣见大王之必伤义而不得宋。”王曰:“公输,天下之巧士,作云梯之械,设以攻宋,曷为弗取?”墨子曰:“令公输设攻,臣请守之。”于是公输般设攻宋之械,墨子设守宋之备,九攻而墨子九却之,弗能入。于是乃偃兵,辍不攻宋。段干木辞禄而处家,魏文侯过其闾而轼之。其仆曰:

“君何为轼?”文侯曰:“段干木在,是以轼。”其仆曰:“段干木布衣之士,君轼其间,不已甚乎?”文侯曰:“段干木不趍势利,怀君子之道,隐处穷巷,声施千里,寡人敢勿轼乎?段干木光于德,寡人光于势;段干木富于义,寡人富于财。势不若德尊,财不若义高。干木虽以己易寡人不为,吾日悠悠惭于影,子何以轻之哉?”其后秦起兵伐魏,司马庾谏曰:“段干木贤者,其君礼之。天下莫不知,诸侯莫不闻,举兵伐之,无乃妨于义乎?”于是秦乃偃兵,辍不攻魏。夫墨子(跌)〔趹〕蹄而趍千里以存楚、宋,段干木阖门不出以安秦、魏:夫行与止也,其势相反,而皆可以存国,此所谓异路而同归者也。今夫救火者,汲水而趍之,或以甕瓴,或以盆盂,其方圆锐椭不同,盛水各异,其于灭火钧也。故秦、楚、燕、魏之歌也,异转而皆乐;九夷八狄之哭也,殊声而皆悲,一也。夫歌者乐之征也,哭者悲之效也,愤于中则应于外,故在所以感〔之矣〕。夫圣人之心日夜不忘于欲利人,其泽之所及者,效亦大矣。

世俗废衰,而非学者多:人性各有所修短,若鱼之跃,若鹊之驳,此自然者,不可损益。吾以为不然。夫鱼者跃,鹊者驳也,犹(人)〔犬〕马之为(人)〔犬〕马,筋骨形体,所受于天不可变。以此论之,则不类矣。夫马之为草驹之时,跳跃扬蹄,翘尾而走,人不能制;龁咋足以噆肌碎骨,蹶(蹄)〔踶〕足以破卢陷匈。及至圉人扰之,良御教之,掩以衡扼,连以辔衔,则虽历险超堑弗敢辞。故其形之为马,马不可化,其可驾御,教之所为也。马,聋虫也,而可以通气志,犹待教而成,又况人乎?

且夫身正性善,发愤而成仁,(帽)〔惽〕凭而为义,性命可说,不待学问而合于道者,尧、舜、文王也。沉湎耽荒,不可教以道,不可喻以德,严父弗能正,贤师不能化者,丹朱、商均也。曼颊皓齿,形夸骨佳,不待脂粉芳泽而性可说者,西施、阳文也。啳(睽)〔睽〕哆吻,籧篨戚施,虽粉白黛黑弗能为美者,嫫母、仳倠也。夫上不及尧舜,下不及商均，美不及西施，恶不若嫫母，此教训之所谕也，而芳泽之所施。且子有弑父者，然而天下莫疏其子，何也？爱父者众也。儒有邪辟者，而先王之道不废，何也？其行之者多也，今以为学者之有过而非学者，则是以一(饱)〔噎〕之故，绝谷不食，以一蹪之难，辍足不行，惑也。

今有良马，不待策錣而行，驽马虽两錣之不能进，为此不用策錣而御，则愚矣。夫怯夫操利剑，击则不能断，刺则不能入，及至勇武攘捲一捣，则折胁伤干，为此弃干将莫邪而以手战，则悖矣。所谓言者，齐于众而同于俗，今不称九天之顶，则言黄泉之底，是两末之端议，何可以公论乎？

夫(橘柚)〔亭历〕冬生，而人曰冬死，死者众；荠麦夏死，人曰夏生，生者众。江河之回曲，亦时有南北者，而人谓江河东流。摄提镇星日月东行，而人谓星辰日月西移者，以大氐为本。胡人有知利者，而人谓之駤。越人有重迟者，而人谓之訬。以多者名之。若夫尧眉八彩，九窍通洞，而公正无私，一言而万民齐。舜二瞳子，是谓重明，作事成法，出言成章。禹耳参漏，是谓大通，兴利除害，疏河决江。文王四乳，是谓大仁，天下所归，百姓所亲。皋陶马喙，是谓至信，决狱明白，察于人情。禹生于石。契生于卵。史皇产而能书。羿(左)〔右〕臂修而善射。若此九贤者，千岁而一出，犹继踵而生。今无五圣之天奉，四俊之才难，欲弃学而循性，是谓犹释船而欲蹍水也。

夫纯(钩)〔钧〕鱼肠之始下型，击则不能断，刺则不能入，及加之砥砺，摩其锋锷，则水断龙舟，陆刳犀甲。明镜之始下型，矇然未见形容，及其(粉)〔扢〕以玄锡，摩以白旃，鬓眉微毫，可得而察。夫学亦人之砥、锡也，而谓学无益者，所以论之过。

知者之所短，不若愚者之所修；贤者之所不足，不若众人之〔所〕有余。何以知其然？夫宋画吴冶，刻刑镂法，乱修曲出，其为微妙，尧、舜之圣不能及。蔡之幼女，卫之稚质，梱纂组，杂奇彩，抑墨质，扬赤文,禹、汤之智不能逮。

夫天之所覆,地之所载,包于六合之内,托于宇宙之间,阴阳之所生,血气之精。含牙戴角,前爪后距,奋翼攫肆,蚑行蛲动之虫,喜而合,怒而斗,见利而就,避害而去,其情一也。虽所好恶,其与人无以异。然其爪牙虽利,筋骨虽强,不免制于人者,知不能相通,才力不能相一也。各有其自然之势,无禀受于外,故力竭功沮。夫雁顺风〔而飞〕以爱气力,衔芦而翔以备矰弋。蚁知为垤;獾貉为曲穴;虎豹有茂草;野彘有艽莦槎栉,堀虚连比,以像宫室,阴以防雨,(景)〔晏〕以蔽日。此亦鸟兽之所以知,求合于其所利。今使人生于辟陋之国,长于穷檐漏室之下,长无兄弟,少无父母,目未尝见礼节,耳未尝闻先古,独守专室而不出门〔户〕,使其性虽不愚,然其知者必寡矣。

昔者苍颉作书,容成造历,胡曹为衣,后稷耕稼,仪狄作酒,奚仲为车。此六人者,皆有神明之道,圣智之迹,故人作一事而遗后世,非能一人而独兼有之。各悉其知,贵其所欲达,遂为天下备。今使六子者易事,而明弗能见者何?万物至众,而知不足以奄之。周室以后,无六子之贤而皆修其业,当世之人,无一人之才而知(其)六贤之道者何?教顺施续而知能流通。由此观之,学不可已,明矣。

今夫盲者目不能别昼夜,分白黑,然而搏琴抚弦,参弹复徽,攫援摽拂,手若蔑蒙,不失一弦。使未尝鼓(瑟)〔琴〕者,虽有离朱之明,攫掇之捷,犹不能屈伸其指。何则?服习积贯之所致。故弓待檠而后能调,剑待砥而后能利。玉坚无敌,镂以为兽,首尾成形,礛诸之功;木直中绳,揉以为轮,其曲中规,檃括之力。唐碧、(坚忍)〔碝力〕之类,犹可刻镂,(揉)以成器用,又况心意乎?

且夫精神滑淖纤微,倏忽变化,与物推移,云蒸风行,在所设施。君子有能精摇摩监,砥砺其才,自(试)〔诚〕神明,览物之博,通物之壅,观始卒之端,见无外之境,以逍遥仿佯于尘埃之外,超然独立,卓然离世，此圣人之所以游心若此。〔然世之人〕而不能闲居静思，鼓琴读书，追观上古，(及)〔友〕贤大夫，学问讲辩，日以自娱，苏援世事，分〔别〕白黑(利害)，筹策得失，以观祸福，设仪立度，可以为法则，穷道本末，究事之情，立是废非，明示后人，死有遗业，生有荣名。如此者，人才之所能逮，然而莫能至焉者，偷慢懈惰多不暇日之故。夫瘠地之民多有心者，劳也。沃地之民多不才者，饶也。由此观之，知人无务，不若愚而好学。自人君公卿至于庶人，不自强而功成者，天下未之有也。《诗》云："日就月将，学有缉熙于光明。"此之谓也。

名可务立，功可强成。故君子积志委正，以趣明师；励节亢高，以绝世俗。何以明之？昔者南荣畴耻圣道之独亡于己，身淬霜露，〔步〕敕跻趹，跋涉山川，冒蒙荆棘，百舍重(跰)〔趼〕，不敢休息，南见老聃，受教一言，精神晓泠，钝闻条达，欣然七日不食，如飨太牢。是以明照四海，名施后世，达略天地，察分秋毫，称誉(叶)〔华〕语，至今不休。此所谓名可强立者。吴与楚战，莫嚣大心抚其御之手曰："今日距强敌，犯白刃，蒙矢石，战而身死，卒胜民治，全我社稷，可以庶几乎！"遂入不返，决腹断头，不旋踵运轨而死。申包胥〔曰："吾〕竭筋力以赴严敌，伏尸流血，不过一卒之才，不如约身卑辞，求救于诸侯。"于是乃赢粮跣走，跋涉谷行，上峭山，赴深溪，游川水，犯津关，躐蒙笼，蹶沙石，蹠达膝，曾茧重胝，七日七夜，至于秦庭。鹤跱而不食，昼吟宵哭，面若死灰，颜色霉墨，涕泣交集，以见秦王曰："吴为封豨修蛇，蚕食上国。虐始于楚，寡君失社稷，越在草茅，百姓离散，夫妇男女，不遑启处，使下臣告急。"秦王乃发车千乘，步卒七万，属之子虎，逾塞而东，击吴浊水之上，果大破之，以存楚国。烈藏庙堂，著于宪法。此功之可强成者也。

夫七尺之形，心知忧愁劳苦，肤知疾痛寒暑，人情一也。圣人知时之难得，务可趣也。苦身劳形，焦心怖肝，不避烦难，不违危殆。盖闻子发之战，进如激矢，合如雷电，解如风雨，员之中规，方之中矩,破敌陷陈,莫能壅御,泽战必克,攻城必下。彼非轻身而乐死;务在于前,遗利于后,故名立而不堕。此自强而成功者也。是故田者不强,囷仓不盈;官御不厉,心意不精;将相不强,功烈不成;侯王懈惰,后世无名。《诗》云:“我马唯骐,六辔如丝,载驰载驱,周爰咨谟。”以言人之有所务也。

通于物者,不可惊以怪;喻于道者,不可动以奇;察于辞者,不可耀以名;审于形者,不可遁以状。世俗之人多尊古而贱今,故为道者必托之于神农、黄帝而后能入说。乱世暗主,高远其所从来,因而贵之。为学者蔽于论而尊其所闻,相与危坐而称之,正领而诵之。此见是非之分不明。夫无规矩,虽奚仲不能以定方圆;无准绳,虽鲁般不能以定曲直。是故钟子期死而伯牙绝弦破琴,知世莫赏也;惠施死而庄子寝说言,见世莫可为语者也。

夫项托七岁为孔子师,孔子有以听其言也。以年之少,为闾丈人说,救敲不给,何道之能明也?昔者谢子见于秦惠王,惠王说之,以问唐姑梁。唐姑梁曰:“谢子,山东辩士,固(权)〔奋〕说以取少主。”惠王因藏怒而待之,后日复见,逆而弗听也。非其说异也,所以听者易。夫以徵为羽,非弦之罪;以甘为苦,非味之过。楚人有烹猴而召其邻人,〔邻人〕以为狗羹也而甘之,后闻其猴也,据地而吐之,尽写其食,此未始知味者也。邯郸师有出新曲者,托之李奇,诸人皆争学之,后知其非也,而皆弃其曲,此未始知音者也。鄙人有得玉璞者,喜其状,以为宝而藏之,以示人,人以为石也,因而弃之,此未始知玉者也。故有符于中,则贵是而同今古;无以听其说,则所从来者远而贵之耳。此和氏之所以泣血于荆山之下。

今剑或绝侧羸文,啮缺卷铤,而称以顷襄之剑,则贵人争带之。琴或拨刺枉桡,阔解漏越,而称以楚庄之琴,(侧室)〔则尚士〕争鼓之。苗山之(铤)〔铤〕,羊头之销,虽水断龙舟,陆钊兕甲,莫之服带;山桐之琴,涧梓之腹,虽鸣廉修营,唐牙莫之鼓也。通人则不然,服剑者期于铦利，而不期于墨阳、莫邪；乘马者期于千里，而不期于骅骝、绿耳；鼓琴者期于鸣廉修营，而不期于滥胁、号钟；诵诗书者期于通道略物，而不期于《洪范》、《商颂》。圣人见是非，若白墨之于目辨，清浊之于耳听。众人则不然，中无主以受之，譬若遗腹子之上陇，以礼哭泣之，而无所归心。

故夫孪子之相似者，唯其母能知之；玉石之相类者，唯良工能识之；书传之微者，惟圣人能论之。今取新圣人书名之孔墨，则弟子句指而受者必众矣。故美人者非必西施之种，通士者不必孔墨之类，晓然意有所通于物，故作书以喻意，以为知者也。诚得清明之士，执玄鉴于心，照物明白，不为古今易意，摅书明指以示之，虽阖棺亦不恨矣。

昔晋平公令官为钟，钟成而示师旷，师旷曰："钟音不调。"平公曰："寡人以示工，工皆以为调。而以为不调，何也？"师旷曰："使后世无知音者则已，若有知音者，必知钟之不调。"故师旷之欲善调钟也，以为后之有知音者也。三代与我同行，五伯与我齐智，彼独有圣智之实，我曾无有闾里之闻、穷巷之知者何？彼并身而立节，我诞谩而悠忽。

今夫毛嫱西施，天下之美人，若使衔腐鼠，蒙蝟皮，衣豹裘，带死蛇，则布衣韦带之人过者，莫不左右睥睨而掩鼻。尝试使之施芳泽，正蛾眉，设笄珥，衣阿锡，曳齐纨，粉白黛黑，佩玉环揄步，杂芝若，笼蒙目视，冶由笑，目流眺，口曾挠，奇牙出，靥酺摇，则虽王公大人有严志颉颃之行者，无不(惮)〔憛〕馀痒心而悦其色矣。今以中人之才，蒙愚惑之智，被污辱之行，无本业所修，方术所务，焉得无有睥(面)〔睨〕掩鼻之容哉！

今鼓舞者，绕身若环，曾挠摩地，扶(旋)〔於〕猗那，动容转曲，便(媚)〔娟〕拟神，身若秋药被风，发若结旌，骋驰若(骛)〔惊〕。木熙者，举梧槚，据句枉，猿自纵好茂叶，龙夭矫燕枝拘，援丰条，舞扶疏，龙从鸟集，搏援攫肆，蔑蒙踊跃。(且)〔则〕夫观者莫不为之损心酸足，彼乃始徐行微笑，被衣修擢。夫鼓舞者非柔纵，而木熙者非眇劲，淹浸(渍)渐靡使然也。是故生木之长，莫见其益，有时而修；砥砺礛坚，莫见其损，有时而薄。藜藿之生，蠕蠕然日加数寸，不可以为(栌)〔庐〕栋；楩楠豫章之生也，七年而后知，故可以为棺舟。夫事有易成者名小，难成者功大。君子修美，虽未有利，福将在后至。故《诗》云："日就月将，学有缉熙于光明。"此之谓也。

卷二十　泰族训

天设日月，列星辰，调阴阳，张四时。日以暴之，夜以息之，风以干之，雨露以濡之。其生物也，莫见其所养而物长；其杀物也，莫见其所丧而物亡。此之谓神明。圣人象之。故其起福也，不见其所由而福起；其除祸也，不见其所以而祸除。远之则迩，延之则疏；稽之弗得，察之不虚；日计无算，岁计有余。

夫湿之至也，莫见其形而炭已重矣；风之至也，莫见其象而木已动矣。日之行也，不见其移；骐骥倍日而驰，草木为之靡；县熢未转，而日在其前。故天之且风，草木未动而鸟已翔矣；其且雨也，阴曀未集而鱼已噞矣：以阴阳之气相动也。故寒暑燥湿，以类相从；声响疾徐，以音相应也。故《易》曰："鸣鹤在阴，其子和之。"

高宗谅暗，三年不言，四海之内，寂然无声，一言声然，大动天下，是以天心呿唫者也。故一动其本而百枝皆应，若春雨之灌万物也，浑然而流，沛然而施，无地而不澍，无物而不生。

故圣人者，怀天心，声然能动化天下者也。故精诚感于内，形气动于天，则景星见，黄龙下，祥凤至，醴泉出，嘉谷生，河不满溢，海不溶波。故《诗》云："怀柔百神，及河峤岳。"逆天暴物，则日月薄蚀，五星失行，四时干乖，昼冥宵光，山崩川涸，冬雷夏霜。《诗》曰："正月繁霜，我心忧伤。"天之与人，有以相通也。故国危亡而天文变，世惑乱而虹蜺见，万物有以相连，精祲有以相荡也。故神明之事，不可以智巧为也，不可以筋力致也。天地所包，阴阳所呕，雨露所濡，（化）〔以〕生万（物）〔殊，翡翠玳瑁〕，瑶碧玉珠，（翡翠玳瑁）文彩明朗，润泽若濡，摩而不玩，久而不渝，奚仲不能旅，鲁般不能造，此之谓大巧。

宋人有以象为其君为楮叶者，三年而成，茎柯豪芒，锋杀颜泽，乱之楮叶之中而不可知也。列子曰："使天地三年而成一叶，则万物之有叶者寡矣。"夫天地之施化也，呕之而生，吹之而落，岂此契契哉？故凡可度者小也，可数者少也。至大非度之所能及也，至众非数之所能领也。故九州不可顷亩也，八极不可道里也，太山不可丈尺也，江海不可斗斛也。故大人者，与天地合德，日月合明，鬼神合灵，与四时合信。故圣人怀天气，抱天心，执中含和，不下庙堂而衍四海，变习易俗，民化而迁善，若性诸己，能以神化也。《诗》云："神之听之，终和且平。"夫鬼神视之无形，听之无声。然而郊天望山川，祷祠而求福，雩兑而请雨，卜筮而决事。《诗》云："神之格思，不可度思，矧可射思。"此之谓也。

天致其高，地致其厚，月照其夜，日照其昼，(阴阳化)列星朗，〔阴阳化，〕非〔有为焉，正〕其道而物自然。故阴阳四时，非生万物也；雨露时降，非养草木也。神明接，阴阳和，而万物生矣。故高山深林，非为虎豹也；大木茂枝，非为飞鸟也；(流源)〔源流〕千里，(渊深)〔深渊〕百仞，非为蛟龙也。致其高崇，成其广大，山居木栖，巢(枝)〔攱〕穴藏，水潜陆行，各得其所宁焉。夫大生小，多生少，天之道也。故丘阜不能生云雨，荥水不能生鱼鳖者，小也。牛马之气蒸生虮虱，虮虱之气蒸不能生牛马。故化生于外，非生于内也。

夫蛟龙伏寝于渊而卵(割)〔剖〕于陵，螣蛇雄鸣于上风、雌鸣于下风而化成形，精之至也。故圣人养心莫善于诚，至诚而能动化矣。今夫道者，藏精于内，栖神于心，静漠恬淡，(讼)〔说〕缪胸中，邪气无所留滞。四枝节族，毛蒸理泄，则机枢调利，百脉九窍莫不顺比，其所居神者得其位也，岂节拊而毛修之哉？

圣主在上，廓然无形，寂然无声，官府若无事，朝廷若无人。无隐士，无轶民，无劳役，无冤刑。四海之内，莫不仰上之德，象主之指，夷狄之国，重译而至。非户辩而家说之也，推其诚心，施之天下而已矣。《诗》曰：“惠此中国，以绥四方。”内顺而外宁矣。太王亶父处邠，狄人攻之，杖策而去，百姓携幼扶老，负釜甑，逾梁山，而国乎岐周，非令之所能召也。秦穆公为野人食骏马肉之伤也，饮之美酒，韩之战，以其死力报，非券之所〔能〕责也。密子治亶父，巫马期往观化焉，见夜渔者得小即释之，非刑之所能禁也。孔子为鲁司寇，道不拾遗，市(买)不预贾，田渔皆让长，而斑白不戴负，非法之所能致也。夫矢之所以射远贯牢者，弩力也；其所以中的剖微者，正心也。赏善罚暴者，政令也；其所以能行者，精诚也。故弩虽强不能独中，令虽明不能独行，必自精气所以与之施道，故摅道以被民，而民弗从者，诚心弗施也。

天地四时非生万物也，神明接、阴阳和而万物生之。圣人之治天下非易民性也，拊循其所有而涤荡之。故因则大，(化)〔作〕则细矣。禹凿龙门，辟伊阙，决江濬河，东注之海，因水之流也。后稷垦草发菑，粪土树谷，使五种各得其宜，因地之势也。汤武革车三百乘，甲卒三千人，讨暴乱，制夏商，因民之欲也。故能因则无敌于天下矣。夫物有以自然，而后人事有治也。故良匠不能斫金，巧冶不能铄木，金之势不可斫而木之性不可铄也。埏埴而为器，窬木而为舟，铄铁而为刃，铸金而为钟，因其可也。驾马服牛，令鸡司夜，令狗守门，因其然也。民有好色之性，故有大婚之礼；有饮食之性，故有大飨之谊；有喜乐之性，故有钟鼓管弦之音；有悲哀之性，故有衰绖哭踊之节。故先王之制法也，因民之所好而为之节文者也。因其好色而制婚姻之礼，故男女有别。因其喜音而正雅颂之声，故风俗不流。因其宁家室、乐妻子〔而〕教之以顺，故父子有亲。因其喜朋友而教之以悌，故长幼有序。然后修朝聘以明贵贱，(飨)〔乡〕饮习射以明长幼，时搜振旅以习用兵(也)，入学庠序以修人伦。此皆人之所有于性，而圣人之所匠成也。

故无其性不可教训，有其性无其养不能遵道。茧之性为丝，然非得工女煮以热汤而抽其统纪，则不能成丝。卵之化为雏，非慈雌呕暖覆伏，累日积久，则不能为雏。人之性有仁义之资，非圣人为之法度而教导之，则不可使乡方。故先王之教也，因其所喜以劝善，因其所恶以禁奸，故刑罚不用而威行如流，政令约省而化耀如神。故因其性则天下听从，拂其性则法县而不用。

昔者五帝三王之莅政施教，必用参五。何谓参五？仰取象于天，俯取度于地，中取法于人。乃立明堂之朝，行明堂之令，以调阴阳之气，以和四时之节，以辟疾病之菑。俯视地理，以制度量，察陵陆水泽肥墝高下之宜，立事生财，以除饥寒之患。中考乎人德，以制礼乐；行仁义之道，以治人伦，而除暴乱之祸。乃澄列金(木)水〔木〕火土之性，(故)〔以〕立父子之亲而成家；别清浊五音六律相生之数，以立君臣之义而成国；察四时季孟之序，以立长幼之礼而成官。此之谓参。制君臣之义，父子之亲，夫妇之辨，长幼之序，朋友之际，此之谓五。乃裂地而州之，分职而治之，筑城而居之，割宅而异之，分财而衣食之，立大学而教诲之，夙兴夜寐而劳力之，此治之纲纪也。然得其人则举，失其人则废。尧治天下，政教平，德润洽，在位七十载，乃求所属天下之统，令四岳扬侧陋。四岳举舜而荐之尧。尧乃妻以二女以观其内，任以百官以观其外。既入大麓，烈风雷雨而不迷。乃属以九子，赠以昭华之玉而传天下焉，以为虽有法度，而朱弗能统也。

夫物未尝有张而不弛、成而不毁者也。惟圣人能盛而不衰，盈而不亏。神农之初作琴也，以归神(及其)〔杜〕淫(也)，反其天心；〔及其衰也，流而不反，淫而好色，至于亡国。〕夔之初作乐也，皆合六律而调五音，以通八风；及其衰也，以沉湎淫康，不顾政治，至于灭亡。苍颉之初作书，以辩治百官，领理万事，愚者得以不忘，智者得以志远；至其衰也，为奸刻伪书，以解有罪，以杀不辜。汤之初作囿也，以奉宗庙鲜犒之具，简士卒，习射御，以戒不虞；及至其衰也，驰骋猎射以夺民时，〔以〕罢民(之)力。尧之举禹、契、后稷、皋陶，政教平，奸宄息，狱讼止而衣食足，贤者劝善而不肖者怀其德；及至其末，朋党比周，各推其与，废公趋私，内外相推举，奸人在朝，而贤者隐处。(故《易》之失也卦，《书》之失也敷，《乐》之失也淫，《诗》之失也辟，《礼》之失也责，《春秋》之失也刺。)天地之道，极则反，盈则损。五色虽朗，有时而渝。茂木丰草，有时而落。物有隆杀，不得自若。故圣人事穷而更为，法弊而改制，非乐变古易常也，将以救败扶衰，黜淫济非，以调天地之气，顺万物之宜也。

圣人天覆地载，日月照，阴阳调，四时化，万物不同，无故无新，无疏无亲，故能法天。天不一时，地不一利，人不一事，是以绪业不得不多端，趋行不得不殊方。五行异气，而皆适调；六艺异科，而皆同道。温惠柔良者，《诗》之风也；淳庞敦厚者，《书》之教也；清明条达者，《易》之义也；恭俭尊让者，《礼》之为也；宽裕简易者，《乐》之化也；刺几辩义者，《春秋》之靡也。故《易》之失鬼，《乐》之失淫，《诗》之失愚，《书》之失拘，《礼》之失忮，《春秋》之失訾。六者圣人兼用而财制之，失本则乱，得本则治。其美在调，其失在权。水火金木土谷，异物而皆任。规矩权衡准绳，异形而皆施。丹青胶漆，不同而皆用。各有所适，物各有宜。轮圆舆方，辕从衡横，势施便也。骖欲驰，服欲步，带不厌新，钩不厌故，处地宜也。关雎兴于鸟，而君子美之，为其雌雄之不乖居也；鹿鸣兴于兽，君子大之，取其见食而相呼也。泓之战，军败君获，而《春秋》大之，取其不鼓不成列也。宋伯姬坐烧而死，《春秋》大之，取其不逾礼而行也。成功立事，岂足多哉？方指所言而取一概焉尔。

王乔、赤松去尘埃之间，离群慝之纷，吸阴阳之和，食天地之精，呼而出故，吸而入新，踪虚轻举，乘云游雾，可谓养性矣，而未可谓孝子也。周公诛管叔、蔡叔以平国弭乱，可谓忠臣也，而未可谓〔悌〕弟也。汤放桀,武王伐纣,以为天下去残除贼,可谓惠君,而未可谓忠臣矣。乐羊攻中山未能下,中山烹其子,而食之以示威,可谓良将,而未可谓慈父也。故可乎可而不可乎不可,不可乎不可而可乎可。

舜、许由异行而皆圣,伊尹、伯夷异道而皆仁,箕子、比干异趋而皆贤。故用兵者,或轻或重,或贪或廉,此四者相反而不可一无也。轻者欲发,重者欲止,贪者欲取,廉者不利非其有。故(勇)〔轻〕者可令进斗而不可令持牢,重者可令埴固而不可令凌敌,贪者可令进取而不可令守职,廉者可令守分而不可令进取。(信者可令持约而不可令应变。五)〔四〕者相反,圣人兼用而财使之。夫天地不包一物,阴阳不生一类,海不让水潦以成其大,山不让土石以成其高。夫守一隅而遗万方,取一物而弃其余,则所得者鲜而所治者浅矣。

治大者道不可以小,地广者制不可以狭,位高者事不可以烦,民众者教不可以苛。夫事碎难治也,法烦难行也,求多难澹也。寸而度之,至丈必差;铢而称之,至石必过;石秤丈量,径而寡失;简丝数米,烦而不察。故大较易为智,曲辩难为慧。故无益于治而有益于烦者,圣人不为;无益于用而有益于费者,智者弗行也。故功不厌约,事不厌省,求不厌寡。功约易成也,事省易治也,求寡易澹也。众易之,于以任人,易矣。孔子曰:“小辩破言,小利破义,小艺破道。小见不达,〔达〕必简。”

河以委蛇故能远;山以陵迟故能高,(阴阳无为故能和)道以优游故能化。夫彻于一事,察于一辞,审于一技,可以曲说而未可广应也。蓼菜成行,甂瓯有萁,秤薪而爨,数米而炊,可以治小而未可以治大也。员中规,方中矩,动成兽,止成文,可以愉舞而不可以陈军。涤杯而食,洗爵而饮,盥而后馈,可以养少而不可以飨众。今夫祭者,屠割烹杀,剥狗烧豕,调平五味者,庖也;陈簠簋,列樽俎,设笾豆者,祝也;齐明盛服,渊默而不言,神之所依者,尸也。宰祝虽不能,尸不越樽俎而代之。故张瑟者小弦急而大弦缓,立事者贱者劳而贵者逸。舜为天子,弹五弦之琴,歌《南风》之诗,而天下治。周公肴臑不收于前,钟鼓不解于悬,而四夷服。赵政昼决狱而夜理书,御史冠盖接于郡县,复稽趋留,戍五岭以备越,筑修城以守胡,然奸邪萌生,盗贼群居,事愈烦而乱愈生。故法者治之具也,而非所以为治也;(而)〔亦〕犹弓矢中之具,而非所以中也。

黄帝曰:"芒芒昧昧,因天之威,与元同气。"故同气者帝,同义者王,同力者霸,无一焉者亡。故人主有伐国之志,邑犬群嗥,雄鸡夜鸣,库兵动而戎马惊。今日解怨偃兵,家老甘卧,巷无聚人,妖菑不生,非法之应也,精气之动也。故不言而信,不施而仁,不怒而威,是以天心动化者也。施而仁,言而信,怒而威,是以精诚感之者也。施而不仁,言而不信,怒而不威,是以外貌为之者也。故有道以统之,法虽少,足以化矣;无道以行之,法虽众,足以乱矣。

治身,太上养神,其次养形。治国,太上养化,其次正法。神清志平,百节皆宁,养性之本也。肥肌肤,充肠腹,供嗜欲,养生之末也。民交让争处卑,委利争受寡,力事争就劳,日化上迁善而不知其所以然,此治之(上)〔本〕也。利赏而劝善,畏刑而不为非,法令正于上而百姓服于下,此治之末也。上世养本而下世事末,此太平之所以不起也。夫欲治之主不世出,而可与(兴)治之臣不万一,以〔不〕万一求不世出,此所以千岁不一会也。

水之性淖以清,穷谷之污,生以青苔,不治其性也。掘其所流而深之,茨其所决而高之,使得循势而行,乘衰而流,虽有腐髊流(渐)〔澌〕,弗能污也。其性非异也,通之与不通也。风俗犹此也,诚决其善志,防其邪心,启其善道,塞其奸路,与同出一道,则民性可善而风俗可美也。

所以贵扁鹊者,非贵其随病而调药,贵其擪息脉血,知病之所从生也。所以贵圣人者,非贵随罪而鉴刑也,贵其知乱之所由起也。若不修其风俗,而纵之淫辟,乃随之以刑,绳之以法,法虽残贼天下,弗能禁也。禹以夏王，桀以夏亡，汤以殷王，纣以殷亡，非法度不存也，纪纲不张，风俗坏也。

三代之法不亡而世不治者，无三代之智也。六律具存而莫能听者，无师旷之耳也。故法虽在，必待圣而后治；律虽具，必待耳而后听。故国之所以存者，非以有法也，以有贤人也；其所以亡者，非以无法也，以无贤人也。晋献公欲伐虞，宫之奇存焉，为之寝不安席，食不甘味，而不敢加兵焉。赂以宝玉骏马，宫之奇谏而不听，言而不用，越疆而去。荀息伐之，兵不血刃，抱宝牵马而去。故守不待渠堑而固，攻不待冲降而拔，得贤之与失贤也。故臧武仲以其智存鲁，而天下莫能亡也；璩伯玉以其仁宁卫，而天下莫能危也。《易》曰："丰其屋，蔀其家，窥其户，阒其无人。"无人者，非无众庶也。言无圣人以统理之也。

民无廉耻，不可治也；非修礼义，廉耻不立。民不知礼义，法弗能正也；非崇善废丑，不向礼义。无法不可以为治也；不知礼义，不可以行法。法能杀不孝者，而不能使人为孔、曾之行。法能刑窃盗者，而不能使人为伯夷之廉。孔子弟子七十，养徒三千人，皆入孝出悌，言为文章，行为仪表，教之所成也。墨子服役者百八十人，皆可使赴火蹈刃，死不还踵，化之所致也。夫刻肌肤，镵皮革，被创流血，至难也，然越〔人〕为之以求荣也。圣王在上，明好恶以示之，经诽誉以导之，亲贤而进之，贱不肖而退之，无被创流血之苦，而有高世尊显之名，民孰不从？

古者法设而不犯，刑错而不用，非可刑而不刑也。百工维时，庶绩咸熙，礼义修而任贤德也。故举天下之高以为三公，一国之高以为九卿，一县之高以为二十七大夫，一乡之高以为八十一元士。故智过万人者谓之英，千人者谓之俊，百人者谓之豪，十人者谓之杰。明于天道，察于地理，通于人情，大足以容众，德足以怀远，信足以一异，知足以知变者，人之英也。德足以教化，行足以隐义，仁足以得众,明足以照下者,人之俊也。行足以为仪表,知足以决嫌疑,廉足以分财,信可使守约,作事可法,出言可道者,人之豪也。守职而不废,处义而不比,见难不苟免,见利不苟得者,人之杰也。英俊豪杰,各以小大之材处其位,得其宜,由本流末,以重制轻,上唱而民和,上动而下随,四海之内,一心同归,背贪鄙而向〔仁〕义(理),其于化民也,若风之摇草木,无之而不靡。

今使愚教知,使不肖临贤,虽严刑罚,民弗从也:小不能制大,弱不能使强也。故圣主者举贤以立功,不肖主举其所与同。文王举太公望、召公奭而王。桓公任管仲、隰朋而霸,此举贤以立功也。夫差用太宰嚭而灭,秦任李斯、赵高而亡,此举所与同。故观其所举而治乱可见也,察其党与而贤不肖可论也。

夫圣人之屈者以求伸也,枉者以求直也。故虽出邪辟之道,行幽昧之涂,将欲以(直)〔兴〕大道,成大功,犹出林之中不得直道,拯溺之人不得不濡足也。伊尹忧天下之不治,调和五味,负鼎俎而行,五就桀,五就汤,将欲以浊为清,以危为宁也。周公股肱周室,辅翼成王,管叔、蔡叔奉公子禄父而欲为乱,周公诛之以定天下,缘不得已也。管子忧周室之卑,诸侯之力征,夷狄伐中国,民不得宁处,故蒙耻辱而不死,将欲以忧夷狄之患,平夷狄之乱也。孔子欲行王道,东西南北,七十说而无所偶,故因卫夫人、弥子瑕而欲通其道,此皆欲平险除秽,由冥冥至炤炤,动于权而统于善者也。

夫观逐者于其反也,而观行者于其终也。故舜放弟,周公杀兄,犹之为仁也。文公树米,曾子架羊,犹之为知也。当今之世,丑必托善以自为解,邪必蒙正以自为辟。游不论国,仕不择官,行不辟污,曰伊尹之道也。分别争财,亲戚兄弟搆怨,骨肉相贼,曰周公之义也。行无廉耻,辱而不死,曰管子之趋也。行货赂,趣势门,立私废公,比周而取容,曰孔子之术也。此使君子小人纷然淆乱,莫知其是非者也。故百川并流,不注海者不为(川)谷;趋行(蹐)〔踦〕驰,不归善者不为君子。故善言归乎可行，善行归乎仁义。田子方、段干木轻爵禄而重其身，不以欲伤生，不以利累形。李克竭股肱之力，领理百官，辑穆万民，使其君生无废事，死无遗忧。此异行而归于善者。张仪、苏秦家无常居，身无定君，约从衡之事，为倾覆之谋，浊乱天下，挠滑诸侯，使百姓不遑启居，或从或横，或合众弱，或辅富强。此异行而归于丑者也。故君子之过也，犹日月之蚀，何害于明？小人之可也，犹狗之昼吠，鸱之夜见，何益于善？

夫知者不〔妄为，勇者不〕妄发。择善而为之，计义而行之，故事成而功足赖也，身死而名足称也。虽有知能，必以仁义为之本然后可立也。知能(蹐)〔蹐〕驰，百事并行，圣人一以仁义为之准绳，中之者谓之君子，弗中者谓之小人。君子虽死亡其名不灭，小人虽得势其罪不除。使人左据天下之图而右刎〔其〕喉，愚者不为也，身贵于天下也。死君亲之难，视死若归，义重于身也。天下，大利也，比之身则小；身(之)〔所〕重也，比之义则轻。义所全也。《诗》曰："恺悌君子，求福不回。"言以信义为准绳也。

欲成霸王之业者，必得胜者也。能得胜者，必强者也。能强者，必用人力者也。能用人力者，必得人心者也。能得人心者，必自得者也。故心者身之本也，身者国之本也。未有得己而失人者也，未有失己而得人者也。故为治之本，务在宁民；宁民之本，在于足用；足用之本，在于勿夺时；勿夺时之本，在于省事；省事之本，在于节(用)〔欲〕；节(用)〔欲〕之本，在于反性。未有能摇其本而静其末，浊其源而清其流者也。

故知性之情者，不务性之所无以为；知命之情者，不忧命之所无奈何。故不高宫室者非爱木也，不大钟鼎者非爱金也。直行性命之情，而制度可以为万民仪。今目悦五色，口嚼滋味，耳淫五声，七窍交争以害其性，日引邪欲而浇其身。夫调身弗能治，奈天下何？故自养得其节，则养民得其心矣。

所谓有天下者，非谓其履势位、受传籍、称尊号也，言运天下之力而得天下之心。纣之地，左东海，右流沙，前交趾，后幽都，师起容关，至浦水，士亿有余万，然皆倒矢而射，傍戟而战。武王左操黄钺、右执白旄以麾之，则瓦解而走，遂土崩而下。纣有南面之名，而无一人之(德)〔誉〕，此失天下也。故桀、纣不为王，汤、武不为放。周处酆镐(之)，地方不过百里，而誓纣牧之野，入据殷国，朝成汤之庙，表商容之间，封比干之墓，解箕子之囚，乃折枹毁鼓，偃五兵，纵牛马，搢笏而朝天下，百姓歌讴而乐之，诸侯执禽而朝之，得民心也。

阖闾伐楚，五战入郢，烧高府之粟，破九龙之钟，鞭荆平王之墓，舍昭王之宫。昭王奔随，百姓父兄携幼扶老而随之，乃相率而为致勇之寇，皆方命奋臂而为之斗。当此之时，无将卒以行列之，各致其死，却吴兵，复楚地。灵王作章华之台，发乾谿之役，外内搔动，百姓罢敝，弃疾乘民之怨而立公子比，百姓放臂而去之，饿于乾谿，食莽饮水，枕块而死。楚国山川不变，土地不易，民性不殊，昭王则相率而殉之，灵王则倍畔而去之，得民之与失民也。故天子得道，守在四夷；天子失道，守在诸侯。诸侯得道，守在四邻；诸侯失道，守在四境。故汤处亳七十里，文王处酆百里，皆令行禁止于天下。周之衰也，戎伐凡伯于楚丘以归。故得道则以百里之地，令于诸侯；失道则以天下之大，畏于冀州，故曰：无恃其不吾夺也，恃吾不可夺。行可夺之道而非篡弑之行，无益于持天下矣。

凡人之所以生者，衣与食也。今囚之冥室之中，虽养之以刍豢，衣之以绮绣，不能乐也。以目之无见，耳之无闻，穿隙穴，见雨零，则快然而(叹之)〔笑〕，况开户发牖，从冥冥见炤炤乎？从冥冥见炤炤，犹尚肆然而喜，又况出室坐堂，见日月光乎？见日月光，旷然而乐，又况登泰山，履石封，以望八荒，视天都若盖，江河若带，(又况)万物在其间者乎？其为乐岂不大哉！

且聋者耳形具而无能闻也，盲者目形存而无能见也。夫言者所以通己于人也，闻者所以通人于己也。瘖者不言，聋者不闻，既瘖且聋，人道不通。故有瘖聋之病者，虽破家求医，不顾其费。岂独形骸有瘖聋哉，心志亦有之。夫指之拘也，莫不事申也，心之塞也，莫知务通也，不明于类也。夫观六艺之广崇，穷道德之渊深，达乎无上，至乎无下，运乎无极，翔乎无形，广于四海，崇于太山，富于江河，旷然而通，昭然而明，天地之间，无所系戾，其所以监观，岂不大哉！

人之所知者浅，而物变无穷，曩不知而今知之，非知益多也，问学之所加也。夫物常见则识之，常为则能之，故因其患则造其备，犯其难则得其便。夫以一世之寿而观千岁之知，今古之论虽未尝更也，其道理素具，可不谓有术乎！

人欲知高下而不能，教之用管准则说；欲知轻重而无以，予之以权衡则喜；欲知远近而不能，教之以金目则快(射)；又况(知)应无方而不穷(哉)，犯大难而不慑，见烦缪而不惑，晏然自得，其为乐也，岂直一说之快哉！夫道，有形者皆生焉，其为亲亦戚矣；享谷食气者皆受焉，其为君亦惠矣；诸有智者皆学焉，其为师亦博矣。射者数发不中，人教之以仪则喜矣，又况生仪者乎！

人莫不知学之有益于己也，然而不能者，嬉戏害(人)〔之〕也。人皆多以无用害有用，故智不博而日不足。以凿观池之力耕，则田野必辟矣。以积土山之高修堤防，则水用必足矣。以食狗马鸿雁之费养士，则名誉必荣矣。以弋猎博弈之日诵诗读书，〔正则〕闻识必博矣。故不学之与学也，犹瘖聋之比于人也。

凡学者能明于天人之分，通于治乱之本，澄心清意以存之，见其终始，可谓知略矣。天之所为，禽兽草木；人之所为，礼节制度，构而为宫室，制而为舟舆是也。治之所以为本者，仁义也；所以为末者，法度也。凡人之所以事生者，本也；其所以事死者，末也。本末一体也，其两爱之，(一)性也。先本后末，谓之君子；以末害本，谓之小人。君子与小人之性非异也，(所在)〔在所〕先后而已矣。草木洪者为本,而杀者为末。禽兽之性,大者为首,而小者为尾。末大于本则折,尾大于要则不掉矣。故食其口而百节肥,灌其本而枝叶美。天地之性(也天地之生)物也有本末,其养物也有先后。人之于治也,岂得无终始哉?故仁义者,治之本也。今不知事修其本而务治其末,是释其根而灌其枝也。

且法之生也,以辅仁义。今重法而弃〔仁〕义,是贵其冠履而忘其头足也。故仁义者,为厚基者也。不益其厚而张其广者毁,不广其基而增其高者覆。赵政不增其德而累其高,故灭;智伯不行仁义而务广地,故亡。(其)《国语》曰:“不大其栋,不能任重。重莫若国,栋莫若德。”国主之有民也,犹城之有基,木之有根。根深则(本)〔木〕固,基美则〔城坚,民安则〕上宁。

五帝三王之道,天下之纲纪,治之仪表也。今商鞅之启塞,申子之“三符”,韩非之《孤愤》,张仪苏秦之从衡,皆掇取之权,一切之术也。非治之大本,事之恒常,可博闻而世传者也。子囊北而全楚,北不可以为庸;弦高诞而存郑,诞不可以为常。今夫《雅》《颂》之声,皆发于词,本于情,故君臣以睦,父子以亲。故《韶》夏之乐也,声浸乎金石,润乎草木。今取怨思之声施之于弦管,闻其音者不淫则悲,淫则乱男女之辨,悲则感怨思之气,岂所谓乐哉?赵王迁流于房陵,思故乡,作为《山(水)〔木〕》之讴,闻者莫不殒涕。荆轲西刺秦王,高渐离、宋意为击筑而歌于易水之上,闻者莫不瞋目裂眦,发植穿冠。因以此声为乐而入宗庙,岂古之所谓乐哉!故弁冕辂舆,可服而不可好也;太羹之和,可食而不可嗜也;朱弦漏越,一唱而三叹,可听而不可快也。故无声者正其可听者也,其无味者正其足味者也。(吠)〔呋〕声清于耳,兼味快于口,非其贵也。

故事不本于道德者,不可以为仪;言不合乎先王者,不可以为道;音不调乎《雅》《颂》者,不可以为乐。故五子之言,所以便说掇取也,非天下之通义也。

圣王之设政施教也，必察其终始，其县法立仪，必原其本末，不苟以一事备一物而已矣。见其造而思其功，观其源而知其流，故博施而不竭，弥久而不垢。夫水出于山而入于海，稼生于田而藏于仓。圣人见其所生，则知其所归矣。故舜深藏黄金于崭岩之山，所以塞贪鄙之心也。仪狄为酒，禹饮而甘之，遂疏仪狄而绝旨酒，所以遏流湎之行也。师延为平公鼓朝歌北鄙之音，师旷曰："此亡国之乐也。"太息而抚〔止〕之，所以防淫辟之风也。故民知书而德衰，知数而厚衰，知券契而信衰，知械机而实衰也。巧诈藏于胸中，则纯白不备，而神德不全矣。

（琴）〔瑟〕不鸣而二十五弦各以其声应，轴不连而三十幅各以其力旋。弦有缓急小大然后〔能〕成曲，车有劳逸动静而后能致远。使有声者乃无声者也，能致千里者乃不动者也。故上下异道则治，同道则乱。位高而道大者从，事大而道小者凶。故小快害义，小慧害道，小辩害治，苛削伤德。大政不险，故民易道；至治宽裕，故下不（相）贼；至忠复素，故民无匿（情）。

商鞅为秦立相坐之法而百姓怨矣，吴起为楚减爵禄之令而功臣畔矣。商鞅之立法也，吴起之用兵也，天下之善者也。然商鞅之法亡秦，察于刀笔之迹，而不知治乱之本也；吴起以兵弱楚，习于行陈之事，而不知庙战之权也。晋献公之伐骊，得其女，非不善也，然而史苏叹之，见其四世之被祸也。吴王夫差破齐艾陵，胜晋黄池，非不捷也，而子胥忧之，见其必擒于越也。小白奔莒，重耳奔曹，非不困也，而鲍叔、咎犯随而辅之，知其可与至于霸也。勾践栖于会稽，修政不殆，谟虑不休，知祸之为福也。襄子再胜而有忧色，畏福之为祸也。故齐桓公亡汶阳之田而霸，智伯兼三晋之地而亡。圣人见福（祸）于重闭之内，而虑患于九拂之外者也。

原蚕一岁再（收）〔登〕，非不利也，然而王法禁之者，为其残桑也。离先稻熟，而农夫耨之，不以小利伤大获也。家老异饭而食，殊器而享,子妇跣而上堂,跪而斟羹,非不费也,然而不可省者,为其害义也。待媒而结言,聘纳而取妇,(初)〔袀〕绕而亲迎,非不烦也,然而不可易者,所以防淫也。使民居处相司,有罪相觉,于以举奸,非不掇也,然而〔不可行者,为其〕伤和睦之心,而构仇雠之怨〔也〕。故事有凿一孔而生百隙,树一物而生万叶者,所凿不足以为便,而所开足以为败;所树不足以为利,而所生足以为秽。愚者惑于小利,而忘其大害。昌羊去蚤虱而人弗(庠)〔席〕者,为其来蛉穷也;狸执鼠而不可脱于庭者,为搏鸡也。故事有利于小而害于大,得于此而亡于彼者。故行期者或食两而路穷,或予踦而取胜。

偷利不可以为行,而智术不可以为法。故仁、知,人材之美者也。所谓仁者,爱人也;所谓知者,知人也。爱人则无虐刑矣,知人则无乱政矣。治由文理,则无悖谬之事矣,刑不侵滥,则无暴虐之行矣。上无烦乱之治,下无怨望之心,则百残除而中和作矣,此三代之所〔以〕昌。故《书》曰:"能哲且惠,黎民怀之,何忧讙兜,何迁有苗。"智伯有五过人之材,而不免于身死人手者,不爱人也。齐王建有三过人之巧,而身虏于秦者,不知贤也。故仁莫大于爱人,知莫大于知人。二者不立,虽察慧捷巧,劬禄疾力,不免于乱也。

卷二十一　要略

夫作为书论者，所以纪纲道德，经纬人事，上考之天，下揆之地，中通诸理，虽未能抽引玄妙之中，才繁然足以观终始矣。总要举凡，而语不剖判纯朴，靡散大宗，惧为人之惛惛然弗能知也，故多为之辞，博为之说；又恐人之离本就末也，故言道而不言事，则无以与世浮沉，言事而不言道，则无以与化游息。故著二十篇，有《原道》，有《俶真》，有《天文》，有《地形》，有《时则》，有《览冥》，有《精神》，有《本经》，有《主术》，有《缪称》，有《齐俗》，有《道应》，有《氾论》，有《诠言》，有《兵略》，有《说山》，有《说林》，有《人间》，有《修务》，有《泰族》也。

《原道》者，卢牟六合，混沌万物，象太一之容，测窈冥之深，以翔虚无之轸，托小以苞大，守约以治广，使人知先后之祸福，动静之利害，诚通其志，浩然可以大观矣。欲一言而寤，则尊天而保真；欲再言而通，则贱物而贵身；欲参言而究，则外物而反情。执其大指，以内洽五脏，瀸（濇）〔渍〕肌肤，被服法则而与之终身，所以应待万方，览耦百变也。若转丸掌中，足以自乐也。

《俶真》者，穷逐终始之化，嬴埒有无之精，离别万物之变，合同死生之形，使人遗物反己，审仁义之间，通同异之理，观至德之统，知变化之纪，说符玄妙之中，通（回）〔洞〕造化之母也。

《天文》者，所以和阴阳之气，理日月之光，节开塞之时，列星辰之行，知逆顺之变，避忌讳之殃，顺时运之应，法五神之常，使人有以仰天承顺，而不乱其常者也。

《地形》者，所以穷南北之修，极东西之广，经山陵之形，区川谷之居，明万物之主，知生类之众，列山渊之数，规远近之路，使人通(回)〔洞〕周备，不可动以物，不可惊以怪者也。

《时则》者，所以上因天时，下尽地力，据度行当，合诸人则，形十二节，以为法式，终而复始，转于无极，因循仿依，以知祸福，操舍开塞，各有龙忌，发号施令，以时教期，使君人者知所以从事。

《览冥》者，所以言至精之通九天也，至微之沦无形也，纯粹之入至清也，昭昭之通冥冥也，乃始揽物引类，览取挢掇，浸想宵类，物之可以喻意象形者，乃以穿通窘滞，决渎壅塞，引人之意，系之无极，乃以明物类之感，同气之应，阴阳之合，形埒之朕，所以令人远观博见者也。

《精神》者，所以原本人之所由生，而晓寤其形骸九窍，取象(与)〔于〕天，合同其血气，与雷霆风雨；比类其喜怒，与昼宵寒暑(并明)。审死生之分，别同异之迹，节动静之机，以反其性命之宗。所以使人爱养其精神，抚静其魂魄，不以物易己，而坚守虚无之宅者也。

《本经》者，所以明大圣之德，通维初之道，埒略衰世古今之变，以褒先世之隆盛，而贬末世之曲政也。所以使人黜耳目之聪明，精神之感动，樽流遁之观，节养性之和，分帝王之操，列小大之差者也。

《主术》者，君人之事也，所以因(作)任督责，使群臣各尽其能也。明摄权操柄，以制群下，提名责实，考之参伍，所以使人主秉数持要，不妄喜怒也。其数直施而正邪，外私而立公，使百官条通而辐辏，各务其业，人致其功，此主术之明也。

《缪称》者，破碎道德之论，差次仁义之分，略杂人间之事，总同乎神明之德，假象取耦，以相譬喻，断短为节，以应小具，所以曲说(攻)〔巧〕论，应感而不匮者也。

《齐俗》者，所以一群生之短修，同九夷之风气，通古今之论，贯万物之理，财制礼义之宜，擘画人事之终始者也。

《道应》者，揽掇遂事之踪，追观往古之迹，察祸福利害之反，考验乎老庄之术，而以合得失之势者也。

《氾论》者，所以箴缕缭緻之间，攕楔唲齵之郄也。接径直施，以推本朴，而兆见得失之变，利病之反，所以使人不妄没于势利，不诱惑于事态，有符曮晲，兼稽时势之变，而与化推移者也。

《诠言》者，所以譬类人事之指，解喻治乱之体也。差择微言之眇，诠以至理之文，而补缝过失之阙者也。

《兵略》者，所以明战胜攻取之数，形机之势，诈谲之变，体因循之道，操持后之论也。所以知战阵分争之非道不行也，知攻取坚守之非德不强也。诚明其意，进退左右，无所（失）击危，乘势以为资，清静以为常，避实就虚，若驱群羊，此所以言兵也。

《说山》《说林》者，所以窾窕穿凿百事之壅遏，而通行贯扃万物之窒塞者也。假譬取象，异类殊形，以领理人之意，解堕结（细）〔纽〕，说（捍）〔择〕摶囷，而以明事埒（事）者也。

《人间》者，所以观祸福之变，察利害之反，钻脉得失之迹，标举终始之坛也。分别百事之微，敷陈存亡之机，使人知祸之为福，亡之为得，成之为败，利之为害也。诚喻至意，则有以倾侧偃仰世俗之间，而无伤乎谗贼螫毒者也。

《修务》者，所以为人之于道未淹，味论未深，见其文辞，反之以清静为常，恬淡为本，则懈堕分学，纵欲适情，欲以偷自佚而塞于大道也。今夫狂者无忧，圣人亦无忧。圣人无忧，和以德也。狂者无忧，不知祸福也。故通而无为也，与塞而无为也同；其无为则同，其所以无为则异。故为之浮称流说。其所以能听，所以使学者孳孳以自几也。

《泰族》者，横八极，致高崇，上明三光，下和水土，经古今之道，治伦理之序，总万方之指，而归之一本，以经纬治道，纪纲王事；乃原心术，理性情，以馆清平之灵，澄彻神明之精，以与天和相婴薄。所以览五帝三王，怀天气，抱天心，执中含和，德形于内，以莙凝天地，发起阴阳，序四时，正流方，绥之斯宁，推之斯行；乃以陶冶万物，游化群生，唱而和，动而随，四海之内，一心同归。故景星见，祥风至，黄龙下，凤巢列树，麟止郊野。德不内形而行其法藉，专用制度，神祇弗应，福祥不归，四海不实，兆民弗化。故德形于内，治之大本，此鸿烈之泰族也。

凡属书者，所以窥道开塞，庶后世使知举错取舍之宜适，外与物接而不眩，内有以处神养气，宴炀至和，而已自乐所受乎天地者也。故言道而不明终始，则不知所仿依；言终始而不明天地四时，则不知所避讳；言天地四时而不引譬援类，则不知精微；言至精而不原人之神气，则不知养生之机；原人情而不言大圣之德，则不知五行之差；言帝道而不言君事，则不知小大之衰；言君事而不为称喻，则不知动静之宜；言称喻而不言俗变，则不知合同大指已。言俗变而不言往事，则不知道德之应；知道德而不知世曲，则无以耦万方。知氾论而不知诠言，则无以从容；通书文而不知兵指，则无以应卒已。知大略而不知譬喻，则无以推明事；知公道而不知人间，则无以应祸福；知人间而不知修务，则无以使学者劝力。欲强省其辞，览总其要，弗曲行区入，则不足以穷道德之意。故著书二十篇，则天地之理究矣，人间之事接矣，帝王之道备矣。其言有小有巨，有微有粗，指奏卷异，各有为语。今专言道，则无不在焉，然而能得本知末者，其唯圣人也。今学者无圣人之才，而不为详说，则终身颠顿乎混溟之中，而不知觉寤乎昭明之术矣。

今《易》之乾坤，足以穷道通意也。八卦可以识吉凶知祸福矣，然而伏羲为之六十四变，周室增以六爻，所以原测淑清之道而捃逐万物之祖也。夫五音之数不过宫商角徵羽，然而五弦之琴不可鼓也。必有细大驾和而后可以成曲。今画龙首，观者不知其何兽也，具其形则不疑矣。今谓之道则多，谓之物则少；谓之求则博，谓之事则浅。推之以论，则无可言者。所以为学者，固欲致之不言而已也。

夫道论至深,故多为之辞以抒其情;万物至众,故博为之说以通其意。辞虽坛卷连漫,绞纷远缓,所以洮汰涤荡至意,使之无凝竭底滞,卷握而不散也。夫江河之腐胔不可胜数,然祭者汲焉,大也。一杯(酒白)〔白酒〕,蝇渍其中,匹夫弗尝者,小也。诚通乎二十篇之论,睹凡得要,以通九野,径十门,外天地,捭山川,其于逍遥一世之间,宰匠万物之形,亦优游矣。若然者,挟日月而不烑,润万物而不耗。曼兮洮兮,足以览矣。藐兮浩兮旷旷兮,可以游矣。

文王之时,纣为天子,赋敛无度,杀戮无止,康梁沉湎,宫中成市,作为炮烙之刑,刳谏者,剔孕妇,天下同心而苦之。文王四世累善,修德行义,处岐周之间,地方不过百里,天下二垂归之。文王欲以卑弱制强暴,以为天下去残除贼而成王道,故太公之谋生焉。

文王业之而不卒,武王继文王之业,用太公之谋,悉索薄赋,躬擐甲胄,以伐无道而讨不义,誓师牧野,以践天子之位。天下未定,海内未辑,武王欲昭文王之令德,使夷狄各以其贿来贡,辽远未能至,故治三年之丧,殡文王于两楹之间,以俟远方。武王立三年而崩,成王在褓襁之中,未能用事,蔡叔、管叔辅公子禄父而欲为乱。周公继文王之业,持天子之政,以股肱周室,辅翼成王。惧争道之不塞,臣下之危上也,故纵马华山,放牛桃林,败鼓折枹,搢笏而朝,以宁静王室,镇抚诸侯。成王既壮,能从政事。周公受封于鲁,以此移风易俗。孔子修成康之道,述周公之训,以教七十子,使服其衣冠,修其篇籍,故儒者之学生焉。

墨子学儒者之业,受孔子之术,以为其礼烦扰而不悦,厚葬靡财而贫民,〔久〕服伤生而害事,故背周道而用夏政。禹之时,天下大水。禹身执虆(垂)〔臿〕,以为民先,剔河而道九岐,凿江而通九路,辟五湖而定东海。当此之时,烧不暇撌,濡不给扢,死陵者葬陵,死泽者葬泽,故节财薄葬,(闲)〔閒〕服生焉。

齐桓公之时,天子卑弱,诸侯力征,南夷北狄,交代中国,中国之不绝如线。齐国之地，东负海而北障河，地狭田少而民多智巧。桓公忧中国之患，苦夷狄之乱，欲以存亡继绝，崇天子之位，广文武之业，故管子之书生焉。

齐景公内好声色，外好狗马，猎射亡归，好色无辨，作为路寝之台，族铸大钟，撞之庭下，郊雉皆响，一朝用三千钟赣，梁丘据、子家哙导于左右，故晏子之谏生焉。

晚世之时，六国诸侯，谿异谷别，水绝山隔，各自治其境内，守其分地，握其权柄，擅其政令。下无方伯，上无天子，力征争权，胜者为右。恃连与(国)，约重致，剖信符，结远援，以守其国家，持其社稷。故纵横修短生焉。

申子者，韩昭厘之佐。韩，晋别国也，地墽民险，而介于大国之间。晋国之故礼未灭，韩国之新法重出；先君之令未收，后君之令又下。新故相反，前后相缪，百官背乱，不知所用。故刑名之书生焉。

秦国之俗，贪狼强力，寡义而趋利，可威以刑，而不可化以善；可劝以赏，而不可厉以名。被险而带河，四塞以为固，地利形便，畜积殷富。孝公欲以虎狼之势而吞诸侯，故商鞅之法生焉。

若刘氏之书，观天地之象，通古今之事，权事而立制，度形而施宜。原道之心，合三王之风，以储与扈冶玄眇之中，精摇靡览。弃其畛挈，斟其淑静，以统天下，理万物，应变化，通殊类，非遁一迹之路，守一隅之指，拘系牵连之物，而不与世推移也。故置之寻常而不塞，布之天下而不窕。

附　录

汉书·淮南王安传

淮南王安为人好书,鼓琴,不喜弋猎狗马驰骋,亦欲以行阴德拊循百姓,流名誉。招致宾客方术之士数千人,作为《内书》二十一篇,《外书》甚众,又有《中篇》八卷,言神仙黄白之术,亦二十余万言。时武帝方好艺文,以安属为诸父,辩博善为文辞,甚尊重之。每为报书及赐,常召司马相如等视草乃遣。初,安入朝,献所作《内篇》,新出,上爱秘之。使为《离骚传》,旦受诏,日食时上,又献《颂德》及《长安都国颂》。每宴见,谈说得失及方技赋颂,昏莫然后罢。

安初入朝,雅善太尉武安侯,武安侯迎至霸上,与语曰:“方今上无太子,王亲高皇帝孙,行仁义,天下莫不闻。宫车一日晏驾,非王尚谁立者!”淮南王大喜,厚遗武安侯宝赂。其群臣宾客,江淮间多轻薄,以厉王迁死感激安。建元六年,彗星见,淮南王心怪之。或说王曰:“先吴军时,彗星出,长数尺,然尚流血千里。今彗星竟天,天下兵当大起。”王心以为上无太子,天下有变,诸侯并争,愈益治攻战具,积金钱赂遗郡国。游士妄作妖言阿谀王,王喜,多赐予之。

王有女陵,彗有口。王爱陵,多予金钱,为中诇长安,约结上左右。元朔二年,上赐淮南王几杖,不朝。后荼爱幸,生子迁为太子,取皇太后外孙修成君女为太子妃。王谋为反具,畏太子妃知而内泄事,乃与太子谋,令诈不爱,三月不同席。王阳怒太子,闭使与妃同内,终不近妃。妃求去,王乃上书谢归之。后荼、太子迁及女陵擅国权,夺民田宅,妄致系人。

太子学用剑，自以为人莫及，闻郎中雷被巧，召与戏。被一再辞让，误中太子。太子怒，被恐。此时有欲从军者辄诣长安，被即愿奋击匈奴。太子数恶被，王使郎中令斥免，欲以禁后。元朔五年，被遂亡至长安，上书自明。事下廷尉、河南。河南治，逮淮南太子。王、王后计欲毋遣太子，遂发兵。计未定，犹与十余日。会有诏即讯太子，淮南相怒寿春丞留太子逮不遣，劾不敬。王请相，相不听。王使人上书告相，事下廷尉治。从迹连王，王使人候司。汉公卿请逮捕治王，王恐，欲发兵。太子迁谋曰："汉使即逮王，令人衣卫士衣，持戟居王旁，有非是者，即刺杀之，臣亦使人刺杀淮南中尉，乃举兵，未晚也。"是时上不许公卿，而遣汉中尉宏即讯验王。王视汉中尉颜色和，问斥雷被事耳，自度无何，不发。中尉还，以闻。公卿治者曰："淮南王安雍阏求奋击匈奴者雷被等，格明诏，当弃市。"诏不许。请废勿王，上不许。请削五县，可二县。使中尉宏赦其罪，罚以削地。中尉入淮南界，宣言赦王。王初闻公卿请诛之，未知得削地，闻汉使来，恐其捕之，乃与太子谋如前计。中尉至，即贺王，王以故不发。其后自伤曰："吾行仁义见削地，寡人甚耻之。"为反谋益甚。诸使者道长安来，为妄言，言上无男，即喜；言汉廷治，有男，即怒，以为妄言，非也。

日夜与左吴等按舆地图，部署兵所从入。王曰："上无太子，宫车即晏驾，大臣必征胶东王，不即常山王，诸侯并争，吾可以无备乎！且吾高帝孙，亲行仁义，陛下遇我厚，吾能忍之；万世之后，吾宁能北面事竖子乎！"

王有孽子不害，最长，王不爱，后、太子皆不以为子兄数。不害子建，材高有气，常怨望太子不省其父。时诸侯皆得分子弟为侯，淮南王有两子，一子为太子，而建父不得为侯。阴结交，欲害太子，以其父代之。太子知之，数捕系笞建。建具知太子之欲谋杀汉中尉，即使所善寿春严正上书天子曰："毒药苦口利病，忠言逆耳利行。今淮南王孙建材能高，淮南王后荼、荼子迁常疾害建。建父不害无罪，擅数系，欲杀之。今建在，可征问，具知淮南王阴事。”书既闻，上以其事下廷尉、河南治。是岁元朔六年也。故辟阳侯孙审卿善丞相公孙弘，怨淮南厉王杀其大父，阴求淮南事而构之于弘。弘乃疑淮南有畔逆计，深探其狱。河南治建，辞引太子及党与。

初，王数以举兵谋问伍被，被常谏之，以吴楚七国为效。王引陈胜、吴广，被复言形势不同，为败亡。及建见治，王恐国阴事泄，欲发，复问被，被为言发兵权变，语在《被传》。于是王锐欲发，乃令官奴入宫中，作皇帝玺，丞相、御史大夫、将军、吏中二千石、都官令、丞印，及旁近郡太守、都尉印，汉使节法冠。欲如伍被计，使人为得罪而西，事大将军、丞相；一日发兵，即刺大将军卫青，而说丞相弘下之，如发蒙耳。欲发国中兵，恐相、二千石不听，王乃与伍被谋，为失火宫中，相、二千石救火，因杀之。又欲令人衣求盗衣，持羽檄从南方来，呼言曰“南越兵入”，欲因以发兵。乃使人之庐江、会稽为求盗，未决。

廷尉以建辞太子迁闻，上遣廷尉监与淮南中尉逮捕太子。至，淮南王闻，与太子谋召相、二千石，欲杀而发兵。召相，相至；内史以出为解。中尉曰：“臣受诏使，不得见王。”王念独杀相而内史、中尉不来，无益也，即罢相。计犹与未决。太子念所坐者谋杀汉中尉，所与谋杀者已死，以为口绝，乃谓王曰：“群臣可用者皆前系，今无足与举事者，王以非时发，恐无功，臣愿会逮。”王亦愈欲休，即许太子。太子自刑，不殊。伍被自诣吏，具告与淮南王谋反。吏因捕太子、王后，围王宫，尽捕王宾客在国中者，索得反具以闻。上下公卿治，所连引与淮南王谋反列侯、二千石、豪桀数千人，皆以罪轻重受诛。

衡山王赐，淮南王弟，当坐收，有司请逮捕衡山王，上曰：“诸侯各以其国为本，不当相坐。与诸侯王列侯议。”赵王彭祖、列侯让等四十三人皆曰：“淮南王安大逆无道，谋反明白，当伏诛。”胶西王端议曰："安废法度，行邪辟，有诈伪心，以乱天下，营惑百姓，背畔宗庙，妄作妖言。《春秋》曰'臣毋将，将而诛。'安罪重于将，谋反形已定。臣端所见，其书印图及它逆亡道事验明白，当伏法。论国吏二百石以上及比者，宗室近幸臣不在法中者，不能相教，皆当免，削爵为士伍，毋得官为吏。其非吏，它赎死金二斤八两，以章安之罪，使天下明知臣子之道，毋敢复有邪辟背畔之意。"丞相弘、廷尉汤等以闻，上使宗正以符节治王。未至，安自刑杀。后、太子诸所与谋皆收夷。国除为九江郡。